女人禁制の人類学

相撲・穢れ・ジェンダー

鈴木正崇 著
Masataka Suzuki

法藏館

The Anthropology of the Exclusion for Women: Sumō Tournaments, Pollution and Gender
SUZUKI Masataka
Hozokan, Kyoto 2021 ISBN978-4-8318-5650-0 C1036

まえがき

本書は、女人禁制を主題として、相撲・穢れ・ジェンダーと、少しずつ視野や焦点を変えながら多角的に論じた。『女人禁制』（吉川弘文館、二〇〇二）を刊行して以来、十九年の歳月がたち、その間には何度か女人禁制が議論になる出来事があった。今回は、その後の思索を踏まえて、前作以後に考えたことを新たな視野から論じてみようと考えたのである。

大峯山の山上ケ岳《さんじょうがたけ》の女人禁制は、平成十二（二〇〇〇）年の役行者《えんのぎょうじゃ》千三百年御遠忌に解禁する予定で長期の議論が続けられ、意見が調整されてきた。その流動的な状況下、平成十一（一九九九）年八月一日に奈良県教職員組合の女性グループによる強行登山があり、地元・講・寺院が硬化して解禁の計画は頓挫した。その後も、平成十六（二〇〇四）年の世界遺産登録をめぐって女人禁制が問題視され、平成十七（二〇〇五）年十一月三日に強行登山が行われて問題は複雑化した。現在に至るまで禁制は維持されている。

「土俵の女人禁制」に関しては、間歇的に何度か問題視されながらも、大相撲協会は伝統を守って維持し続けるという主張を繰り返してきた。平成三十（二〇一八）年四月四日に、大相撲の舞鶴での地方巡業で、市長が土俵上で挨拶中に倒れ、救命のために土俵に上がった女性に対して、「土俵から下りて下さい」という声がかかり、生死に関わる時に女人禁制とは何事かと大々的な批判が繰り広げられ、大きな社会問題となった。女人禁制が問題視される時、伝統に基づくという主張がなされ、伝統とは何かという問いが議論される。女人禁制を考える場合は、伝統についての考察も欠かせない。本書は「女人禁制」に関して、文化人類学の立場からの考察を主軸にして、民俗学や宗教学の成果も応用し、歴史学や国文学の成果も必要に応じて取り込んで、総合的に考察する試みである。

第一章では、相撲の女人禁制について検討した。舞鶴での平成三十（二〇一八）年春の地方巡業の土俵上での出来事に関しては、筆者に多くの取材が殺到し、女人禁制を考え直す機会が与えられた。本章では、最初に舞鶴での出来事の経緯を再確認した上で、相撲の女人禁制で焦点となる「土俵」について、その起源、「土俵祭」の発生と展開と意味付けを考察した。大相撲は近代に大きく変質した。特に國技館の成立は大きな影響を及ぼし、表彰式をはじめ「近代の儀式」を創り出して現在に至る。相撲は「国技」となってナショナリズムと同調し、天皇との繋がりを次第に強化した。相撲は伝統をどのように創り出し維持してきたかを論じ、最後に今後の方向性を示唆して、「相撲の女人禁制論」に終止符を打つ方策を提示した。

第二章では、穢れの観念の考察を中心とした。最初に穢れと関わる「女人禁制」という用語の持つ独特の意味内容を検討した上で、歴史的考察を展開し、古代・中世・近世・近代の穢れの変化の過程を検討する。女人禁制や女人結界の四字熟語は古代の文献にはなく、中世後期や近世初期の文献に現れる。大きな流れの根源には、仏教寺院での戒律や禁忌としての禁制があり、結界、特に「堂舎の結界」として女性を忌避した形で顕在化する。それとは別に、里に住む平地民と山に住む山地民の生活圏の境界があって、山の上部は「不入の地」であったが、山に登拝する修行者が出現すると越境の禁忌が生成し、「山の境界」が仏教と山岳信仰の融合の中で「山の結界」となり、女性が忌避される「女人結界」となる。女人禁制や女人結界の理由付けである穢れについては、時代的変化を三段階に分けて論じ、「規則」「教義」「組織」の三つの観点から考えるべきことを示唆した。明治五（一八七二）年の女人結界の解禁後、近代の展開の中で問題はどのように変化したかを探る。さらに穢れの全体像を提示するために、人類学の理論を踏まえて一般論を提示した。日本にとどまらず、スリランカやインドの穢れとの比較研究に展開し、穢れ論の可能性を論じて研究の再検討を行った。本章は穢れを徹底して議論するとどうなるかという試みである。

第三章では、山岳信仰を女人禁制の問題と絡めてジェンダーの視点から考察した。最初に「女人禁制」という用語が、不均衡で、男性中心主義で考えられている状況を確認した上で、ジェンダーの視点を山岳信仰に導入して明らかになる論点を検討した。女人禁制に関する言説を、歴史の中の女人禁制、習俗としての女人禁制、社会運動の中の女人禁制、差別としての女人禁制に分けて、ジェンダーに関わらせて論じる。最後は地域社会からの考察で、現在も女人禁制を継続する大峯山の山上ケ岳山麓の洞川《どろがわ》を中心に、時系列に沿って変化の諸相を見ていく。神仏分離、寺院への復帰、国立公園の影響、山麓寺院の解禁、禁制地区の縮小、女性による新たな動き、「伝統」の再発見、禁制解禁の胎動、世界遺産をめぐる諸問題、現状と課題など、女人禁制の行方とジェンダーを展望する。大峯山の女人禁制に関する歴史的経緯を細かく検討し、事実関係を正して事態を冷静に見極める試みである。

本書の女人禁制に取り組む立場は、基本的に四つある。

第一は、女人禁制を「差別」として捉える近代の言説を振り出しに戻して、歴史的な観点からの考察を重視し、いかなる経緯で、どのような理由で現在に至ったかを様々な視点から考察することである。女人禁制を守り続ける地域や寺社や慣行がある以上、成立・展開・変容・再構築の過程を重視し、賛成派と反対派の相互間対話を維持するための柔軟な視点を提供しようと考えた。

第二は、日常性との連続性を持つ「習俗」としての女人禁制という視点を重視したことである。西欧由来の宗教の概念は、民衆が維持してきた習俗や儀礼などの実践をそぎ落としてしまう。習俗とは、昔から伝わっている風俗や習慣で生活の中に溶け込んでいる生活様式をいう。日常・非日常を問わず、人々の暮らしに定着した規範・信念・表現・実践で、体験的知識に支えられ、「伝統」よりも広義な用語が習俗である。本書では、地元の当事者側に立ち、「土着の見方や考え方」に寄り添う視点を重視することを基本として、女人禁制を再考する試みを行った。

第三は、本書では「宗教」や「宗教的」という用語の使用をできるだけ避けたことである。幕末から明治に至る中で、religion の翻訳概念の「宗教」が、欧米のキリスト教（特にプロテスタント）をモデルにして用法として定着したが、近代化の過程の中で、負のイメージが付与されて、多くの誤解を生む要因になった。学術用語の「宗教」には定義が与えられ、分析概念にはなるが、日本の民間信仰や民間習俗あるいは民俗は、「宗教」としては捉えられないものが多すぎる。「民俗宗教」という概念も本書では使用しなかった。日本で長く使われてきた言葉は「信心」であり、「宗教」や「信仰」というよりも生活体験に根差す実践や観念であった。「民俗」という用語も近代の発明で、「古風」「残存」「本質的」「前近代的」「共同体的」「集団的」「田舎」「周縁」などの言説がまとわりついている。あえて表現すれば、「民俗宗教」や「民俗信仰」よりも「民間信仰」を優先する。

第四は、女人禁制の解禁に抵抗するために使われる言説である「伝統」という曖昧模糊たる概念の再検討である。「伝統」は「近代」への対抗言説として浮かび上がり、定義は困難で内容も複雑である。説明することが難しい概念であるにもかかわらず、正統性や真正性の根拠とされる。「伝統に由来する」と言われると納得してしまうことも多く、「伝統」は女人禁制の維持派にとっての「伝家の宝刀」のような役割を果たしてきた。「伝統」という概念はどこかに不変のものがあると想定する傾向が強い。しかし、現実には近代の「創られた伝統」であり、「伝統の再構築」によって維持されてきた。「伝統」とは何かという問いに答えることは難しい。本書では、「近代」の対抗言説として構築された「伝統」という見方を前提として、過去と現在が交錯する「伝統」の生成流転と再創造の歴史的な考察を行った。

本書は、女人禁制や女人結界に関しての誤解を解くという実践的な試みを意図している。「暗黙の前提」を覆し、賛成か反対か、伝統か差別かという二分法を乗り越えて、開かれた対話と議論を促すための基礎資料と考え方を示そうとした。唯一絶対の共通認識を持つのではなく、様々な眼差しの違いを共有することで多様性を許容し、人間の理解の幅を広げることを重視する。文化の研究には終わりがない。今後も繰り返し現れることが予想される女人禁制の議論に関して、私なりの考察の現在の到達点を示そうとしたのが本書である。

女人禁制の人類学——相撲・穢れ・ジェンダー——＊目次

第一章　相撲と女人禁制

1　問題提起

相撲は日本の「国技」と称され、国民にとって身近な存在であり、日常の話題に上ることも多い。大相撲の本場所は年間六回あり、天皇の上覧相撲も定期的に行われ、各地での巡業も数多く、相撲の情報は、新聞・テレビ・インターネットなどを通して時々刻々に伝えられる。最近は外国人の相撲ファンも増えて海外からの関心も高まり、力士の国際化も進んでいる。しかし、相撲には様々な規則や慣習がある。特に女性が土俵に上がることを認めない慣行については、しばしば議論の対象にされてきた。本章では、相撲に関して問題視されてきた女人禁制に関する言説や実践を歴史的な視点を入れて再検討し、その根拠とされてきた伝統とは何かについても考察を深めていくことにする。

相撲の女人禁制をめぐっては、平成三十（二〇一八）年に議論が沸騰した。発端は、大相撲の春の地方巡業中の同年四月四日に、舞鶴で起きた出来事であった。相撲の開始に先立ち、土俵上で挨拶していた市長が、話の途中で突然に発作を起こして倒れ、見物していた女性が治療のために土俵へ上がった。これに対して「女性の方は土俵から下りて下さい」という場内放送が繰り返し流れた。土俵上で女性が市長に心臓マッサージなどを施し、その間に救急隊員が駆け付け、病院に搬送して事なきを得た。この事件に関して、現場の人々やニュース視聴者などから、日本相撲協会に、必死の救命措置を行っている緊急事態に対して、「土俵は女人禁制だとは何事か」との非難が殺到した。さらに、相撲以外の女人禁制の場所や事例が次々に紹介され、女性差別という非難の一般論に展開して、新聞・テレビ・ラジオ・インターネットなどで広範な議論が巻き起こった。筆者にも多くの取材がなされ、改めて女人禁制に関して考え直す機会が与えられることになった。図らずも現代社会のフィールドワークとなった自らの体験も踏まえ、相撲の女人禁制を検討してみたい。

さらに、禁制問題だけでなく、相撲にとって「近代」とは何だったのか、相撲の「伝統」とは何かも検討課題である。伝統とは「近代」との関係性の中から浮かび上がる対抗言説（counter discourse）で、「古来からの習わしやしきたり」とされ、説明は極めて難しい。説明しえない一連のものが、「近代」によって浮かび上がったのが「伝統」なのである。女人禁制にとどまらず「伝統」の維持・創造・再構築も含めて考える必要がある。

2　大相撲の舞鶴巡業で起きた出来事

最初に行うべきは、舞鶴で起こったことの経緯の確認である。ただし、筆者は現地にはいなかったので、当日のインターネット情報やテレビ、YouTube（動画サイト）[1]、新聞[2]などに基づかざるを得ない。情報を総合すると流れは以下の通りである。

①土俵上で多々見《たたみ》良三《りょうぞう》市長（当時六十七歳）が発作で倒れた。

②数人の男性が土俵に上がった。日本相撲協会の会員かと思われる。

③ある女性が「いたたまれず、とっさに」土俵に上がって心臓マッサージを開始する。上る前に「上がっていいですか」と周囲に声をかけたという。後に現役の看護師と判明する（写真1－1）。

写真1–1　舞鶴での地方巡業。女性が土俵に上がっている

④二人目の女性が土俵に上がる。

⑤ＡＥＤが運ばれてくる。三人目と四人目の女性も土俵に上がる。

⑥周囲から「女性が土俵に上がっていいのか」という声が上がる。

⑦若い行司が急かされるように場内放送をして「女性の方は土俵から下りて下さい。男性がお上がり下さい」とアナウンスする。三回ほど流れたという。

⑧日本相撲協会の会員が口頭で「女性は下りて下さい」と何回か言い、身振り手振りでも下りるように指示した。

⑨救助隊員がＡＥＤで、女性に代わって救命措置を始めた（写真1－2）。

⑩担架が到着し市長を載せて運び出され、救急車で病院に搬送され

写真1-2　土俵上に、市長を運び出すタンカが見える

た。くも膜下出血であったが、意識はあり、一命はとりとめたと後に報道された。

⑪土俵上に塩が撒かれる。

⑫写真や動画がYouTube（動画サイト）やSNS（social networking service）で拡散し、非難が巻き起こった。非難の内容は、「人命が第一なのに女人禁制とは何事だ」「こんな一大事に「伝統」など時代遅れだ、古い慣習にとらわれるな」「「国技」などというがおこがましい」「女性への蔑視や差別の体質が残り続けている」「人権を理解していない」「男女同権・男女平等・男女共同参画に反する」などであった。

⑬有識者に議論が拡大し、日本相撲協会の八角信芳理事長（元横綱北勝海）が記者会見に応じ、林芳正文部科学大臣が意見を公表する事態に発展した。

⑭海外のメディアも反応し、欧米・韓国・中国等から非難が集中する。

⑮「男女平等度世界ランク」で日本が百十四位（二〇一七年）と紹介され、女性の社会的立場の弱さが問題視された。

日本相撲協会の八角信芳理事長は四日の夜の記者会見で、行司が複数回「女性は土俵から下りて下さい」「男性がお上がりください」とアナウンスしたことを認めた上で、「行司が動転して呼びかけたものでしたが、人命にかかわる状況には不適切な対応でした。深くおわび申し上げます」とコメントを出し、正式な「謝罪文」がホームページに掲載された[3]。翌日の五日朝に宝塚市の中川智子市長は、四月六日の大相撲春巡業の宝塚場所に際して土俵上での挨拶を希望したが、日本相撲協会から「相撲の伝統に配慮し、土俵の下であいさつしてほしい」といわれ、前年同様の対応を求められたという。中川智子市長は、四月六日、土俵下で台座の上から挨拶を行い、後の記者会見では「女性という理由でできないのは悔しい。伝統を守りながら、変革する勇気も大事なのではないでしょうか」と再考を促した[4]。中川智子市長は、四月十九日に日本相撲協会を訪れて女人禁制の見直しを求める文書を手渡した[5]。四月十二日には、静岡市で四月八日に開催された大相撲春巡業「富士山静岡場所」で、力士が土俵上で小学生らに稽古を付ける「ちびっこ相撲」に、女子児童の参加が認められず、それに日本相撲協会が「安全面を確保するため」という理由をつけたことが問題視された[6]。

相撲界は平成二十九（二〇一七）年に不祥事を引き起こしたこともあって[7]、大きく評判を落としており、今回の対応のまずさも相まって非難が殺到して袋叩きとなった。日本相撲協会は四月二十八日に臨時理事会を開き、舞鶴巡業に端を発した一連の問題を協議し、終了後に八角信芳理事長が談話を発表した[8]。談話では行司が不適切なアナウンスをしたことを謝罪し、「大相撲は、女性を土俵に上げないことを伝統としてきましたが、緊急時、非常時は例外です。人の命にかかわる状況は例外中の例外です」と述べ、今後の対応策にも言及した。女人禁制に関しては、平成十六（二〇〇四）年から三年間、東海大学体育学部の生沼芳弘教授らが大相撲の観客に関する意識調査を行い、「土俵の女人禁制に反対しない」は六割、「表彰式で土俵に女性が上がることに反対」は五割という結果を得たが、[9]再度調査を行い、外部の意見を聞いて再検討したいと説明した。[10]芝田山康広報部長（元横綱大乃国）は女性差別を否定し「しっかりと調査し、時間をかけて議論をしていく」と述べた。ただし、再調査は行われずに現在に至っている。

抗議活動は広がりを見せた。「「大峰山女人禁制」の開放を求める会」（共同代表：畑三千代・源淳子）は、四月六日付で日本相撲協会・八角信芳理事長宛に抗議声明を発表し、四月七日には「科学的根拠がない女性蔑視の「女人禁制」を根本から見直すこと」を求めて、日本相撲協会に対し抗議文を送付した。さらに四月十五日付で公益財団法人の日本相撲協会を所管する内閣府に「差別的な体質・運営の見直しと合理的根拠のない「女人禁制」を直ちに廃止する」指導の要請文を送付し、同日付で日本相撲協会に公開質問状を送付した。日本相撲協会から返事があり、四月二十八日付の八角信芳理事長談話が添付されていたという［畑　二〇二〇：七〜八］。四月十日には、東京都世田谷区在住の主婦（当時五十九歳）が、「税金が女性を差別する団体のために使われている」として、税制面で優遇措置を受けている日本相撲協会の公益財団法人認定の取り消しを求め、インターネット上で賛同の署名運動を開始し、五月二十三日、内閣府公益認定等委員会・事務局に対し一万六九三九人の署名を提出した。[11]主婦は、女人禁制は「「法の下の平等」をうたう憲法十四条に反する」「公益事業で女性差別をしている。指導してほしいということを伝えた」と述べた。舞鶴での出来事は大きな社会的反響を引き起こしたのである。[12]

3　主役はマスコミ

マスコミが今回の主役である。YouTubeに投稿された動画で、救助隊員が来て市長が運び出された後に、土俵の上にたっぷり撒かれた塩が映像や写真で映し出され、穢れを祓うかのような印象を与えた。これはイメージ操作ともいえる[13]。インターネット上では「なぜ塩を撒いたのだろう」という投稿や「穢れを清めた」という書き込みがあり、「それはひどい」となって炎上した。非難は日本相撲協会に集中し、理事長は「女性に対して塩を撒いたのではありません」と謝罪した。日本相撲協会は、土俵上で事件が起こった時には、相撲をとる力士が怪我をしたり事故が起こったりしないように塩を撒く慣習があると弁明したが、多くの人は納得しなかった。また、若い行司が「女性が上がっていいのか」と周囲に急かされてアナウンスをしたという報道もあるが、その部分は消えて、日本相撲協会の言動に一挙に非難が集中した。人権や伝統に関して深く議論を尽くすことなく繰り返される非難の嵐は深刻である。解釈を一元化してイエスかノーで、異なる意見を封じ込めるインターネットの暴力も怖い。前近代と近代が微妙に混淆するのが大相撲の魅力なのに、近代や現代の言説に圧倒されてしまう。大相撲には複雑な歴史があり[14]、特に近代史の文脈を踏まえて説明や解釈をする必要がある。

今回の出来事をめぐっては研究者の問題もある。マスコミは「相撲の女人禁制」の情報を求めてネット検索をして、浮かび上がった論文、「相撲における「女人禁制の伝統」について」［吉崎・稲野二〇〇八］に飛びついた。本論文は結論で、「神道との関わりがあるから女性を排除」「明治以降に相撲界の地位向上のために構築された言説」と十分に立証せずに述べている。論文は女人禁制の考察ではなく、「性別役割分業は近代的所産である」という仮説が文化（スポーツ）でも立証されたという主張で、史料を深く検討しない粗雑な論文である。フェミニズムの性別役割分業の研究を取り込んだ深い検討もなく、明治時代以降に再構築された神社神道に関する知見にも乏しい。しかも、相撲はスポーツであると見なした前提で論旨を展開する。学術的評価の低い論文であるにもかかわらず、インターネット上で公開されアクセスしやすかったので、ＳＮＳではこの論文の意見が定説であるかのように拡散した。[15]

今回の問題に関して最初に意見を聞くべき相手は、脚本家の内館牧子であったと思う。内館牧子はＮＨＫの朝の連続テレビ小説「ひらり」[16]で相撲が大好きな少女を主人公とする物語の脚本を書き、平成十二（二〇〇〇）年九月に女性初の横綱審議委員会（一九五〇年設置）の委員に就任して、ある程度は日本相撲協会の内情にも通じていた。相撲の女人禁制の根拠を探究するために、内館牧子は平成十五（二〇〇三）年四月に東北大学大学院に入学して宗教学を学び、平成十八（二〇〇六）年三月に修士論文「土俵という聖域――大相撲の宗教学的考察――」（指導教授：鈴木岩弓）を提出して課程を修了した。論文は一般向きに編集し直されて『女はなぜ土俵にあがれないのか』［内館　二〇〇六］として刊行された。「土俵の女人禁制」に関しては賛否両論のいずれを問わず、本書の参照は必須である。なぜ、内館牧子は今回の出来事に当たってメディアの前面に登場しなかったのか。それは「土俵は結界である」として条件つきで現状を容認する立場だったからであろう。マスコミは、状況判断の結果、インタビューや著書への言及を意図的に避けたと見られる。[17]

四月四日の出来事以来、コメントや解説を求めるマスコミの取材が筆者に殺到し、新聞・テレビ・週刊誌・ラジオなど十七社に対応した。[18]海外からの照会もあった。なぜ取材が殺到したか。その理由は、かつて『女人禁制』〔鈴木　二〇〇二〕を書いたこと、中立性を保っていると思われたことの二点であろう。筆者は報道への対応では、民俗学者や宗教学者とは名乗らず、文化人類学者で通した。民俗と言えば古風で伝統的な習俗や伝統、宗教と言えば、日本人に定着した「宗教」に関する独特の偏見が加わる恐れがあり、立場を意図的に中立化し、読者や視聴者の先入観を排して、安易な断定や即断や憶測を避けようとした。取材で痛感したことは、マスコミや識者による女人禁制の概念の拡大解釈と乱用である。[19]歴史的経緯を考慮せず、「人権侵害」「差別」の視点一辺倒の意見の人が多い。一方的な発言は当事者を頑なな対応に追い込むだけである。大切なのは歴史性に留意して女人禁制が語られる文脈を解きほぐし、当事者の言説を重視した上で、双方向の対話の場を維持し、「多様な声」に耳を傾けることである。[20]

4　土俵の女人禁制の意識化

女性と相撲を巡る問題は、「相撲の女人禁制」ではなく、正確に言えば、「土俵の女人禁制」である。相撲界での「女性を土俵に上げない」という暗黙の前提が、外部者からの概念化で「女人禁制」として意識化されることになった。議論の俎上に載ったのは、昭和五十三（一九七八）年五月、東京青年会議所主催の小学生の「わんぱく相撲東京場所[21]」の荒川区予選、小学五年生の部で女子（当時十歳）

が準優勝を遂げ、本来ならば蔵前國技館で開かれる決勝大会への出場資格があるにもかかわらず、日本相撲協会が出場できないとしたことが契機であった。相撲界にとっては國技館の土俵が問題だった。当時の労働省婦人少年局の森山真弓局長は、出場を諦めた女子に同情し、「事情をお聞きしたい」と日本相撲協会に申し入れ、五月二十三日に日本相撲協会の伊勢ノ海秀剛《ひでたけ》（元横綱柏戸）、武隈昇（元関脇北の洋）の両理事を局長室に呼び、「なぜ、女は土俵に上がれないのか。不浄だからですか」と詰め寄ったが、「不浄というのは誤解です。大相撲の力士には男しかなれません。土俵は力士にとって神聖な戦いと錬磨の場で男しか上がれませんでした。そうした大相撲の伝統を守りたいのです」と答えた（『朝日新聞』五月二十三日付）。森山真弓局長が、「将来、女性が首相や官房長官になったら、どうするか」と問い詰めると、伝統を尊重したいと婉曲に断ったという。おそらく昭和五十三年までは、相撲界では本場所で使用する土俵に「女性が上がる」ことは想定外であり、[22] 疑い得ない知識としてのドクサ（doxa）[23]、相撲界のハビトゥス（habitus）でもあった。

ハビトゥスとは、「日常的実践」で、人々の日常経験で蓄積され、個人が自覚しない知覚・思考・行為を生み出す傾向性で、身体化されて継続する。[24] 物事の見え方や感じ方の全てが、相撲界での経験に基づいて規範が内面化され、疑いを挟む余地がなかった。しかし、この時点から土俵に「女性を上げない」という暗黙の前提が外部からの働きかけで意識化され、「土俵の女人禁制」という言説として成立し、マスコミを通じて「女人禁制」の拡大解釈と流通が始まった。

次に問題になったのは、平成元（一九八九）年十二月に、当時内閣官房長官になっていた森山真弓長官が、「女性が大相撲の土俵に上がれないのはおかしい」と発言し、平成二（一九九〇）年に國技館で開催される大相撲初場所の千秋楽の表彰式（一月二十一日）では、海部俊樹内閣総理大臣に代わって内閣総理大臣杯を手渡したいと申し出た時である。二子山幹士《かんじ》理事長（元横綱若乃花）は、「伝統や文化は守っていきたい」「こういう社会が日本に一つくらいあってもいい」と発言し、遠慮してほしいと回答して、森山真弓長官は断念した（『朝日新聞』一九九〇年一月五日付）。後に森山真弓長官は、「男女平等実現のための問題提起」として意味があったと述べている。ただし、首相の代理としての出席希望の申し出には、政治的意図を感じ取った人も多かった。なお、森山真弓外務政務次官（当時）は昭和六十（一九八五）年五月に、名門ゴルフクラブの「土曜・日曜・祝日は、女性は利用できない」という規約にも抗議している。

平成三（一九九一）年には「わんぱく相撲大会全国大会」の徳島県美馬郡予選で、小学五年の女子が優勝して國技館の全国大会出場の権利を得たが、國技館の土俵には女子は上がれないということで、予選二位の男子を出場させることにした。この時も周囲の者がなぜかと疑問視した（『朝日新聞』一九九一年七月三日付）。前回との共通点は、大相撲本場所が開催される「國技館の土俵」に女性は上がれないのであって、ここに問題を解く鍵がある。地区予選や、巡業や公演の「花相撲」には規制はかからないのである。[25]

大きな転機は平成十二（二〇〇〇）年に訪れた。同年二月八日に大阪府知事に就任した太田房江が、地元で開催される三月の大阪春場所の千秋楽の表彰式で「「大阪府知事賞」を優勝力士に手渡したい」

と発言したのである（『朝日新聞』二〇〇〇年二月九日付「太田知事、女性初の土俵上の賞授与に意欲、日本相撲協会は拒否へ」）。太田房江知事は歴代府知事と同様の扱いを求めたが、日本相撲協会は応じなかった。行政府の長が、女性であるがゆえに拒否されたことで、「土俵の女人禁制」が一挙にマスコミの話題になった。太田房江は平成十二年から八年間にわたって府知事を務め、毎年三月に開かれる大阪春場所の度に繰り返し要請したが拒否されたので、「土俵の女人禁制」は広く知れわたることになった。太田房江知事には、平成十一（一九九九）年六月二十三日に「男女共同参画社会基本法」が公布・施行されたことが意識されていた。ただし、基本法の趣旨は、「男性も女性も、意欲に応じて、あらゆる分野で活躍できる社会」にすることであり、相撲への適用には無理もあった。

　ちなみに、大峯山の山上ケ岳への女人結界解禁の動きも、時代の趨勢に伴って平成八（一九九六）年から検討が始まり、平成十二（二〇〇〇）の役行者千三百年御遠忌を期に解禁とする方向で協議が進み、平成十（一九九八）年には記者発表寸前まで行ったが、地元の反対で再調整を迫られた。こうした微妙な時期の平成十一（一九九九）年八月一日に、奈良県教職員組合の「男女共生教育研究推進委員会」の女性十三人を含む二十一人が、「性差別」を見直すという主張を掲げ、山上本堂への強行登山を行った。この報道に地元や講社や寺院が総反発して解禁は遠のいてしまった［鈴木　二〇〇二：七五］[26]。この当時、女人禁制は相撲以外でも、広く議論されていたのである。

　内館牧子は、平成十三（二〇〇一）年三月十七日付『朝日新聞』の論壇の記事に「土俵の「女人禁制」維持は妥当」という一文を載せた。これは太田房江大阪府知事が、同年三月一日付の『朝日新聞』に、「（日本相撲協会が）新しい形を目指すのにいい時期だ」として、女人禁制に再考を迫った主張への反論であった。内舘牧子は、女性を土俵に上げないのは「伝統文化の領域であり、現代の男女差別にはあたらない。また、「男だけで担う」ことは、大相撲の核をなす部分だと私は考えている」と述べた。平成十三（二〇〇一）年三月二十九日付『朝日新聞』で、中国のジェンダー研究を専門とする秋山洋子（当時・駿河台大学助教授）は「土俵での表彰は「公務の執行」」と主張したが、「表彰式は大相撲では最も重要な公務である」という前提には誤解がある。これ以後、平成十五（二〇〇三）年まで「伝統」をめぐって活発な議論が展開したが、日本相撲協会は明確な意見を述べなかった。平成三十（二〇一八）年の舞鶴での出来事は、平成二十（二〇〇八）年に太田房江が大阪府知事を退任して以来、ほぼ十年ぶりでマスコミに登場した「土俵の女人禁制」の問題であった。

　相撲の女人禁制は、「大相撲」で神聖視される土俵の上で「表彰式」や挨拶を行う時に顕在化し、政治家とマスコミが絡むことが多い。他方、地方巡業中の「相撲」の土俵は、厳格な神迎えと神送りをしないので神聖視の意識は薄い[27]。舞鶴の出来事で、横綱白鵬が「本場所ではないのに」と発言した[28]のは本音であろう。若い行司は従来の決まりに従って、「女性の方は下りて下さい」と告げた。「大相撲」の本場所に準じた無意識の行動であった。

　土俵が神聖視されるのは、「大相撲」の年間六場所の興行の間で、各十五日間、年間九十日に過ぎない。戦前の「大相撲」は年二回や三回で一場所十日間が多く、年間二十日から三十日程度であった。「大相撲」は、昭和二十四（一九四九）年五月の夏場所以降に十五日間に固定し、年間六場所は昭和三十三（一九五八）年一月の初場所以降で［日本相撲協会編　一九九六：一六四］、年間九十日に固定して現在に至る。「大相撲」では場所ごとに神招きと神送りが行われるが、神は常在せず、本場所ごとに来臨し、終了後の土俵は普通の場に戻る。土俵は地下に格納されて、イベント会場に貸し出されることも多い。後述するように、土俵に招かれる神は、祭神名を持たない「神以前」のカミであった。神社神道とは全く異なる。「土俵」は、「一時的」な祭場であるが、年間に何度も「大相撲」が行われ、「聖性の日常化」が生じて「恒常的」な祭場と認識されるようになった。「本場所」で一時的に顕在化する土俵の聖性が恒常化され、「土俵の女人禁制」が言説化されてきたのである。

5　土俵祭

女性を土俵に上げない伝統を守る理由に関して、平成三十（二〇一八）年四月二十八日付の八角信芳理事長の談話では、以下の三つを挙げている[29]。それは「第一に相撲はもともと神事を起源としていること、第二に大相撲の伝統文化を守りたいこと、第三に大相撲の土俵は力士らにとっては男が上がる神聖な戦いの場、鍛錬の場であること」である。そして、「『神事』という言葉は神道を思い起こさせます。そのため、『協会は女性を不浄とみていた神道の昔の考え方を女人禁制の根拠としている』といった解釈が語られることがありますが、これは誤解であります」と述べ、不浄や穢れが根拠ではないと述べる。日本相撲協会が公益法人である以上は当然のことである。ただし、重要な点は「私どもがこだわりを持つのは、大相撲の土俵に限ります」という主張で、年間六場所の「大相撲」は一般の「相撲」とは異なる特別な時空間として強く意識されている。八角信芳理事長は、三つの理由のうち、「神聖な戦いの場、鍛錬の場」を強調した。これは昭和五十三（一九七八）年五月に、伊勢ノ海秀剛理事が森山真弓内閣官房長官の問いに答えた意見の踏襲である。相撲の伝統の言説は、女人禁制が問題になる度に日本相撲協会の代々の理事が政治家やマスコミに応える形で徐々に形成されてきたが、明文化はされず、慣習としての性格が強い[30]。最終的には伝統文化の言説が持ち出されるが、説明は難しい。相撲は神事に起源があるという言説も、文献を精査すれば必ずしも正当とは言えず[31]、江戸時代中期以降の「土俵祭」の確立、明治以降の近代化の中で、相撲の権威付けのために、徐々に形成されてきたのである（章末表1-1参照）。

八角信芳理事長は、平成三十年四月の談話で、「本場所」初日前日の「土俵祭」と千秋楽の「神送りの儀」は、「神道式祈願」であると述べた。その内容を深く検討してみたい。「土俵祭」の執行は神職ではなく立行司《たてぎょうじ》の担当で、神社神道の神事とは異なる。文献上の初見は、木村政勝『古《こ》今《こん》相撲《すまふ》大《たい》全《ぜん》』（宝暦十三〈一七六三〉年）の「すまふの儀式」または「地取」であるが［木村編　一八八四］、整備したのは「家職」として相撲を世襲で仕切っていた吉田司家《つかさけ》で、江戸城内での寛政三（一七九一）年の将軍家斉への上覧相撲に際しての「土俵祭」が変形を加えられて現在に至っている。平成二（一九九〇）年三月場所までは「土俵祭」は非公開であったが、現在は一般の者も桟敷席から見学できる。内館牧子は「土俵祭」の経過を準備段階から観察して貴重な記録を残した[32]［内館　二〇〇六：一五四～一九一］。相撲界の内部に分け入った内館報告を参考にして、筆者の参与観察も含めて経過を述べる。

写真1–3　土俵祭。東西南北の方位の色の房が吊り屋根から下がる

土俵は場所が始まる一週間前に壊して新たに作り直す。土俵作りは、力士の呼出しや触れ太鼓を担当する「呼出し」四十人が担当し、全て手仕事で行う。土俵の土は、國技館の場合、旧荒川（現隅田川）の旧寛永寺寺領の「荒木《あらき》田《だ》原《はら》」の粘土質の土を使っていた。[33]土俵造りは「土《ど》俵《ひょう》築《つき》」といい、五日間かかる。手作業によりクワ・スキ・スコップで土俵を突き刺し壊し、古い土は運び出す。土台部分に達したところで水を撒き、新しい土を盛りつけ、小タタキやタコで表面を叩いて固める。土俵は、壊れないように五日間かけて突き固める。当事者は「土俵は神が宿る場所だという意識はあります。兄弟子から伝えられています」「土俵が聖空間という意識、ありますよ。土俵祭をやるから特に感じますね」「土俵は聖域って、もちろん意識してますよ」「土俵築の日は呼出しにとっての初日です。本場所の初日とは別の初日。聖なる中心を造ってるという意識、ありますよ」［内館　二〇〇六：一六四〜一六五］と語り、土俵には聖域の意識がある。[34]「大相撲」は過去との連続性があり、土俵の聖性は残り続けている。

「土俵祭」は、本場所の前日、午前十時から始まる。土俵上の吊り屋根の四方には、東西南北を表す四房が下がる（写真1–3）。土俵の中央には「鎮め物」を埋める穴があり、穴の北側に白幣《はくへい》三本で戸《と》隠《がくし》大神《おおかみ》・鹿《か》島大神《しまおおかみ》・野《の》見宿禰《みのすくね》を祀り、東側に二本、西側に二本の白幣を立て、[35]東西南北の四方と春夏秋冬の四季の神を祀る。御幣《ごへい》は総計で七本である。正面に二台の三方《さんぼう》を置き、右側には神酒の瓶《へい》子《し》、左側には「鎮め物」を載せる。設《しつら》えの手前に簀子《すのこ》が敷かれ、円座《えんざ》が置かれる。右側に榊《さかき》立ての台を置き、修祓《しゅばつ》用の大麻を立てる。拍子木の合図で、日本相撲協会の理事・役員・土俵維持員・力士らが土俵下の席につく。立行司が[36]斎主《さいしゅ》で小直衣《このうし》の浄衣《じょうい》を着て中折烏帽子《なかおれえぼし》を被り、脇行司二人を従え土俵に上がり、[37]「土俵清祓《きよはら》いの儀」を行う。脇行司が祓詞《はらえことば》を奏上し、四方を祓って円座に戻り、二拝二拍手一拝し、斎主が「清祓いの祝詞《のりと》」を奏上する。「相撲の道の守神《まもりがみ》」、戸隠大神・鹿島大神・野見宿禰の三神を招き「天長地久、風雨順次、五穀成就」を祈願する。[38]祝詞は祭文《さいもん》ともいう。

祝詞奏上が終了すると、「開幣《かいへい》並びに瓶酒《へいしゅ》の儀」となり、左右の四本の白幣を、脇行司が土俵の四隅の東西南北の四方に配幣して一本ずつ立て献酒し、祭場の境域を定める（写真1－4）。事実上の結界儀礼である。ここから大相撲独自の儀礼、「方屋開口《かたやかいこう》」[39]の方屋開きの口上となり、斎主は中央に腰を下ろし、右手に団扇を持つ。団扇は「うちわ」と呼び、行司家の木村庄之助と式守《しきもり》伊之助に代々伝えられる特別の儀礼用の団扇で、勝負を裁く「行司うちわ」「裁きうちわ」とは異なる。[40]

「方屋開口」は相撲の由来と目的を述べることを主眼とする。「方屋」とは相撲場や力士の控え所の古称で、転じて土俵も指し、勝負を決する屋形の意味もある。「方屋開口」は、相撲の勝負を天地開《かい》闢《びゃく》に準え、陰陽が分かれ、陽は上で勝ち、陰は下で負けとし、「清く潔い」所に柱を立て、五穀豊穣の祭りを行い、俵を「関所」とし、土俵を勝負を決する「家」として、東西南北の「四方位」にちな

写真1-4　土俵祭。供物を献じる

写真1-5　土俵祭。土俵中央に鎮め物をする

んで「方屋」と名づけると説く。[41] 土俵の東西の力士の控え所の雨露を凌ぐための屋形の意味が土俵に転じたともいう。現在も力士は「方屋入り」と称して化粧まわしを締めて土俵に上がって顔見世をするのが恒例で、横綱土俵入りの前と幕内・十両の取組前に行う。相撲番付上位力士が東西に分かれて登場し、四股《しこ》を踏み手拍子を打ち、天長地久を祈り地の邪気を祓い清める。控え部屋の別称も「方屋」である。「方屋開口」は立行司が、行事家に代々伝わる「うちわ」を用いて、相撲の由来を述べる独自の儀礼であった。

次に「鎮め物の儀」が行われ、斎主は「鎮め物」（洗米・塩・するめ・昆布・勝栗・榧《かや》の実等の縁起物）を持ち、脇行司は瓶子《へいし》と土を入れた紙包みを持つ。斎主は土俵の中央の穴に「鎮め物」と土を入れて神酒を注ぎ、徳俵にも注ぐ（写真1-5）。儀礼は終了し、土俵下の日本相撲協会幹部などに脇行司が神酒を注ぎ直会《なおらい》となる。触れ太鼓が土俵を三周して町へと出ていく。[42] 相撲三神（戸隠大神・鹿島大神・野見宿禰）の御幣は、斎主と脇行司が持って下り、千秋楽が終わるまで行司部屋に祀る。四季と四方を表す白幣は吊り屋根に下げた四色の房に結わえられ、降臨した四神（青龍《せいりゅう》・朱雀《すざく》・白虎《びゃっこ》・玄武《げんぶ》）の照覧の下で相撲は行われる。本場所の土俵は清浄な聖域になり、禁忌も強まった。

土俵の四方に立っていた四本柱《しほんばしら》は、昭和二十七（一九五二）年九月十九日に撤廃され、天井も土俵屋根の屋形から吊り屋根に変わった。享保年間から二百五十年間続いた慣行が変化した。九月場所より吊り天井となり四色（青・赤・白・黒）の房が下げられた。変更の理由は、柱後方に座った観客の要望だと言われるが、実際は昭和二十八（一九五三）年から始まったテレビ中継への対応であり、柱があると力士の土俵上での動きを撮りにくいというNHKの要望に応えたのである。伝統は微妙に作り変えられて維持されてきたことが確認できる。同年五月場所からのテレビ放映で、大相撲はお茶の間を「テレビ桟敷」として身近になり、相撲人気は盤石になった。九月以降は民放も放映を開始した。神が降臨する祭場の土俵は、マスコミの力で多くの「見られる」視線に晒される場に変質したのである。そして、昭和三十（一九五五）年五月場所に、昭和天皇が戦後初めて天覧相撲に訪れて貴賓席で観戦し、以後四十回に及んだ。天皇の観戦は、大相撲の権威を高め、伝統の維持に正統性（orthodoxy）を付与することになった。

6　土俵の祭神の変化

「土俵祭」で迎えられ来臨する神とは何か。土俵を聖域とする意識を理解するためには、神の性格が問われる。結論から言えば、土俵の神は神社で祀られるような、常在して鎮座する神ではなく、本場所の間だけ一時的な祭場としての土俵に去来する。祭場の土俵は場所ごとに新たに作り、終了後は神送りして祭場は壊す。一定の期間だけ土俵に滞在するのは神ではなくカミである。「神以前」と言ってもよい。岩田慶治は、「カミは名前をもっていない。すくなくとも固有名詞をもたない。カミは教義をもたない。このようなカミ体験を核として、それが文化のなかに固定して、のちには宗教儀礼や世界観を構築することもあるが、それはカミが神になってからのちのことである」［岩田 一九八四：二四五～二四六］と述べた。[43]「土俵祭」は、カミを祭場に招いて供物を捧げ、祭文を唱えて五穀豊穣を祈る農耕儀礼に淵源があると推定されるマツリである。招かれるカミは、具体的には「土のカミ」と「俵のカミ」、言い換えれば、大地のカミと稲作のカミで、土の中に供物を埋める。

祭神に関しては、吉田司家が「土俵祭」を整えた時に再編成し、天神七代・地神五代（中世に広く普及した考え方）の勧請としたが、[44]文献上では相撲の祭神は一定していない。[45]江戸時代の相撲文献の大半では、土俵の祭神の記述はない。[46]ただし、陰陽五行説を取り込んで四色の色で四方と四季を表し、青龍・朱雀・白虎・玄武の四神を祀ることは、土俵に「方屋」の名称が伝わることから継続してきた。中央は五行の色で言えば、黄色で表される大地の神、「土公《どくう》」の可能性が高い。祭神名の自由度が高いのはカミを招くからではないか。カミは神とは異なり、名前を持たない。

稽古場の土俵の場合は、部屋開設に際して「土俵開き」を行う。土俵中央に盛り土をして、立行司が御幣を立てて祀る（**写真1－6**）。この場合も神職による神事ではなく、民間のマツリに他ならない。

稽古場の土俵に招かれるカミも終了後は元の場所に帰るので、土俵には常在しない。民間の神社などの相撲も同様であるが、相撲に先立って神職が祝詞奏上やお祓いを行う場合もあり、行事ごとに神やカミを招いて、土俵中央に御幣や梵天《ぼんてん》を立てて祀る。御幣に土がつくと豊作とする事例もあり、[47]土や大地のマツリ、「地祭」に他ならない。ただし、神社の境内に土俵があっても祭りの時以外は神聖視することはない。

戦前までの「土俵祭」は、土俵中央に盛り土をして幣束《へいそく》七本を立てて祀った〔藤島　一九四一：二四六〕。祭神は国常立尊《くにのとこたちのみこと》から始まる天神七代・地神五代の神統譜の十二神で、『日本書紀』神代巻《じんだいのまき》を重視する国学の影響が強く、明治維新の神仏分離後に作り変えられた可能性もある。現在の「土俵祭」で祀られる相撲三神は、終戦直後に大相撲を復活した時に第二十二代木村庄之助（一八九〇～一九九四）が、連合国軍最高司令官総司令部（ＧＨＱ。以下、進駐軍）に忖度して祭神を変更して祀ったことが始まりである。相撲界は、進駐軍が相撲と軍国主義との結び付きを批判していたので、存続のために、昭和二十（一九四五）年十一月十三日にアメリカ人の進駐軍の慰安大相撲を開催した。本場所は十一月十五日から十日間の予定で、前日の十一月十四日には「土俵祭」を行うことになっていた。

写真1-6　稽古部屋の土俵開き。土俵中央に御幣を立てる

庄之助は「土俵祭」では祭文に従えば、天神七代・地神五代の神を招くので、戦前の軍国主義と結び付いていた日本神話に由来することになり、その点を進駐軍に突かれることを恐れた。そこで、理解を得やすいように、祭文を唱えて招く祭神を相撲にゆかりが深い、戸隠大神・鹿島大神・野見宿禰の三神に変えた［木村　一九八〇ａ］[48]。戸隠大神は手《た》力男命《じからおのみこと》で、天岩戸を押し開いた力持ちで、戸隠山は天岩戸が地上に落ちた場所という伝説がある。鹿島大神は武甕槌命《たけみかづちのみこと》で、出雲で建御《たけみ》名《な》方命《かたのみこと》と力比べをしたと伝え、出雲の野見宿禰は当麻蹴《たいまのけ》速《はや》と初めて相撲を取った相撲の開祖とされる。いずれも相撲と関わり深い神で説明が容易であった。庄之助は、進駐軍から質問があった場合、相撲は競技やスポーツであると主張するために整合性や根拠を整えた。祭神名の変更は立行司の一存で行われ、神職は関与していない。祭神名を簡単に変更できた理由は、特定名を持たないカミの性格が持続していたからであろう。祭神名の自由度が高かったのである。庄之助は祭文の内容に手を加え、「土俵祭」の神招きの祭文の後に唱える「方屋開口」の口上にも変更を加えた。

庄之助は「祭文に引きつづき、方屋開きの口上となるが、これも非常に長く、難解で、神がかり的だったのを、次のようにかえた。これはなにも、私があみ出したものでもなんでもなく、十九代吉田追風《おいかぜ》の、寛政三年六月十一日、将軍家斉の上覧相撲の方屋開口式の故実を引っ張り出してきて、ほんの少し現代風に改めただけ。つまり、寛政の昔から、以後次第に神がかりがひどくなり、大げさになってきたものを、もとへ戻したことになる」［木村　一九八〇ａ］[49]という。伝統は容易に変えられるのである。

戦後になって日本相撲協会は、旧来のしきたりの改善に取り組んだ[50]。昭和二十五（一九五〇）年四月二十一日には横綱審議委員会を発足させ、横綱の免許を日本相撲協会が授与することとし、相撲の宗家の吉田司家による「横綱」認可の権利を廃止した。ただし、「土俵祭」は吉田司家が整えた形式を踏襲し「方堅《ほうがた》め」「方屋《かたや》祭り」と呼ばれる結界儀礼の作法は残り続けている[51]。大相撲は、その後、第二次世界大戦後にはスポーツとしての認識を顕在化させて現在に至る。大相撲は、前近代と近代、信仰と娯楽が混淆するが、相互の葛藤と矛盾は土俵に集中的に表れる。女人禁制は「土俵祭」で聖化される土俵が問題なのである。

写真1-7　平成29年春場所の表彰式。内閣総理大臣杯の授与（2017年3月16日）

7　表彰式

「土俵の女人禁制」が問題視されるのは、大半は大相撲の千秋楽の表彰式に限定されているので、その考察が不可欠である。現行の式次第は左記の通りである。

君が代斉唱→天皇賜盃拝戴式→優勝旗授与式→内閣総理大臣杯授与式（写真1-7）→優勝力士インタビュー→優勝力士への各賞授与式（友好各国賞・開催地知事賞・新聞社や企業等からの表彰・優

写真1-8　平成29年秋場所の千秋楽。行事の胴上げ（2017年９月24日）

勝額）→三賞授与式（殊勲・敢闘・技能[52]）→出世力士手打式（神酒《みき》廻し・手締め[53]）→神送り（行司胴上げ）→千穐万歳《せんしゅうばんざい》

　表彰が全て終了した後に、相撲関係者のみが参列する中で神送りが行われる。最初に、立《たて》呼出しが土俵上に水桶二基を運び込み、神酒が入った瓶子を載せた三方をその上に置く。勝負審判五名、前《まえ》相撲《ずもう》の行司、前相撲の力士が土俵に上がって円く並び、幕内格行司が御幣一本を持って土俵に上がる。行司部屋に祀っていた御幣の一本である。土俵上の人々に、立呼出しが神酒を注ぎ、盃《さかずき》が回る。立呼出しの柝《たく》に合わせ、土俵上で全員が三本締めを行う。終了後に、御幣を持つ行司を、出世力士全員で胴上げする（写真1−8）。これで神送りは終了し、本場所前日の「土俵祭」で招かれたカミは、元の場所へ戻っていき、次回の本場所の時に改めて迎えられることになる。

　一般人が表彰式に際して土俵に上がるようになったことは、さほど古いことではない。おそらく、昭和四十三（一九六八）年一月に創設された、幕内優勝力士への内閣総理大臣杯の授与が始まりであろう［日本相撲協会編　一九九六：一六五[54]］。本賞の導入で、相撲関係者以外の一般人が、正式に土俵に上がる慣行が生まれた。これ以前は、本場所の土俵に上がるのは力士や相撲関係者に限定され、作法に則って上がっていた。現在の表彰式では、内閣総理大臣杯に引き続いて、様々の賞が授与され、政治家・外交官・企業関係者・スポンサーなどが授与者として土俵に上がる。土俵の「俗化」が起こったのである。ただし土俵に上がるのは男性だけで、女性は上がらない。ここに「女性を土俵に上げない」という暗黙の慣習が適用され、表彰式の土俵は、文化的性差、ジェンダーが明示される場に変貌した。一般人の土俵上への立ち入りが可能になった段階で、女性が土俵に上がる可能性も浮上したが、日本相撲協会や力士の誰もがこの事態を想定していなかった。大相撲の担い手は男性で、中核の幹部には女性はおらず、男性の視点で全てを見る発想が無意識のうちに身に付いていたのであろう。相撲界は、男性中心主義を中核にしてジェンダー化された世界なのである。根底には、女性の「穢れ」を意識し、清浄な土俵に上がることを忌避する発想はあった。しかし、日本相撲協会は「穢れ」や「不浄」は理由ではないと否定する。[55]男女平等を建前とする現代社会では、「穢れ」を理由に女性を排除することは、人権問題に関わるからである。

日本相撲協会は、女性を土俵に上げない理由は「伝統」だと答える。ただし、「伝統」を理由とする言説は、「外部」からの意見への対抗言説として「内部」から浮上した。相撲界は、女人禁制を「外部」からの動きで意識させられたのである。相撲の伝統とは何か。「土俵祭」でカミを迎え、最後はカミを送る。力士はまわしを締め、大銀杏《おおいちょう》を結い、塩を撒き、水をつかい、裸体・裸足で土俵に上がり、四股《しこ》を踏む。立ち合い前に柏手《かしわで》を打つ。[56]取り組みに当たっても様々なしきたりや作法がある。土俵に関しては清浄性が意識され、塩や水で清める。日本相撲協会の役員は紋付き袴で正装して、土俵の下で履物を変えて土俵に上がる。ハレの場と考えられているからである。しかし、昭和四十三

（一九六八）年以降、普通の人が潔斎も作法も略式で土俵に上がることが可能になった。日本相撲協会は、一般人の土俵上での作法に関して、男性は紋付き袴やネクタイにスーツを正装として義務付け、外国人の民族衣装は「ハレ着」とみなし、土俵に上がる時には履物をスリッパに替えさせることにした。現在は大半の人は平服のスーツである。[57] かくして土俵上の規定に関して、相撲界と一般人を状況によって使い分けるという二重規範（double standard）が適用されることになった。「土俵の女人禁制」が問題化する度に説明に苦慮する事態はここに生まれたのであり、「伝統」についても単純な説明は難しくなった。日本相撲協会は首尾一貫していないのである。

8 神送り

「土俵の女人禁制」の問題は、日本相撲協会が柔軟性を発揮して表彰式の方式を変えれば解消する。理想的には、全ての取り組みが終了した後に、神送りを行い、その後に表彰式に移行すればよい。女人禁制で最も問題になるのは内閣総理大臣杯授与であり、一般人による表彰に先立って神送りをすれば、土俵にカミはいないのだから、男女を問わず、誰が上がってもいいはずである。総理大臣が女性でも堂々と土俵に上がることができる。ただし、神送りを行った後に表彰式を行う方式への変更には抵抗が予想される。千秋楽の衆人環視の中で神送りを行うと、儀礼の宗教性に違和感を持つ観客が現れるかもしれない。[58]

現実的な提案は、現行の流れを踏襲して、表彰台を土俵外に特設して内閣総理大臣杯授与以下の授賞式を行うことである。国家の最高権力者の名称を付与した内閣総理大臣杯の表彰の方法や順番を変えることには抵抗があろう。しかし、表彰台方式を採用すれば、現在の方式は維持できる。そもそも表彰式は國技館開設をきっかけに始められた近代の「式典」であり、土俵をめぐる「儀礼」とは異なるので、容易に変更は可能なはずである。平成十三（二〇〇一）年三月に太田房江大阪府知事は、各団体の表彰式の順番を変えて手打ち式後に行う妥協案を提案したが、実現しなかった[59]。改革の選択肢は幾つかあるが、日本相撲協会は真剣に検討した形跡がない。問題は日本相撲協会の方針が首尾一貫せず、対応策を先送りしてきたことにある。

問題は、神送りそのものにもある。土俵は神迎えと神送りで一定期間は聖域になる。ところが神送りの執行は不安定であった。昭和三十二（一九五七）年以降は神送りは中止されていて、復活したのは平成十五（二〇〇三）年五月場所からなので、四十五年間の空白が生じていた。中止の理由は、昭和三十二年に勝負審判の親方の胴上げで土俵に落としてしまう出来事があったからだという［内館二〇〇六：一八九］。しかし、「迎えた神は送らねばならないという声が、協会の中でも大きくなり」［同：一八九］、復活したのだという。また、復活した神送りでは、勝負審判ではなく御幣を持った「行司」が胴上げされる新たな儀礼に変貌した。神送りは、元々は千秋楽の最後に「弓取り[60]」を行うのが正式の作法で、土俵を鎮め、魔物を祓い清め、闘争による殺伐たる気を弓の呪力で鎮めた[61]。ところが「弓取り」は、昭和二十七（一九五二）年五月場所から、毎日の最後の結びの一番の後に行うように変更された。同年は、四本柱の撤去、吊り屋根の設置、四色の房の吊り下げの開始など大きな変革を加えた年で、土俵の意味や儀礼の性格を大きく変化させた。日本相撲協会は、相撲は神事に起源がある、伝統の遵守が大事であるというが、神送り一つとっても首尾一貫性がない。伝統は変わり続けてきたのである。

総じて、土俵では「聖化」と「俗化」のせめぎ合いがみられ、簡単に「伝統」が変えられるだけでなく、新たな意味付けも加えられた。吊し屋根の水引幕は、國技館開設に先立って軍部から寄贈され、陸軍や海軍の紋所をあしらっていたが、現在は土俵の穢れや不浄を清めるとか土俵上での勝負の熱気を覚ますなどと説明されている〔風見 二〇〇二：九九〕。近代化は大相撲の「俗化」を推進するとともに、手刀《てがたな》[62]や力水《ちからみず》[63]など新たな儀礼を創出し、四色の房を導入するなど「聖化」も推し進めた。究極の「俗化」は、國技館発足以後に、土俵上で表彰式を行うという「近代の儀式」を導入したことである。土俵は「俗化」と「聖化」のせめぎあう場となり、近代の「文脈」の中に再配置され「土俵の女人禁制」という言説と禁忌の生成への遠因となった。

9 表彰式の再検討

表彰式の改良案は既に内館牧子が日本相撲協会に提示したが、応答はなかったという〔内館 二〇〇六：二四二～二四三〕。また、大阪府の太田房江知事は、平成十五（二〇〇三）年二月十六日付『朝日新聞』に「大相撲 女性に開いてこそ「国技」」という記事を寄稿して、「すべての取組が終わった後の表彰式は、相撲本番の土俵と区別し、国籍や男女を問わず皆で祝う場所とできないか。そうすることで、古来の伝統と、現代の要請である男女共同参画を両立できるのではないか、と提案してきた。しかし、現在まで納得のいく説明はいただいていない」と述べている。男女共同参画の適用かどうかはともかく、この意見は説得力を持っているが、日本相撲協会は長年にわたり表彰式改革案に関して意見を述べていない。平成三十（二〇一八）年の舞鶴での出来事の後の時点でも太田房江は同様のメッセージを繰り返し述べているが[64]、日本相撲協会は動こうとしない。日本相撲協会は、時代の変化に対応する柔軟な動きが鈍く、改革案が全く提示されない。

現在の土俵上での行事に異質のものが混在していることが問題なのである。「土俵祭」の神迎えや千秋楽の神送りは近世以来の「儀礼」（ritual）、表彰式の天皇賜盃拝戴は大正十五（一九二六）年以後の近代の「儀式」（ceremony）、内閣総理大臣杯授与式以下は昭和四十三（一九六八）年以後の現代の「イベント」（event）である。「土俵の女人禁制」は表彰式の改革で解消する。優勝力士への天皇賜盃拝戴を土俵上で行い、内閣総理大臣杯授与式以下各賞の表彰式は土俵外や表彰台に移し、土俵上で三賞授与式以下神送りまで行う方式が無難である。力士と相撲関係者以外は土俵に上がらない。神送りを行った後に表彰式を行うことが難しければ、これ以外に方法はない。

表彰式は近代スポーツの登場とともに新たに導入された近代の「儀式」（式典）である。多くの近代スポーツ大会では、勝敗が決した後、休憩をできるだけ短くして、観客が帰る前に、手短に表彰式を行う。相撲の場合も同様である。しかし、相撲は近代スポーツとは異なり、祭場である土俵上で行う。かくして、近代が創出した表彰式という「儀式」は、近世以来の「儀礼」と混淆して新しい「伝統」となった。論議が巻き起こることは必然であった。

相撲に関しては、マスコミが果たす役割が大きい。特にテレビの実況中継を担当するＮＨＫは、千秋楽の日は、相撲の終了時間を繰り上げて、テレビ中継に合わせて行事が進行する。番組編成は、優勝力士への天皇賜盃拝戴とインタビューを組み込んで、午後六時のニュースの前までに終了するのが至上命令である。こうして、時間的に余裕がない表彰式は神送りを最後に回す形で固定化された。たとえ表彰式の前に神送りを組み込んでも、多数の観客の前で行う神送りは違和感を持たれるであろう。「近代の儀式」を千秋楽の後に土俵上で行う方式にしたことで、大都会の真ん中で、衆人環視の中で女人禁制の禁忌を守る土俵の上で表彰式を行うという異様な状景が展開することになった。土俵は大相撲の矛盾を凝結する近代的祭場に変貌したのである。

10 國技館の開館

大相撲の表彰式に関して簡単に歴史を振り返ってみることにする。表彰式は、明治四十二年（一九〇九）年六月に常設場になった國技館（当初は常設館）開館の本場所で、「近代の儀式」として始まった。大相撲は、明治三十八（一九〇五）年の日露戦争勝利後のナショナリズムの高揚の影響を受けて、兵士養成の心身鍛錬の理想形として重視され、軍部や政治家がパトロンになって、常設館が完成した。表彰式の成立は、風見明が詳細に検討している［風見　二〇〇二］。それによれば、國技館の開館に際して、時事新報社は最高優勝力士に純銀洋盃（通称銀盃《ぎんぱい》）と、鉄骨の天空中腹に掲げる力士の等身大肖像写真（通称「優勝額」）を贈呈して表彰することにした。純銀洋盃と肖像写真は洋風の導入である。表彰のきっかけは、「米国においては競馬・競漕・野球等のスポーツを楽しむことが生活の一部となり、新聞で大きく取り上げられるとともに、競技者の闘争心高揚のために賞品が出されているという話を、米国帰りの人から聞いたこと」［風見　二〇〇二：二一〇］であった。時事新報社は、スポーツの意義と表彰の重要性を知り、國技館の開館とともに表彰を始めた[65]。相撲は擬似スポーツになり、表彰式は「近代の伝統」として新たに創出された。

國技館開館以後、本場所の千秋楽の位置付けが重要性を増した。寛政三（一七九一）年四月の春場所以来、千秋楽には幕内力士は出場せず、幕下以下の力士の取り組みしかなかった［風見　二〇〇二：一九二～一九三］［日本相撲協会編　一九九六：一六二］。明治以後も同様な状況が続いたが、明治四十二（一九〇九）年に東西対抗制が確立し、優勝制度・優勝旗が導入された。東方幕内力士と西方幕内力士との団体戦で、十日間通算して勝ち星が多い団体の陣営を勝ちとする決まりとし、優勝旗を授与し、賞金を贈与して、翌場所の東位置を与える制度とした。開館場所は東方が優勝し、初めての優勝旗授与式が千秋楽の日の土俵上で行われた［風見　二〇〇二：一九九[66]］。これが相撲の表彰式の始まりである。終了後に力士が馬車や人力車に乗り、楽隊が先導して部屋まで凱旋し、後に「優勝パレード」として定例化する。現在の大相撲の千秋楽の重視と表彰式はこの時に原型が成立した。優勝旗は元々は団体戦の勝者に与える旗であったが［風見　二〇〇二：二〇一］、優勝者個人に与える意味に変化した[67]。銀盃と優勝額の寄贈は現在まで続く。千秋楽の表彰式は、近代の「創られた伝統」

(invention of tradition)［ホブズボウム、レンジャー編　一九九二］[68]なのである。

相撲が「国技」になったのは、常設館の建物名に「國技館」という名称が与えられたという偶然の出来事に由来する。しかし、「相撲は唯一の国技」という言説が一般化すると、相撲には、心身鍛錬だけでなく、国威発揚の願いが託され、政治家や軍部に利用されて、国民の形成と統合に寄与した。表彰式で授与される「優勝旗」は、天皇旗を強く意識して作られ、軍旗にも類似して、金モールと紫房の縁取りである。そして、國技館では、昭和六（一九三一）年に土俵屋根の屋形を従来の入母屋《いりもや》造《づくり》から神明造《しんめいづくり》にして伊勢神宮を模した形とした［日本相撲協会広報部・相撲博物館編　二〇〇五：四五］。昭和十四（一九三九）年五月から君が代演奏が導入された。大相撲は古代の相撲節会以来の「国技」として別格扱いされ、天皇だけでなく皇祖神を祀る伊勢神宮とも結び付き、土俵の聖化が進行した。千秋楽の表彰式で、最初に「国歌」君が代が斉唱され[69]、幕内優勝力士に天皇賜盃拝戴を行う形式は、皇国化とナショナリズムの時代に、新たに創り出された伝統である。「創られた伝統」は民衆の間に浸透し、正統性の根拠となった。「国技」の名称の効果は絶大であった。

11　土俵と土俵祭の歴史

相撲の女人禁制を考えるに当たっては、「伝統とは何か」の検討が必須であり、歴史を遡って考える必要がある。特に女人禁制の焦点となる「土俵」と、土俵上で行われる「土俵祭」について、いつ頃成立し、どのような歴史的経緯をたどってきたのかを検討する。[70]

「大相撲」の前身は、中世以降の勧進相撲で、[71] 寺社の造営や修理などの費用の寄附を募るために行われていたが、江戸時代には営利目的の「渡世稼業」の「興行」へと性格を転換していった。「遊行の興行者」ともいえる。「土俵」の記述が現れる文献上の初見は『大江《おおえ》俊光《としみつ》記』（元禄十二〈一六九九〉年）で「土俵四本柱」と記され、土俵は、遅くとも元禄時代（一六八八～一七〇四）には成立していた。[72] 木村喜平次《きへいじ》『相撲家伝抄』（正徳四〈一七一四〉年）では「四本柱ヲ四季ニ取」と記され、土俵の四本柱が春夏秋冬の四季に充てられていて、現在の土俵の四方の意味付けの原型である。「大相撲」の文献上での初見は、寛延二（一七四九）年四月で、[73] この頃には興行形式の「大相撲」が成立していたと推定される。高埜利彦は「相撲渡世」として三都（京都・大坂・江戸）で開催される「四季勧進相撲」[74] の成立を、延享年間（一七四四～一七四八）から寛延年間（一七四八～一七五一）と考える［高埜　一九八九：一一］。これが現在の「大相撲」の祖型であり源流である。

十八世紀には十俵の意味付けも整備された。木村瀬平《せへい》『角力旧記《すもうきゅうき》并《ならびに》口決《くけつ》』（延享元〈一七四四〉年。内閣文庫蔵）には「西東に方屋《かたや》と云ふて屋根あり。雨暑の凌ぎ也。四本柱の天井屋根也。是も雨暑のしのぎ也」とあり、[75]「方屋」の名称が相撲場に使われた初見である。宝暦七（一七五七）年に相撲会所が成立して制度化・組織化が進み、一枚番付が作製された。高埜利彦によれば、相撲渡世集団を幕府が公認し、四季勧進相撲体制を確立したのは、宝暦八（一七五八）年に天皇や朝廷との結び付きを強調した「相撲故実」を言上して、「穢多《えた》の相撲見物の禁止」の証文を得て排除したことと、安永二（一七七三）年に越後での争論に関して「相撲故実」を主張して格別の権限を得たことが大きいという［高埜　一九八九：一三〜一五］。「相撲故実」は大きな働きを持ち、これによって相撲の興行が定例化した。由緒格式を整える動きの一環として、「土俵祭」が整備され神事化されて、現在に至っていると推定される。ただし、「大相撲」の基本的性格は興行であり、寺社への勧進や奉納として行われていた。

「土俵祭」の初見は木村政勝『古今相撲大全』（宝暦十三〈一七六三〉年）で「上古朝廷にて、すまふを行はせ給ふ時に地取《じどり》といへることあり、（中略）其餘風《よふう》かはりて、勧進相撲になりても、初日の前日にすまふの儀式を行ふ。是を地取といふ。先《さきに》行司出祓《ではらへ》をして清め、神拝を成し、土俵の上を祭る。（中略）又左右の今は東西と云桟敷一軒宛注連縄《しめなわ》を張り、清筵《せいえん》を敷《しき》、神の桟敷とす。行司此所にかしづき居て、相撲取一人宛に、黄色の幣《へい》を頂戴させ土俵へ出す。左右とも儀式これに同じ、此日は一式神事なり。二番合すすまふを神相撲といふ。是手向《たむけ》なり。」（巻之下本）とある［木村編　一八八四］。初日の前日に「すまふの儀式」の「地取」を行って、五行の中央、黄色の御幣を力士に渡し、土俵に立てた。また、「中に立つる幣帛は、土の色を標《しる》し、黄色を用ゆるを故実とす。則ち高野川原にて興行の時節まで斯の如くの黄なる幣を用ひたるに、其已来《それいらい》神道によりて白幣に成りたり」とあり、元禄年間の高野川原《がわら》の相撲以降は、吉田神道の影響で白幣に変わった。黄幣を中央に立てる「地祭《じまつり》」は、大地に鎮まる「土公神《どくうじん》」の祭りの様相が濃い[76]。黄色は陰陽五行説の中央の色である。岩井左右馬《そうま》『相撲伝秘書』も、四本柱の四色を説き「勧進角力略々地祭《じまつり》之事」と記す。柱を青・赤・白・黒の四色に塗ったと推定され[77]、四方と中央の方位や色が強く意識されていた。

相撲の大きな転機は、寛政元（一七八九）年に第十九代吉田追風《おいかぜ》（善左衛門）が「横綱」を制定し、深川八幡宮境内で谷風・小野川への伝達式を行い、土俵入りを披露したことである。ただし、当時の「横綱」は綱を締めて土俵入りを行う資格に過ぎなかった。吉田司家は、同年に幕府の要請で、九ケ条の相撲の由緒書き上げの「相撲故実」を提出して自らの正統性を主張した[78]。寛政三（一七九一）年に、将軍徳川家斉の上覧相撲が行われ、第十九代吉田追風は土俵上で「方屋祭」を執行し行司として取り仕切った[79]。これは大相撲の歴史では画期で、吉田司家は、将軍家の権威付けを得るとともに、儀礼を整備し「相撲故実」を伝える家として、相撲を「家職《かしょく》」（家元）とする地位を獲得し、横綱免許を認可する権利を世襲で受け継ぐことになった[80]（写真1-9）。相撲は幕府の統括下で地位を確立し隆盛へと向かった。

写真1-9　旧吉田司家の塀（熊本市、藤崎八幡宮参道沿い）

寛政年間に始まった四本柱の下に四人の中改《なかあらため》を配置する慣行は、昭和五（一九三〇）年に四本柱の検査役が土俵下へ降りるまで続いた。現在の「土俵祭」は、紆余曲折を経たものの基本的には方堅《ほうがた》め（法堅め、四方堅め）の儀礼の形式を維持し続けてきたと言える。「方」とは「前後左右を東西南北、これを方という」と説かれ、土俵は「方屋」と呼ばれていた。方堅めとは、能・田楽・神楽・法会などで、四方を結界し反閇《へんばい》（足踏み）を行い、祭場を祓い清めて神を迎え魔物を祓う作法で［天野　一九九五：二〇」、清浄な空間を確定する儀礼である。仏教の儀礼用語の「結界」は相撲の文献には現れないが、「方堅め」は結界儀礼である。境界で区切られた土俵の清浄性を維持する意識は継続し、「土俵祭」は、四方の「方位」の確定と、「土」を祀ることが基本で、土俵では四季と四方、時間と空間の聖化による境界設定を強化してきた。土俵の聖化は、大相撲の権威化と連動して徐々に歴史的に形成されてきた。土俵の成立以来、次第に整えられてきた土俵の意味付けは、大相撲の近世以来の伝統の一つである。

12 大相撲の伝統と近代①――國技館以前

大相撲の伝統については、「国技」の名称が権威付けとして使われる。しかし、相撲が「国技」と名付けられたのは、明治四十二（一九〇九）年の常設館の開館以後で、正式には明治四十三（一九一〇）年一月の番付で國技館の名称が提示され、建物名が相撲に転用されて以来である。「国技」の成立に至る過程を確認しておく。江戸時代以来、相撲の興行は、寺社の境内などを借りて仮設の掛け小屋で行われる勧進相撲が主で、興行が始まる寸前に作り、興行が終われば直ちに取り壊す方式で、仮小屋とも呼ばれた。雨天の場合は中止で、晴天十日の興行であった。天保四（一八三三）年十月以降は、両国元町の盛り場であった回向院境内の興行に定着したが常設館はなかった。当時の相撲小屋の様相を伝える歌川国芳《うたがわくによし》画『勧進大相撲土俵入之図』嘉永二（一八四九）年十一月場所の錦絵が残されている（**写真1―10**）。土俵の四方に桟敷席を設けて、周囲を莚《むしろ》で覆った簡易な会場であった。

大相撲は、近代以降大きく変貌した。明治維新で新政府との関係の再構築を迫られたのである。京都の相撲力士は、天皇の遷都に随行して「錦の御旗」を供奉して東京に至り東京力士の出迎えを受けた［酒井　一九六四：一二］。明治二（一八六九）年六月二十九日の東京招魂社（明治十二〈一八七九〉年に靖国神社に改称）の第一回の勅祭の祭典で奉納大相撲を行い[81]、この慣行は現在まで続く近代の伝統行事となった。明治三年には天皇の駒場での閲兵のための行幸に際して、東京力士が「錦の御旗」を捧持して露払いをするなど天皇家との関係維持に努めた。

写真1-10　『勧進大相撲土俵入之図』（歌川国芳画）。嘉永2（1849）年11月、回向院での勧進相撲

しかし、明治初期の相撲は危機に瀕していた。明治二年の版籍奉還、明治四（一八七一）年の廃藩置県で後ろ盾を喪失し、明治四年以降、明治政府は神道国教化政策を富国強兵と文明開化に切り替えたので、前近代の旧弊を指弾されて危機に晒された。同年八月九日付の「散髪脱刀令[82]」で髷《まげ》や刀が問題視され、同年十一月二十九日の「裸体禁止令」で裸体は国の体面を汚し、文明開化に反する蛮風とされた。明治五（一八七二）年十一月八日付の東京府達七三六号『東京違式詿違《いしきかいい》條例』が、十一月十三日から施行されて「裸体禁止」を明記し、邏卒《らそつ》が力士の丁髷《ちょんまげ》と裸体を、公序良俗に反し、文明開化に相応しくないとして取り締まった。外国人に対して体面を保つ意識もあり、相撲禁止論、相撲無用論が語られ[83]、相撲廃絶の危機が訪れた［風見　二〇〇二：三〜一一二］。明治維新の功労者の西郷隆盛・板垣退助・伊藤博文

は、相撲擁護論を唱えたが、状況は流動的であった。

明治六（一八七三）年七月十九日付の太政官布告二五六号『各地方違式註違條例』で「男女相撲並ニ蛇遣ヒ其他醜體《しゆうたい》ヲ見世物ニ出ス者」が処罰の対象になり、当時の相撲は「蛇使い」と同様の見世物とされ、興行として認識されていたのである。[84] 相撲関係者の力士・行司・年寄は明治九（一八七六）年十二月に営業鑑札《かんさつ》の所持が義務付けられた。明治十（一八七七）年秋に内務卿の大久保利通から、「神社仏閣の境内を見世物興行のために貸してはならない」と布達が出て、相撲は見世物の一種と見なされ、回向院での興行ができなくなった。明治十年十月十三日に相撲会所は当局に使者を派遣して調整し、同年十一月に「当冬の興行だけは許す」ことになった。[85] 明治十一（一八七八）年二月五日付で警視庁は相撲興行の健全化の指針を示し、「角觝《すまふ》並行司取締規則及興行場所取締規則」を発布して、相撲関係者の力士・行司・年寄は明治九年十二月に営業鑑札の所持が義務付けられた。これによって相撲は事実上の公認となり、廃絶の危機を脱したが、人気は低迷し苦難の時代が続いた。

大相撲の大きな転機は、明治十四（一八八一）年五月十二日に始まった七回にわたる天覧相撲である。[86] 特に明治十七（一八八四）年三月十日の浜離宮延遼館での明治天皇の天覧相撲において、[87] 相撲は行幸の娯楽として公認され、見世物ではなく格調高いものと見なされるようになった［風見　二〇〇二：二〇～三八］。明治天皇の存在が全国各地への行幸[88]を通じて知れわたってきた明治十年代において、天皇との強い絆を持っていたことの意義は大きく、大相撲に対する評価が徐々に高まった。かくして天覧相撲を観覧した政治家・軍人・警官の支持を得て、大相撲は皇室との関係の再構築を進めて危機を乗り越えた。これを転換期の第一段階とする。明治十八（一八八五）年五月、旧津軽藩上屋敷跡（墨田区亀沢）[89]に相撲の神を祀る野見宿禰神社の創建願が出され[90]、明治十九（一八八六）年二月一日には地堅《じがた》め相撲、明治二十（一八八七）年一月二十三日に遷座式典が行われた。創建の経緯は、第八十代出雲国造《こくぞう》の千家《せんげ》尊福《たかとみ》が明治十六（一八八三）年に高砂浦五郎に図り、子爵五條《ごじょう》為栄《ためしげ》らの後援を受けて相撲の祖神を祀る社として建立した[91]。当時、出雲の大社教《おおやしろきょう》は教線を拡大しており、その流れの中で相撲と結び付いた。祭神は相撲の創始者とされる出雲の野見宿禰で、相撲の神事化の動きが強まった。戦後の「土俵祭」では、野見宿禰を相撲の守り神の一つとして祀り、新横綱が誕生すると、野見宿禰神社前で土俵入りを披露する慣わしが継続している。

明治二十年代は、相撲界の近代化が進んだ。明治二十二（一八八九）年一月、東京相撲は宝暦七（一七五七）年以来の相撲会所の組織を、東京大角力《おおずもう》協会に改め、規則を改正して組織を改革し時代への対応を図った[92]。明治政府は、富国強兵と殖産興業を国是とし、天皇中心の精神統一と国家体制を整え、日清戦争（一八九四〜一八九五）に勝利した。富国強兵のためには国民の心身を鍛えなければならず、大相撲はその宣伝媒体となり、政治家や軍部との連携を強めた。特に、明治三十八（一九〇五）年の日露戦争勝利後のナショナリズムの高揚が大相撲に及ぼした影響は大きく、大相撲と軍部の繋がりが強化され、相撲を行う常設館建設の要望の声が高まった。常設館の建造工事は、政治家の援助も得て明治三十九（一九〇六）年に始まった[93]。同年五月二十七日の初の海軍記念日には芝の海軍施設の水交社で奉納相撲を行い[94]、以後は海軍の恒例行事となった。明治四十（一九〇七）年には、陸軍の寺内正毅陸相が相撲場の屋根に取り付ける水引幕を大角力協会に寄贈し、「土俵天幕」と呼ばれた。[95]海軍も東郷平八郎・斎藤實《まこと》両大将の連名で同年に水引幕を寄贈するなど、[96]大日本帝国の軍部は大相撲の有力なパトロンとなった。常設館は明治四十二（一九〇九）年五月に竣工し、「創られた伝統」が次第に整えられていく。

13　大相撲の伝統と近代②――國技館以後

大相撲は、常設館によって「晴雨にかかわらず十日間興行」となった。明治四十二年六月五日から本場所を行うことが決定したが、建物名称は「本所元町常設館」で、正式名称はなかった。命名の協議は開館直前まで難行し、「尚武《しょうぶ》館《かん》」「大相撲常設館尚武館」「相撲館」等の案が出され、板垣退助委員長は「角觝尚武館」を押し、最終的には協会年寄に一任された。協会年寄の尾車文五郎《おぐるまぶんごろう》検査役[97]は、開館の「初興行披露状」への寄稿文で「大角力常設館完成――初興行御披露――」と題した「江見水《えみすい》蔭《いん》筆記」文中の「抑々《そもそも》角力は日本の國技」[98]の一文に目を留め、会議で「國技館」を提案し、協会役員の協議で「國技館」の名称が賛同を得て正式名に決定した［風見　二〇〇二：九九～一〇二］。「國技館」の名称は、六月二日の開館式に板垣退助が土俵上で述べた祝辞で公表したが[99]、正式な表示は明治四十三（一九一〇）年一月の番付に「本所元町國技館」と明記されて以後で、これによって正式名称になったと見なされる。江見水蔭は、明治二十年代から三十年代に活躍した小説家・戯曲家で、[100]「角力は國技」の根拠は、奈良時代の聖武天皇の御代に始まるとされる相撲節会《すまいのせちえ》以来、皇室との深い関わりがあることに基づいたという。相撲は興行や余興ではなく、古代以来、天皇との結び付きを維持してきた「国技」という権威性を帯びて語られるようになった。

「聖戦」とされた日露戦争後[101]のナショナリズムの高揚の流れを受けて「国技」となった相撲は、政治家や軍部に利用され、国民の形成と統合に寄与した。板垣退助は明治四十二（一九〇九）年の開館の祝辞で、「角力は日本古来の国技にして、国民的娯楽たり。これをして社会の武育に裨益《ひえき》せしむる」と述べ、「国技」で娯楽であり、軍人の育成にも役立つと説いた［風見　二〇〇二：一〇七］。國技館の開館以後、相撲は急速に天皇や軍部との関係を強めていった。

大正十四（一九二五）年四月二十九日に摂政宮（後の昭和天皇）の生誕祝賀として赤坂の東宮御所で台覧相撲を奉納し、その時の御下賜金（千円）で、摂政賜盃が作製された。この出来事は相撲の権威を高めて、東京と大阪の角力協会が共に享受するとされ、これを契機に合併へと動いた。同年十二月二十八日に財団法人大日本相撲協会が成立し、昭和二（一九二七）年一月に東京、大阪の両相撲協会は合併した[102]。大正十五（一九二六）年一月春場所に摂政賜盃は幕内優勝者に東宮記念盃として拝戴された。これ以後恒例化され、天皇賜盃拝戴となって現在に至る。個人優勝者の表彰の始まりである。

「国技」の命名には偶然性が作用した。「国技」の文献上の初見は文化・文政年間で、隆盛を極めていた囲碁に対して使用されたという［風見　二〇〇二：一〇三］。明治時代初頭には相撲は「武道」（武技）に分類されて、柔道や剣道と同格であり、いずれもが「国技」になる可能性があった[103]。しかし、國技館の開館を契機として、相撲は「国技」として別格扱いとして一段高い位置付けを獲得し

［風見　二〇〇二：一〇四］、ナショナリズムと結び付いた。

國技館の開館は大相撲の歴史を大きく変えた。観客収容人数は、掛け小屋の二千人から一万三千人に増加し、相撲隆盛の基礎が固まった。開館と同時に多くの改革が行われた。

主な改革点は、①東西対抗制の成立と優勝制度の導入、②優勝力士の優勝額掲示、③炊き出し制度の廃止、④幟《のぼり》と積樽《つみだる》の廃止、[104] ⑤力士は絹地の紋付き羽織袴で場所入り、[105] ⑥行司装束を整備し立行司《たてぎょうじ》は裃《かみしも》袴《はかま》から直垂《ひたたれ》に変わり烏帽子《えぼし》を被る、[106] ⑦幕内力士の十日間皆勤、⑧番付・階級の整備である。なお、横綱の文字が初めて番付に載ったのは明治二十三（一八九〇）年、「最高位力士」の地位としての明文化は明治四十二（一九〇九）年である［新田　一九九四：二三六］。

大相撲の品位や品格の重視は、第二十三代吉田追風の明治四十一（一九〇八）年の回向院での訓示の影響が大きかった。國技館開館の目的は、「外国人が見に来ても恥ずかしくない立派な相撲場を作ることが第一の目的（主の目的）であり、相撲道の改革が第二の目的（従の目的）であった」［風見二〇〇二：六五］という。大相撲の「伝統」の多くはこの時に創造され再構築された。東京相撲は、吉田司家の後ろ盾を得て横綱の制度化に乗り出し、政界・財界の後押しや軍部の援助を得て、ナショナリズムと一体化し、天皇の権威を背景に発展していった。國技館の開館で「千秋楽」が重要性を増し、表彰式という「近代の儀式」が導入された。神送りも明治以降の神道化政策を受けて整備されたと推定される。現在、問題視される「土俵の女人禁制」の舞台装置はこの時に整えられた。

江戸時代の勧進相撲では、女性は千秋楽を除いては境内で観覧したという記録はない。相撲場がある境内には、御手洗もなく、熱狂した男達が乱暴狼藉《ろうぜき》を働くなど騒然たる雰囲気が漂い、女性や子供には見物人として加わる発想がなかったらしい[107]。女性と子供は、千秋楽だけを観覧できたが、この日は「おさんどん相撲」といい、十両以下の取り組みしかなかった。女性は、明治五（一八七二）年十一月場所から、初日を除いて二日目以降は観覧が許され[108]、明治十（一八七七）年十二月場所からは、初日から十日間の全てで女性の観覧は自由となり、制限はなくなった[109]。この頃は大相撲の存続が危ぶまれ、観客の増大に迫られていた時期で改革が求められていたのである。他方、一般の相撲に関しては、男女相撲は明治五年三月十九日に禁止された。文明開化に相応しくない風紀紊乱《びんらん》のゆえとされたのである。江戸時代には民間では広く男と女の取り組みが行われ、民間では女相撲は盛んで、戦後も高度経済成長期（一九五五〜一九七三年）以前は日本各地で行われ、土俵での禁忌はなかった［雄松　一九七五］［金田　一九九三］［亀井　二〇一二］[110]。山形県天童市には女相撲の奉納絵馬（明治二十二〈一八八九〉年）

写真1-11　女相撲絵馬「女大力」（清池八幡神社蔵、明治22〈1889〉年）

写真1-12　女大関・若緑

が残っており（写真1―11）、山形県宮内町出身の女大関若緑（一九一七〜一九七七）の事績は広く知られている［遠藤　二〇〇四］（写真1―12）[111]。

他方、ナショナリズムと結び付いた「大相撲」では土俵の神聖化が進行し、「土俵の女人禁制」の禁忌が暗黙の裡に定着していったと推定される。大きな転換は國技館の成立である。

14　大相撲とナショナリズム――伝統の再構築

國技館という常設館の開館は、天皇との繋がりを強化し、「伝統」を再構築した。重要なことは玉座（後の貴賓席）の設定である。國技館以前には玉座はなかった。土俵を見下ろす正面二階から四階までを使った玉座は、檜《ひ》扇《おうぎ》菊花《きくか》模様で囲まれた金色に輝く装飾を上部に頂き、天井にはシャンデリアを吊り下げ威厳を感じさせたという［風見　二〇〇二：八二］[112]。ただし、國技館の玉座に天皇が座ることは大正・昭和の戦前にはなかった[113]。「現人神《あらひとがみ》」とされた天皇は[114]、人前で観覧することはできず、戦前の在位中の天覧相撲は基本的には宮中や御所で行われた。ただし、皇室との繋がりは、相撲が「国技」になったことと相まって、大相撲の権威の向上に貢献し、「創られた伝統」は強化された。國技館は、日本初のドーム型鉄骨板張の洋風建築の建物で、従来の切妻造《きりつまづくり》が入母《いりも》屋《や》造《づくり》に変わり、屋根は法隆寺金堂の形式をまねた。愛称は「大鉄傘《だいてつさん》」であった[115]。

大きな変貌は、昭和六（一九三二）年に國技館の土俵屋根の屋形を神明造に変えたことである［日本相撲協会広報部・相撲博物館編　二〇〇五：四五］[116]。これは本場所直前の天長節（昭和天皇誕生日。

四月二十九日）の宮中での天覧相撲に際して、伊勢神宮に模して神明造《しんめいづくり》の土俵屋根を作ったことが契機であり、千木《ちぎ》が聳え五本の鰹木《かつおぎ》が乗る土俵屋根が出現して土俵の神聖性は高まった。皇大神宮（内宮）の祭神は「女神」の天照大神《あまてらすおおみかみ》で鰹木は偶数の十本だが、國技館の鰹木は奇数の五本で千木も尖形で「男神」を表す。男性性を強調する神明造が新たに出現し、疑似的に伊勢神宮に準えられて土俵の「聖性」が強化された。寺院にも神社にも用いられる入母屋造から、皇祖神を祀る伊勢神宮を模し、神社建築にしか用いられない神明造としたことは、天皇の聖性を高揚させてきた当時の時代風潮を反映している。[117]同年に「財団法人大日本相撲協会」が出した案内には「天覧に際し奉り　土俵の式制を相撲節會　當時の嘉例に復す」とある。[118]つまり、明治維新が「王政復古の大号令」で「神武創業の詔《みことのり》」を宣告して初代の天皇の御代《みよ》の復興を意図したように、相撲の由来を「建国創業の頃の尚武的意気を表現する手段として源を発し」とする。奈良時代の聖武天皇の御代に起源を遡るとされる宮中の「相撲《すまひの》節会《せちえ》」（名称の文献上の初見は、弘仁年間〈八一〇～八二四〉）の「式制に復する」ことを目指したのである（写真1-13）。「相撲の王政復古」の宣言文であり、戦争やファシズムとの連関が強化される道が開かれた。

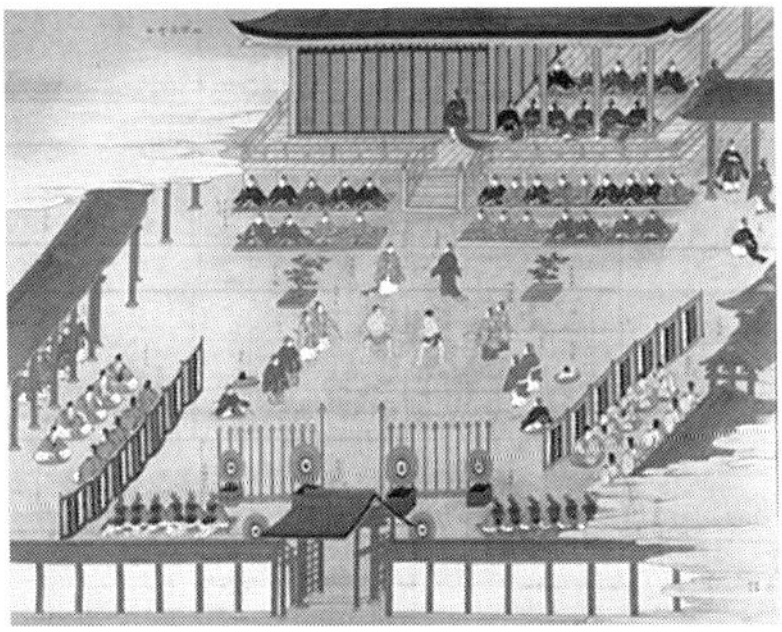

写真1-13　「平安朝相撲節会図」明治時代に描かれた（相撲博物館蔵）。

　昭和十年代には相撲ブームが到来したが、「国策」の一環として演出されたものという性格を強く併せ持っていた」［新田　一九九四：二八三］という。相撲は戦争に向かう兵士や家族の精神を下支えした。昭和六（一九三一）年九月十八日に奉天郊外の柳条湖での戦闘に端を発した満州事変は、昭和二十（一九四五）年まで続く十五年戦争の始まりで、日本各地の神社仏閣では、戦勝祈願・武運長久が願われた。[119]昭和十（一九三五）年八月三日に岡田啓介内閣は、美濃部達吉などの天皇機関説に反論して、国体明徴声明を出して国体護持を明確にして、天皇を万世一系の聖なる君主とし、政府は軍部の圧力に屈して軍国主義の時代に突入した。

　昭和十二（一九三七）年七月七日には盧溝橋で日本と中国の両軍が衝突し、日中戦争が始まった。昭和十二年に文部省の編集で刊行された『國體の本義』で古典を典拠に国家論の思想を読み替え、万世一系の天皇を中心とした国体護持が説かれ、日本精神主義も台頭した。相撲は台湾・中国・朝鮮・満州などの軍隊への「皇軍慰問」に駆り出され、大和魂や「日本精神」の表象となった。「日本精神」とは、昭和初期に登場した愛国主義・国民主義の言説で国体護持、日本社会の同一性を強制的に構築する試みであり［林　二〇一〇］、中心的人物の紀《き》平正美《ひらただよし》の『日本精神』（岩波書店、一九三〇年）は大きな影響を与え、植民地主義を肯定し「日本型ファシズム」の言説となって「総力戦体制」を精神的に支えた。「日本精神」は各国々や各地域の連携や統合に大きく寄与することができるとした。

　日中戦争勃発の前年、昭和十一（一九三六）年一月場所から双葉山の連勝が始まり、[120]昭和十四（一九三九）年一月場所で安藝ノ海に敗れて六十九連勝で止まるまで続いた。中国大陸での日本軍の快進撃に双葉山の連勝は重ね合わされた。昭和十二（一九三七）年八月二十四日に国民精神総動員運動を閣議決定し、「挙国一致・尽忠《じんちゅう》報国・堅忍持久」のスローガンのもとで運動が展開した。相撲も戦時協力体制の中に組み込まれ、大日本体育協会による国民の体位向上を目指す国民体育振興策が検討された。日本自由党の衆議院議員、藤生《ふじお》安次郎《やすじろう》は武道家で、相撲こそ武士道精神の作興に貢献できるとして、日本民族の優秀性を説き、「聖戦遂行」「国民総動員」の国策に沿って相撲道の振興を説いた〔藤生　一九三八〕。

近代における相撲の転機の第一段階は明治十七（一八八四）年の明治天皇による浜離宮での天覧相撲、第二段階は明治四十二（一九〇九）年の相撲常設館としての國技館の開館、第三段階は昭和六（一九三一）年の土俵屋根の神明造への改造と考えてみた。相撲と天皇との関係は徐々に深まり[121]、ナショナリズムの強化と連動して相撲は発展した。國技館開館以降、大日本相撲協会の会長は、陸軍・海軍の軍人であり[122]、相撲と軍隊との関係は強く、戦時下では軍の要請で皇軍慰問を行うなど一層強化された[123]。相撲は、天皇と軍部、そしてナショナリズムの変遷とともに次第に姿を変え、戦前の軍国主義の時代には大きく変貌した。戦時体制下に伊勢神宮を模して造られた神明造の土俵屋根は、現在も大相撲で使用されている。戦後、相撲好きの昭和天皇の天覧相撲は、昭和三十（一九五五）年以降、計四十回に及ぶ〔胎中　二〇一九：二〇～二二〕。戦前とは異なる形で大相撲と強く結び付いた天覧相撲は、大相撲の「伝統」の中に組み込まれ、「相撲の節会」を起源とする遡及言説と相まって相撲を「国技」とする権威の上昇に寄与した。相撲の中核に古代以来の本質的に変わらない伝統があるのではない。相撲は常に社会変化と連動して「創られた伝統」がいつのまにか浸透して正統性の根拠となった。「伝統の再構築」こそ大相撲の根幹である（章末表1－2参照）。

15　大相撲の伝統とは何か

最後に本章の全体を総括して、重要な点を確認しておきたい。現在の日本相撲協会は、相撲の歴史についてホームページでは以下のように紹介している。「国技といわれ、日本の伝統文化である相撲。その起源、源流をたどっていくと、神話の時代にまで遡らねばならない。日本の文化に深く根ざし、いつも人々の生活とともにあった相撲。ここでは一五〇〇年以上続く相撲の歴史の一端を紹介したい。」[124]と解説し、日本相撲協会の目的と運営は「我が国固有の国技である相撲道の伝統と秩序を維持し継承発展させる」。ホームページの言説からは、大相撲にとって「国技」の名称が重要であるというメッセージが強く伝わってくる。しかし、相撲が日本固有の「国技」として広く認知されるのは、明治四十三（一九一〇）年以後であり、約百十年の歴史しかない。現在の大相撲は、國技館成立とともに整備された近代における「創られた伝統」である。正確に言えば、「近代の伝統」に基づいている。にもかかわらず、日本相撲協会は、相撲を古代からの伝統文化で、千五百年の歴史があると主張する。

　根拠として様々な典拠が持ち出されるが、いずれも大相撲における「古層《アルカイスム》」（archaism）の再発見である。日本相撲協会の紹介冊子『大相撲』（二〇一四年）は、相撲の発祥を『日本書紀』（七二〇年）垂仁天皇七年七月七日の条の野見宿彌《のみのすくね》と當麻蹶速《たいまのけはや》の「捔力《すまいと》らしむ」[125]に根拠を求める、そして、

「相撲」の文字の所見は、雄略天皇十三年九月に宮中で采女《うねめ》に相撲《すまひ》を取らせた記事で、これを実質的な嚆矢として千五百年の歴史と説く。[126]『日本書紀』という正史の記述と宮中での開催という権威が重視されたといえる。その後は、神亀五（七二八）年に聖武天皇が諸国の郡司に命じて相撲人《すまひびと》を推挙させて宮廷で左右対抗相撲を行い、[127]天平六（七三四）年七月七日に天覧相撲が始まり、弘仁年間（八一〇～八二四）以降に相撲節会《すまひのせちえ》として宮中の年中行事として恒例化した。[128]ただし、古代の相撲は舞楽と共に行われ、余興や娯楽、武力の鍛錬など目的が多様で、現在の「大相撲」とは大きく異なる。[129]相撲節会は承安四（一一七四）年を最後に廃絶した。その後は、武家政権が受け継いで性格を大きく変えて武術鍛錬の手段となり、特定の家筋が受け継いだ。[130]相撲史では古代は「節会相撲」、中世は「武家相撲」、近世は「勧進相撲」と説く説があるが、[131]現代の「大相撲」は文献上では「勧進相撲」以後であり、一般に流布している古代の「相撲《すまひ》」以来の歴史的連続性や皇室との長い絆を強調する言説は「古層」の再発見による伝統の再創造・再構築である。

現在の「大相撲」は、古代には遡らず、土俵成立以後の成立で、元禄十二（一六九九）年が「土俵」の文献上の初見であり、江戸時代中期の創始である。江戸時代の大きな転機は、寛政三年（一七九一）の将軍の上覧相撲であった。近代では明治十七（一八八四）年の天覧相撲、明治四十二（一九〇九）年の國技館開館、昭和六（一九三一）年の神明造の導入が転機で、この三段階それぞれで権力者の庇護が大きな役割を演じてきた。特に、國技館の開館に伴って、「国技」の名称の成立、優勝制度の導入、優勝杯の授与、土俵上での表彰式の導入、千秋楽への重要性付与、衣服・作法・規則の整備等が行われ、現代の「大相撲」の基礎が築かれた。その後、明治・大正・昭和と推移するとともに、いつのまにか「国技」としての大相撲が権威性を帯び、「創られた伝統」が、古来からの伝統に読み替えられた。権威付けの強化の過程で、大相撲の土俵は徐々に聖性を強めて聖域へと権威を上昇させていった。大相撲は、戦前には聖域としての土俵には、相撲力士や相撲関係者以外の一般人が上がることは、想定していなかった。

戦後の大きな転換点は、既に述べたように昭和四十三（一九六八）年の内閣総理大臣杯の創設で、これ以後は千秋楽の表彰式で一般人が土俵に上がることが常態化した。「土俵の神聖化」と世俗化のせめぎ合いが顕在化し、相撲界と一般人の使い分けという二重基準への道がつき、「土俵の女人禁制」が問題視される淵源を創出することになった。

問題になるのは土俵上での表彰式や挨拶であり、外部からの動き、特に政治家とマスコミが絡む。「表彰式＋政治家＋マスコミ」がセットで土俵が焦点となった。土俵は大都会の真ん中に出現した衆人環視の異様な聖域である。日本相撲協会は、相撲の女人禁制、正確に言えば「土俵の女人禁制」を、伝統の概念で説明するが、多くの者は納得しない。伝統は近代との関係性で創出された対抗言説である。近代は定義しやすいが、伝統は定義しにくい。言説相互のせめぎあいを通して、聖域としての土俵が意識化され、相撲にとどまらず、女人禁制が拡大解釈されて議論が沸騰した。

平成三十一（二〇一九）年三月五日、兵庫県弁護士会は、相撲の女人禁制は法的に見れば「女性に対する差別」であるとする会長声明を出し、日本相撲協会に速やかに廃止を検討するよう求め、政府にも撤廃に向けた指導を提言した[132]。中川智子宝塚市長は、三月八日に大阪で日本相撲協会の芝田山康広報部長（元横綱大乃国）と面談して、一年間にわたる協会側の検討状況を確認して再度要望書を提出し、大相撲巡業での開催地の首長は男女を問わず同じ場所で挨拶できることを求めた[133]。そして、非公開の面会後、取材に応じた中川智子市長によると、日本相撲協会は前年七月、「女性と土俵」について外部に意見を聞く手法などを検討する委員会を作ったという。芝田山康親方は中川智子市長に「広く意見を聞く。一定の結論は出す」と約束した一方で、「相撲は他のスポーツとは違う。独自の伝統と文化に支えられている。この伝統は守っていくつもりだ」などと話した。中川智子市長が、「兵庫県弁護士会が今月五日、大相撲の女人禁制の慣行を「女性に対する差別」とする会長声明を出したことから「女性として人権が侵害されている」と告げると、芝田山親方は立腹したという。中川智子市長は「親方は「人権侵害とか憲法に抵触しているとか、話にならない。そういうことを言う方が人権侵害」と言い、「何で分からないのか」とすごく怒られたと説明した[134]」。あくまでも取材に応じた中川智子市長の言説であるが、日本相撲協会が「伝統」にこだわり続ける姿勢に変化がないことは読み取れる。土俵の女人禁制を検討する委員会の結論は現在まで公開されていない。伝統の内容の検討は行われないまま、時が流れていく。

「伝統」は近代以降に再構築された。奈良時代に遡るという「古層」が呼び覚まされて、巧妙に伝統に組み込まれた。しかし、ひとたび「伝統」の実態が構築されると、いつのまにか独り歩きして、強固な持続性や固有性を持つ場合も多い。その結果、「伝統」の名のもとに権威が構築され、権力を行使する制度が出来上がる。「伝統」は誰が主体となって語られるのか、いかなる状況で行使されるのか、語りが想定する受容者は誰なのかなどの問いを突き詰めると、柔らかな権力の網の目が張り巡らされていくことに気づく。「伝統」の語り方の中にジェンダーの視点を入れて再考することも要請されるであろう。相撲界は圧倒的に男性中心主義に基づいてジェンダー化された世界なのである。

16 伝統の行方

大相撲は前近代と近代との混淆が魅力である。日本相撲協会は、女人禁制が問題となるごとに前近代以来継続されている伝統を強調するが、内容を説明せずに先送りする。しかし、本章で詳細に検討したように、大相撲の伝統の多くは、近代の「創られた伝統」であり、時代に応じて微妙に、時には劇的に変化してきた。伝統は近代と対比され、近代とは何かを問い直す中で、相互作用や関係性を通じて対抗言説や説明概念として形成されてきた。伝統とは何か。特性として挙げれば、持続性・連続性・固有性であろうが、古いものも新しいものも混淆し、説明は困難である。漢文学者の斎藤希史によれば、「伝統」は、tradition の翻訳語だが、定着したのは大正時代半ばで、「守るべき価値のあるものであることを強調するために、たんなる伝承や伝説を超えたものとして「伝統」が登場した」[斎藤 二〇一三：一一]という。[135] 伝統の概念は昭和に入って多用されるようになり、伝統が連綿と続くものとして強く意識される時代を反映している。伝統は伝えるに値するものか、本当に伝えるべきものを見失っていないかを自問しつつ、伝統を取捨選択していくことが望ましい。

　大相撲が維持と発展を目指すならば、伝統の混淆性の内容や変化を真剣に見つめ直し、大相撲の伝統を微妙に変えて生き延びる方策を考えないといけない。「伝統」は創られるものであり、実際には、「伝統」は時代の流れに合わせて微妙に変えていかないと生き残れない。「創られた伝統」こそが、継続の原動力である。相撲は、風俗・習慣・しきたりなどの複数の伝統を形成し、時代の変化にうまく対応し、流用（appropriation）、脱構築（deconstruction）、再創造（recreation）、再解釈（reinterpretation）などを行ってきた。相撲はスポーツでも神事でもない。現在行われている「土俵祭」は、神社神道を模した相撲の行事で近代以降に再構築された。

　相撲の本質は何か。それは興行である。相撲は特に明治以降、多くの改革を行ってきたが、江戸時代以来の多くの前近代の慣習を残しながら、時代への適応を模索し、興行としての面白さを追求してきた。相撲は、「近代」の変動の中、紆余曲折を経て様々に形成された興行である。「近代」とは何か。西欧近代を基準にすれば、「近代」をフランス革命（一七八九年）から第二次世界大戦の終了（一九四五年）までとし、その間には国民国家化・工業化・都市化・民主化・官僚化・合理化など多様な社会・政治・経済の変動が起こった[136]。しかし、「近代」もたゆみなく変化し、西欧近代だけが普遍的な「近代」ではなく、世界各地で「複数の近代」となって展開した。「伝統」は、「近代」との葛藤・融合・抵抗を通じて生成された。再帰的（reflexive）な作用の中で「しきたり」「言い伝え」「古層」が浮かび上がったのである。

　大相撲の伝統は、時代に応じて微妙に、時には劇的に変化したことを指摘してきた。大きな転機は三回あり、第一は明治十七（一八八四）年の明治天皇の天覧相撲、第二は明治四十二（一九〇九）年六月の國技館開館に当たり、土俵上で表彰式を行う制度を作り出したこと、第三は昭和四十三（一九六八）年一月に内閣総理大臣杯を導入して、一般人が土俵に上がって授与する方式を作り出したことである。いずれにも祭場である土俵の上に女性を上げないという慣習を適用した。これは暗黙の前提であり疑念は起こらなかった。ところが、昭和五十三（一九七八）年五月に森山真弓労働省婦人少年局長（当時）の発言で「國技館の土俵」に女性が上がれないことが初めて問題視され、日本相撲協会は回答に窮した。この時点で初めて「土俵の女人禁制」が一般人にも相撲界にも広く意識化されたのである。さらに、平成元（一九八九）年の暮れに、森山真弓内閣官房長官（当時）が表彰式の内閣総理大臣杯を総理の代理として行いたいと提案し、相撲界は追いつめられた。「本場所」の土俵上での内閣総理大臣杯授与の矛盾が露呈した。相撲界はこの想定外の事態に十分に対応できなかった。「土俵の女人禁制」は、「本場所」の土俵には「力士と相撲関係者以外は上がらない」という規則を作れば全て解決する。「本場所」以外は制限を設けなくてもよい。表彰式にこだわるなら、順序を変更することが最善の策である。昭和四十三年の内閣総理大臣杯創設以前の状態に戻せばよい。これによって「相撲の女人禁制」論は消滅する。極端な言い方をすれば、相撲の女人禁制は、明治四十二年六月の國技館創設で土俵上での表彰式が導入されたことを遠因とし、昭和四十三年一月に表彰式に内閣総理大臣杯を創設したことが発生因となって顕在化したのである。

日本相撲協会は、説明が難しいにもかかわらず伝統にこだわり、現在に至るまで改善策を講じていない。問題は伝統の内容である。「本場所」の千秋楽後の土俵上では、大別すると三つの異なる伝統による実践が重なり合い混淆している。「近世の儀礼」としての「土俵祭」と神送り、「近代の儀式」としての表彰式、そして「現代のイベント」としての内閣総理大臣杯授与、である。土俵では力士の取り組みだけでなく「儀礼」と「儀式」と「イベント」が組み合わさっている。近世・近代・現代の異種混淆こそ、大相撲の伝統の実態である。

伝統とは、近代とは何かを問い直す中で、対抗言説として形成されてきた。伝統とは何か。特性としては、持続性・連続性・固有性であろうが、純粋な伝統はありえず、古いものも新しいものも混淆し、内容も言説・実践・儀礼・教義・組織など多岐にわたり、説明は極めて難しい。言い換えれば、説明しえない一連の「前近代」の言説や実践や表象が、「近代」と対照されて浮上したのが「伝統」なのである。しかも「伝統」は不変ではなく、微妙に変化し新たに創造を加え、再構築されてきた。「相撲の女人禁制」は、「伝統の再構築」の過程で生成された言説と実践である。

「相撲の女人禁制」は、不正確な歴史認識に基づいて恣意的に解釈され、擁護や非難が加えられてきた。歴史的経緯を再検討して、「創られた伝統」や「伝統の再構築」の視点を導入して考えれば、相撲界が主張してきた伝統文化を維持したいという立場も、女性差別で男女平等に反すると問題視してきた人権論者やフェミニストの立場も全て振り出しに戻る。

あえて繰り返せば、平凡なようだが、「「本場所」では力士と相撲関係者以外は土俵に上がらない」という規則を作れば、「相撲の女人禁制」の議論に終止符を打つことができる。

大相撲は前近代と近代との混淆が魅力である。大相撲の魅力を維持するために、日本相撲協会は、「伝統」を再帰的に捉え直すことで「外部」からの批判に応え、急激に変化する時代への柔軟な対応をすることが求められている。[137]

註

1 『産経新聞』二〇一八年四月六日付「土俵に女性問題 「人命」より「女人禁制」重視か 角界対応に厳しい声」。https://www.sankei.com/west/news/180406/wst1804060009-n1.html（2019/12/20 最終閲覧）。

2 朝日新聞、読売新聞、日本経済新聞等で確認し、マスコミ報道各社からの取材時にも再確認した。映像に基づいての詳細な報告がある［藤里 二〇二〇：六四～六七］。

3 『朝日新聞』（大阪）二〇一八年四月五日付「市長倒れ手当中「女性は土俵降りて」 舞鶴巡業、場内放送で 大相撲」。『朝日新聞』同年四月六日付「「女性は土俵降りて」、波紋 大相撲巡業、救助中アナウンス」。日本相撲協会のＨＰの四月四日付の謝罪文の本文は以下の通りである。『本日、京都府舞鶴市で行われた巡業中、多々見良三・舞鶴市長が倒れられました。市長のご無事を心よりお祈り申し上げます。とっさの応急措置をしてくださった女性の方々に深く感謝申し上げます。応急措置のさなか、場内アナウンスを担当していた行司が「女性は土俵から降りてください」と複数回アナウンスを行いました。行司が動転して呼びかけたものでしたが、人命にかかわる状況には不適切な対応でした。深くお詫び申し上げます。」二〇一八年四月四日付。http://www.sumo.or.jp/IrohaKyokaiInformation/detail?id=264（2019/7/10 最終閲覧）。

4 『朝日新聞』二〇一八年四月六日付「土俵上あいさつ、女性市長できず 「宝塚場所」、実行委断る 大相撲巡業」。中川智子市長の希望は舞鶴巡業開始の直後に突然に言い出され、言動には賛否が飛び交った。

5 中川智子市長による談話は、別途公開されている［中川 二〇二〇：二一～三二］。

6　『朝日新聞』二〇一八年四月十二日付「ちびっこ相撲、女児参加できず　相撲協会が要請、静岡市での巡業」。四月四日に日本相撲協会の荒磯親方（元玉飛鳥）から電話で「女の子は遠慮してもらいたい」と連絡があった。「ちびっこ相撲」は二〇一五年から実施し女の子の参加もあったという。『朝日新聞』四月十三日付「土俵に女児拒否「安全面を考慮」　ちびっこ相撲、協会説明」も同様であるが、既に二〇一七年十月までに勧進元に口頭で伝えたと、芝田山親方が十二日に説明したとある。その後、長野県伊那市と東御市、岐阜県中津川市、愛知県刈谷市、群馬県高崎市などの「ちびっこ相撲」でも同様であった。

7　日馬富士による貴ノ岩への暴行事件や、貴乃花の一連の言動をめぐる混乱などである。

8　『朝日新聞』二〇一八年四月二十九日付「「戦いの場、男だけの世界」　相撲協会、考え方表明　女人禁制」。

9　「大相撲における女人禁制の研究」で七本の論文があり、最後のまとめは［生沼・了海・山本他　二〇〇七］である。太田房江の大阪府知事在任中に依頼された。

10　令和元年（二〇一九）五月十五日に、日本相撲協会は、「土俵と女性に関する調査委員会」を開催し、女人禁制に関する意識調査を実施する意向を表明したが、そのままになっている。「女人禁制　相撲協会「土俵と女性」へ初会合」二〇一九年五月十五日付『共同通信』/Reiter（2020/12/29 最終閲覧）。

11　「『女性差別の相撲協会、税制優遇おかしい』　公益認定取り消し求め、署名1万7千筆提出」二〇一八年五月二十三日、弁護士ドットコム。
https://www.zeiri4.com/c_1076/n_469/（2020/12/28 最終閲覧）。

12　新潟県の山古志村で行われる「牛の角突き」は、この騒動を受けて、女性オーナーによる闘牛場での引き回しを解禁したという（『毎日新聞』二〇一八年五月四日付）。ただし、小千谷市は禁制を解いていない。

13　土俵の塩のイメージ操作は、出版物でも行われた。一般社団法人和歌山人権研究所編『女人禁制　伝統と信仰』（阿吽社、二〇二〇年）の表紙に、土俵の俵の上に清めの塩を入れた枡を置いた合成写真が使われている。

14　相撲の歴史に関しては近世以前の考察が主体で［新田　二〇一〇］、近代の考察が少ない。

15　この論文は、「土俵の女人禁制」を論じた論考［藤里　二〇二〇：九八〜九九］でも、「女性は穢れているという神道の論理」が明治以降に構築されたという主張の根拠として引用されている。『朝日新聞』（大阪）二〇一八年四月五日付「救命発動後、土俵に大量の塩　舞鶴巡業「女性は降りて」問題」で、取材に対して日本相撲協会の広報担当は「女性が上がったからまいたのではないと思う」と答えている。

16　平成四（一九九二）年十月五日から平成五（一九九三）年四月三日まで放送された。

17　筆者は平成三十（二〇一八）年四月十一日にＮＨＫの「おはよう日本」で取材を受けた時に、番組製作者に対して、意見を求めない理由を尋ねたが、回答の歯切れは悪かった。

18　取材協力は、テレビ朝日ニュース（四月六日）、日本テレビ「真相報道〝バンキシャ〟」（四月八日）、ＮＨＫ「おはよう日本」（四月十二日）、『朝日新聞デジタル版』（四月十二日）「「女人禁制」そもそもどうして生まれた？　宗教的に考えた」、『毎日新聞』（四月十四日付）「「女人禁制」伝統に変化」、フジテレビ「直撃ＬＩＶＥグッディ」（四月十五日）、ＴＢＳラジオ「安住伸一郎の日曜天国」（四月十五日）、『朝日新聞』（四月十七日付）「「土俵は女人禁制」　起源は」、『東京新聞』（四月十八日付）「進む女人解禁　土俵は残って」、ＴＯＫＹＯ　ＦＭ「木曜パーソナリティ」（四月十九日）「人の心に染みついた「女人禁制」の思考」、フジテレビ「ノンストップ」（四月十九日）、『週刊ポスト』（四月二十七日号）「それでも「女人禁制」を貫く伝統スポットの主張を聞いてみた」、『女性自身』（五月一日号）「「女人禁制」ヘンな伝統」、Japan Times, no. 42472, *Banning women from the dohyō*: sexism or tradition?（五月一日付）、『中日こどもウイークリー』（五月十二日付）「救命で土俵　女性下ろす」、『サイゾー』（八月一日号）「伝統か観光か？　世界の女人禁制スポット」であった。記事にはならなかったが、『山形新聞』『読売新聞』の電話取材があり、カナダのラジオ局Radio Canada Internationalの取材も受けた。

19　大峯山の山上ケ岳の女人禁制、女性の神事や祭礼の参加制限などの民間信仰から始まり、トンネル工事への参加の禁止、日本酒醸造への参加の忌避、狩猟活動への同行の忌避、海上の漁撈活動への参加制限、更には職場での女性排除に及ぶ。しかし、「土俵の女人禁制」とは全く文脈が異なる。

20　筆者は相撲の女人禁制に関して簡単な見解を載せた［鈴木正　二〇一九ａ、二〇一九ｂ］。

21　昭和五十二（一九七七）年が一回目、この時が二回目で、三百人の女子が地区予選に参加した。

22 相撲界では、「女性は土俵に上がらない」ことを前提とする認識が共有されていた。

23 ドクサは、感覚的知覚、日常的意見で、エピステーメー（認識）の対立概念である。

24 ハビトゥスの原語はラテン語で、マルセル・モースが身体技法に関して論じた。ピエール・ブルデューの使用で普及した［ブルデュー　二〇〇一］。

25 舞鶴の出来事を受けて各地での小学生の「わんぱく相撲」の開催も見直され、中止になったり、女子大会を開くなど、大きな変化が生じた。相撲界は難しい選択を迫られている。

26 平成十一（一九九九）年八月一日に、奈良県教職員組合の「男女共生教育研究推進委員会」の教員と家族十人の女性が、山上ケ岳の結界を越えて登山し、「宗教や伝統での女性差別に疑問を持った」とし、「性差別」を見直せという主張を掲げた。その後、強行登山が明るみに出たので（『朝日新聞』（大阪）一九九九年十月二十一日付「女性教職員ら〝強行登山〟　女人禁制の奈良「大峰山」」）、洞川の人々や修験から「伝統が踏みにじられた」と抗議の声が上がり、奈良県教職員組合の委員長は十一月十八日に洞川区を訪問して正式に謝罪した。十一月十九日には、大峯山寺の護持院の巽良仁（桜本坊）と五條良知（東南院）の各住職と、地元の信徒総代の桝谷源逸洞川区長が、奈良市内で記者会見し、「自己の主義主張のみを盾にしたもので、信仰者の心を踏みにじる大変遺憾な行為」との非難声明を行った（『読売新聞』（奈良）同年十一月二十日付「女性の大峰山登山問題　「信仰心踏みにじられた」住職ら会見」）。

27 巡業や公演の「花相撲」の土俵は、本場所や稽古場の土俵とは異なるので、女性に開放してもいいのではないかという意見は若手の間にあるという。

28 四月四日付の『朝日新聞』の報道による。記事のコメントをする際に記者に再度確かめた。

29 『朝日新聞』二〇一八年四月二十九日付「「戦いの場、男だけの世界」　相撲協会、考え方表明　女人禁制」。「土俵の「女人禁制」　理事長談話全文」二〇一八年四月二十八日付。
https://www.jiji.com/jc/v4?id=sumonyonindanwa201804280001（2020/10/01 最終閲覧）。

30 ＮＨＫの解説委員の刈屋富士雄が「時論公論」で簡潔に経緯をまとめている。「土俵の「女人禁制」再検討へ」

二〇一八年五月二日付。
https://www.NHK.or.jp/kaisetsu-blog/100/296796.html（2020/9/24 最終閲覧）。

31 文献史料上の相撲は、「相撲神事」とは区別される「奉納相撲」で、多くは娯楽であり、時代が下るにつれ娯楽の様相が強まった〔新田　一九九四：六四～六五〕。神事相撲では、愛媛県今治市大三島の大山祇神社の毎年旧暦五月五日の御田植祭と旧暦九月九日の抜穂祭で「一人角力」が行われ、一力山《いちりきやま》という力士が田の精霊と角力を取って一勝二敗で負ける行事が名高い。

32 平成二十七（二〇一五）年一月の初場所初日の前日に両国國技館で実見した。

33 荒木田の土は粘土質で水持ちがよいとして重宝され、特に、荒川区町屋七丁目三番の荒木田公園周辺（尾竹橋の袂付近）で採れる土が良質とされていた。荒木田原の後は、我孫子市の利根川南岸などの土を使用し、平成三十（二〇一八）年から川越市になった。土俵一つに四トン車八台分を要し、國技館は上部二〇センチメートルの表土を入れ替えるので、四トン車二台分である。地方場所は近隣の土を運んで土台から作る。

34 部屋開きにも各相撲部屋に立行司が赴き、斎主となって「土俵開き」を行う。神勧請の意識が強く土俵を神聖視して、相撲部屋には真上の二階に寝る部屋を作らなかった。

35 四色の色幣（青・白・赤・黒）は、吉田神道の影響で白幣に変わったという。

36 筆頭行司は木村庄之助の名跡、次の席次の脇行司は式守伊之助の名跡と決まっている。

37 斎主は立行司が務め、幕内行司・十両行司が脇行司となる。

38 「吾《わが》相撲の道の守神と持斎《もちいつ》く、戸隠大神　鹿島大神　野見宿禰命達《たち》、三柱を招《お》ぎ奉り坐《ま》せ奉り」〔根間　二〇一一：一四一〕。戸隠大神は中世後期以降、手力男神と同一視され、地元史料では『戸隠山顕光寺流記』（奥書は長禄二〈一四五八〉年）が初見である〔五来編　一九八三：四五一〕。

39 「方屋開口」は第十九代吉田追風が、寛政三（一七九一）年六月十一日の江戸城内吹上苑《ふきあげえん》での第十一代将軍徳川家斉の上覧相撲に際して整え、吉田司家は相撲宗家の権威を確立した。上覧相撲に陪観を許された儒者で旗本の成島峯雄《なるしまみねお》の観覧記『相撲私記』〔吉田編　一九六七：四五～四八〕が残る。別名を『すまひ御覧の記』（宮内庁書陵部蔵）ともいう。

40　現在は軍配や軍扇と呼ばれるが、正式には団扇で「うちわ」と読む。庄之助家には代々「ゆずりうちわ」が伝わり、タガヤサン（鉄刀木。東南アジア原産のマメ科の喬木。黒と赤の紋様で堅牢美麗）で作られ、二十二代木村庄之助で八代相伝といわれた［木村　一九八〇b］。

41　口上は「天地《あめつち》ひらけはじめてより陰陽わかり、清く明らかなるものは陽にして上にあり、これを勝ちと名づく。重くにごれるものは陰にして下にあり、これを負けと名づく。勝負《かちまけ》の道理は天地《あめつち》おのづからしかるの理《ことわり》にして、これをなすものは人なり。清くいさぎよき所に柱を構へ、五穀成就の祭りのわざなれば、俵をもつて関所を構へ、そのうちにて勝負を決する家なれば、今はじめて方屋と名づくるなり。」土俵は「方屋」ともいう。「前後左右を東西南北、これを方という」として、四方位で区切り、「関所」の俵を境とする。

42　触れ太鼓は「大相撲」が「晴天十日」、晴の日のみの興行の頃に、明日は晴天と予測されると相撲が行われることを告げ知らせた。現在は本場所前日に本場所の始まりを告げる。

43　岩田慶治は、体験知によってアニミズム再考を試みた。ただし、筆者は西欧風の先入観を持つアニミズムの用語は記述には採用しない［鈴木正　二〇一五］。

44　「方屋開口」（寛政三〈一七九一〉年）には「是を地神五代と申奉る。一つの気指《きさし》有て、形と成形有て、前後左右東西南北と云。是を方屋と云。其中にて勝負を決する家なれば、今初て方屋と云名付候也」と地神五代の伝承があった。天保十二（一八四一）年に第二十一代吉田追風が木村玉之助に「方屋開の言立」を授けた。

45　岩井左右馬『相撲伝秘書』（安永五〈一七七六〉年、国立国会図書館蔵）は、郡《こおり》八幡宮、天照皇大神宮、春日大明神と三社託宣の神を記す。民間の土俵では八幡神を祀ることが多い［山田　一九九六：一七七〜一七八］。

46　『相撲家伝鈔』『相撲大全』『相撲私記』『相撲隠雲解』などに記載はない。

47　『相撲伝秘書』は、豊後国竹田郡の森八幡宮は、「壱人身を清め、大き成る幣を持土俵に掛る。又壱人は同郡野鹿村住人山村伊豆守と言ふ者有り。是も清浄にして土俵に懸る。取事三番にして終る。中一番山村勝、此時幣に土多く付時は豊年なりとす」と記す。同書は神相撲の前に八百万の神を勧請して幣束を持ち九字文を唱える事例も載せる。埼玉県荒川村上田野船川の観音堂、群馬県桐生市相生町愛宕神社、同伊勢崎市茂呂秋葉神社、茨城県潮来町延方鹿嶋吉田神社の境内の土俵の砂盛は、綺麗な円錐形で周囲の土を波状に盛り上げ、「山から朝日がさすところを表わす」という［山田　一九九三：九六］。

48 庄之助の聞書き［木村　一九八〇ａ］では以下の通りである。「進駐軍慰安大相撲の翌日が土俵祭の日であるが、私もこのときは、土俵祭の口上に関して、いろいろ考えたり悩んだりした。…アメリカ人たちは、もちろん相撲というものがどういうものか、なにも知らないだろう。当然質問もあるだろうが、もし土俵祭をみにきて「クニノトコダチノミコトと相撲はどういう関係があるのか」などと聞かれたりしたら、こちらも返答のしようがない。相撲などという神がかりなぶっそうなものはなくしてしまったほうがよかろう、などといわれたら大変だ。なんとしてでもここでスポーツとして認めてもらわなくてはならない。相撲は健全なスポーツであるということを認めてもらい、相撲を盛んにし、将来アメリカ巡業ができるようにするにはどうしたらいいだろう。当時の庄之助さん（第二十一代）は、こういったことは苦手で、私にすべてをまかせるからなんとかうまくやってくれということで、私は、いろいろな文献をあさり、神がかりをなくし、故実をそこなわぬようにと、ない知恵をしぼって、随分真剣に考えたものだった。そして「この斎庭に、わが相撲の道の守り神と持斎く戸隠の大神、鹿島の大神、野見宿禰の命たちを、招ぎ奉り坐せ奉りてかしこみ申さく、ちはやふる…」ということにした。戸隠の大神は、天岩戸をあけたというアメノタヂカラオノミコトであり、鹿島の大神は、国ゆずり相撲でタケミナカタノカミに勝ったタケミカヅチノカミであるから、相撲にも大いに関係があり、もし質問をうけてもこれならだいじょうぶである」と、祭神を変えた経緯を明確に述べている。

49 原文は「わが朝の相撲は、神代より始まり、天地和合の理を基とせり。そのいわれは天地いまだ分たず、ただ一理のみにして色形もなし。それよりほのかに非を含み、皇明かなるもの、なびきて天となる。重く汚れたるもの、とどこおりて地となる。そのうちより隆臨まします神あり。これを第一、クニノトコダチノミコトと申し奉るなり、第二、クニサツチノミコト、第三、トヨケヌノミコト、第四、オオトミチオオトマベノミコト、第五、ウエジニスエシニノミコト、第六、オモタルカシコネノミコト、第七、イザナギイザナミノミコト。これを天神七代と申し奉るなり。また、地神五代と申し奉るは、アマテラスオオミカミ、次にアメノオシホミミノミコト、次にニニギノミコト、次にヒコホホデミノミコト、次にウガヤフキアエズノミコト、これを地神五代と申し奉るなり。ひとつのきざしありて形となる。形有て前後左右を東西南北、これを方屋という。その中にて勝負を決するがゆえに、いまはじめて方屋といい名づけたり。ここに神たちを招ぎ奉り坐せ奉りてかしこみ申さく、ちはやふる神代の昔より、中今はさらに申さず、いや遠永に栄え行くべき相撲の道はしも、敏き心に術をつくして猛き心に力をくらべて、勝ち負けを争い、人の心を勇ましむる、神代ながらの国技なれば、今年十一月十五日のあしたのいく日よりはじめて十日の間、このところに挙し行わんとするに先立ちて、御祭り仕え奉りて大神たちの高き尊き御恩頼によりて執り行い成し努むる事業に御霊幸わい給いて、土俵の内外日に異につつしみ禍ごとなく、いやすすめ給いて夜の守り日の守りに幸わい給えと、乞い祈り奉らくを、平らけく守らけく諾い聞しめせと、かしこみかしこみまおす」であった。

50　横綱の認可は、昭和二十六（一九五一）年一月以降は日本相撲協会の権限となり、吉田司家は昭和六十一（一九八六）年九月に日本相撲協会と絶縁した。

51　吉田司家の江戸時代の歴史的経緯に関しては［内山　二〇一三］を参照されたい。

52　三賞授与式は、昭和二十二（一九四七）年十一月が最初で、日本相撲協会関係者が土俵に上がって表彰を行い、一般人は上がらなかった。

53　その場所で初土俵を踏み、新序（序ノ口）に出世する力士による三本締めである。当時の神送りは手締めであった。昭和三十二（一九五七）年に胴上げの神送りが中断し、平成十五（二〇〇三）年以降に復活した。

54　昭和四十三（一九六八）年一月場所から、幕内優勝した力士に授与されることになった。賜杯の製作が遅れ三月からの授与となった（「大相撲観戦ガイド」）。
https://www.ola-dosukoisports.com/championship-The+Prime+Minister%27s+Cup（2019/4/18 最終閲覧）。

55　「穢れ」の考察は、［鈴木正　二〇一八］、本書第二章を参照されたい。

56　塵手水《ちりちょうず》と称し、柏手・両手を揉みほぐし両手を広げる［根間　二〇一一：七七］。

57　平成十七（二〇〇五）年の七月場所で、内閣官房副長官が内閣総理大臣杯を授与した時に、ノーネクタイの「クールビズ」で現れて非難を浴びた。内館牧子はこの問題を、同年九月二六日の横綱審議委員会で取り上げたが、理事たちの歯切れは悪かったという［内館　二〇〇六：二三五～二三七］。

58　日本相撲協会は宗教法人ではないという抗議の殺到が予想される。「土俵祭」は大相撲関係者と少数の観客が観覧するだけで、問題は起こっていない。

59　「太田大阪府知事「土俵入り」〝女人禁制〟へ妥協案」『毎中ニュース』二〇〇一年三月五日。「手打ち式には、初日前日の土俵祭で招いた神を、三本締めによって「神送り」するという意味がある。相撲協会は、神事の終了とともに女人禁制も解けると解釈し、各団体の表彰を式の一番最後に行うことによって、伝統を守ろうという妥協案が浮上した」。しかし、妥協案は実現しなかった。なお、神送りは胴上げで行う慣行であったが、昭和三十二（一九五七）年に中断して復活しておらず、当時は三本締めが最後だった。

http：www.mainichi.co.jp/edu/school/news/2001/03/05/j-01.html（2002/8/19 最終閲覧）。

60　勝ち力士に代わって「弓取り」を行う力士は、勝ち力士の「方屋」から土俵に上がる。

61　胴上げには魔物祓いの意味もあり、「弓取り」から胴上げへの変化も理には適う。

62　昭和四十七（一九七二）年七月に、勝力士が行司から賞金を左右左と手刀を切って受けることにし、造化《ぞうか》三神の天御中主神《あめのみなかぬしのかみ》・高皇産霊神《たかみむすびのかみ》・神皇産霊神《かみむすびのかみ》と対応させた［内館　二〇〇六：一八六］。

63　明治三十五（一九〇二）年一月場所から十両以上が水を使うことになり、昭和十五（一九四〇）年までは朱盃で受けていた［内館　二〇〇六：一四八］。

64　太田房江「大相撲「女人禁制」――私の解決策」『iRONNA』二〇一八年四月一三日付。

65　明治二十二（一八八九）年に時事新報社は、春場所での全勝者の全員への銀盃贈呈を行った。この時は全勝者は一人であった。同社は昭和十一（一九三六）年に東京日日新聞社に併合されたが、優勝額寄贈は継続し、東京日日新聞社と大阪毎日新聞社の合併でできた毎日新聞社に受け継がれた。

66　土俵上には、取締と検査役の全員、東方の横綱、大関、関脇、小結、幕内成績優等者が呼び上げられて上がった。

優勝旗が土俵中央に飾られ、立行司が書付を読み上げ、取締が進み出て優勝旗を手にとり、優勝力士の常陸山に手渡して終了した［風見　二〇〇二：二〇〇］。

67 団体戦の勝者の旗で、夏の甲子園の紫紺旗や、夏の甲子園の深紅旗と同様である。個人の勝者に与えるのは大相撲独自のやり方と言える。

68 invention には「捏造」「発明」の意味もある。

69 国歌斉唱がいつ導入されたかも探究する必要がある。

70 相撲の歴史に関しては、［酒井　一九五六、一九六四］［日本相撲協会博物館運営委員監修　一九七五〜一九八一］［新田　一九九四］などを参照。

71 「勧進相撲」の初見は『看聞御記』應永二十六〈一四一九〉年の条である［新田　一九九〇：一七〇］。

72 『大江俊光記』元禄十二（一六九九）年五月二十八日（古事類苑・武技二）。相撲史の共通見解である［新田　一九九四：二〇六］。

73 「勧進相撲」の京都番付に「御赦免之大相撲」とあり、幕府評定所から許可を得て実施した［高埜　一九八九：一〇］。同年は仲立（木村）庄之助と式守五太夫が肥後国熊本藩士吉田善左衛門に入門し、「相撲故実」が江戸の相撲渡世集団に備わり権威が高まった［高埜　一九八九：一五］。

74 東都で春秋二度、夏は京都、秋は大坂で興行する。『東都歳時記』（天保九〈一八三八〉年）に記載。

75 四本柱を固定するためにX状に棒や竹を組む。

76 地鎮の土公供に由来すると推定される。平安時代の相撲節会は陰陽道の影響が色濃く、反閇（地堅めや清め祓いの踏法）が重視されていた。『貞観儀式』には、陰陽師の反閇、楽所の太夫の乱声が行われたとあり、『小右記』万寿四（一〇二七）年七月二十七日条は、相撲人は陰陽師の反閇を行わなかった者が悉く負けたと記す。『儀式』相撲節儀には「中務丞内舎人等を率いて相撲司に向かう。次に陰陽師相撲人等を率いて反閇」とある。

77 青龍（青）・朱雀（赤）・白虎（白）・玄武（黒）の四神を表す。江戸時代後期には朱色一色になった。歌川国芳の回向院での『勧進大相撲土俵入之図』嘉永二（一八四九）年十一月で確認できる（**写真1―10**）。

78 寛政元（一七八九）年に吉田善左衛門が幕府に提出した九ケ条の由緒書き上げによれば、相撲の起源は天照大神の時の創始で、朝廷では垂仁天皇の時から相撲の節会が始まり、聖武天皇の神亀年間に、近江国の志賀清林を「御行司」に任じて相撲の規式を定めた。しかし、志賀家は断絶した。文治年間（一一八五～一一九〇年）に後鳥羽院が、相撲節会の復興を試みて、志賀家から「相撲故実」を伝来されたという吉田豊後守家次を越前国から召し出して「司行司」に任じ、追風の号を賜った。元亀年間（一五七〇～一五七三年）に「一味清風」の団扇と烏帽子・狩衣・唐衣を賜った。第十五代吉田追風の時に相撲節会が中絶し、万治元年（一六五八）に熊本細川家の家臣となったという（『祠曹雑識』内閣文庫蔵）。『吉田追風先祖書』（『中古叢書』四―七）。家伝は信憑性に乏しく疑問点が多い［高埜　一九八七：二五四～二五五］。

79 『寛政三年徳川家斉上覧相撲絵巻』（相撲博物館蔵）で当時の状況を知ることができる。

80 熊本市藤崎八幡宮の参道沿いに屋敷があったが、熊本地震（二〇一五年）後に移転した。

81 現在も靖国神社の四月の春季例大祭で奉納日に相撲を行う。戦前は相撲が軍人精神に資する武芸とされた。

82 丁髷を落とし帯刀は自由となり、力士の髷が問題になった。行司の帯刀は「遊芸の一部分」と解されて続いたが、明治九（一八七六）年三月の「廃刀令」で帯刀をやめ、後に徐々に復活した［根間　二〇一一：一二七］。

83 『朝野新聞』明治五（一八七二）年十一月二十四日付。明治九年五月二十六日付『朝野新聞』には、相撲禁止論の論説が掲載された［風見　二〇〇二：七～九］。

84 明治四（一八七一）年以降、浅草の奥山の見世物が衰え、取って代わるようにして、上野が賑いの中心地となり、博覧会の会場、美術館・博物館の建設が続き、盛り場となった。

85 明治十（一八七七）年は、一月の春興行、六月の夏興行、明治十一（一八七八）年も一月と六月の興行、その後、春場所は一月十日頃、夏場所は五月十日頃と定まり、一月場所、五月場所の名に変わった。

86 開催場所は政治家の私邸と一部は離宮であった［風見　二〇〇二：一二～一八］。明治年間に天覧相撲は総計七回行われたが、明治十七（一八八四）年の二回目が最も重視されていた。

87 正式な天皇行幸として行われ、取り組みは幕下以上で、六〇番が行われた。

88　全国行幸は、明治五年の九州・西国、同九年の東北・北海道、同十一年の北陸・東海道、同十三年の甲州・東山道、同十四年の山形・秋田・北海道、同十八年の山口・広島・岡山の合計六回行われた。

89　当時の本所区緑町二丁目の旧津軽藩上邸跡である。八千坪の土地は百坪に縮小されて現存し、九月十一日の例大祭には日本相撲協会幹部が参詣する。現在は墨田区亀沢二丁目である。

90　『日本書紀』垂仁天皇七年七月七日条の野見宿彌と當麻蹶速「捔力《すまひと》らしむ」を発祥とする。捔力の原義は争うことでスマヒの名詞形である［新田　一九九四：二四～二五］。

91　『日本書紀』垂仁天皇条では、野見宿禰は「土師職」（土器・埴輪造り）に仕え、土師連の祖とし、『新撰姓氏録』（八一五年）に出雲国造の祖神とされる天穂日命《あめのほひのみこと》の十四世の孫と記す。吉田司家と相撲の宗家を争っていた五條為栄の家にあった野見宿禰像に御霊入れをして御神体とした。初代宮司は大社教東京分祠長の本居豊穎《とよかい》で、現在も出雲大社東京分祠長が祭祀を務める［岡本　二〇一九：二二三、二二五］。管理は日本相撲協会である。

92　大阪相撲は明治三十（一八九七）年に「大阪角力協会」として改組したが、東京と対立し、明治四十三（一九一〇）年から絶縁状態になった。

93　明治三十九（一九〇六）年三月、常設館建造の国庫補助建議案が衆議院で可決されたが、貴族院には上程されず、民間の寄附を募って建造に着手した。明治四十（一九〇七）年六月、本場所の興行を回向院境内から東両国元町に移動し、回向院は建築資材の置き場とした。建設現場では大量の人骨が出て明暦大火（一六五七）と安政大地震（一八五五）の無縁仏と判明し、無縁塚を建てて供養した。回向院は明暦三（一六五七）年創建の無縁仏供養の寺で、境内は盛り場として発展し、最初の相撲興行は明和九（一七六八）年九月に遡る。國技館は「無縁の場」に建てられたのである。

94　明治四十二（一九〇九）年から昭和二十（一九四五）年まで、海軍記念日には奉納相撲が継続されてきた。

95　紫地に白抜きで山形（一本）の上に桜花をあしらう陸軍の象徴であった。水引幕は、明治四十年五月二日から四日の靖国神社臨時招魂祭での余興相撲で初めて使用され、本場所では明治四十年夏場所の七日目から使用された［風見　二〇〇二：九八～九九］。

96　紫地に白抜きで波形二本の間に「桜に錨」の徽章をあしらう海軍の象徴で、明治四十年五月二十七日に水交社で海軍記念日の余興相撲で使用した〔風見　二〇〇二：九五〜九六〕。明治四十二（一九〇九）年五月の常設館開館に当たっては、陸軍・海軍とも新たに水引幕を贈った。

97　元大関大戸平廣吉で、引退後に師匠の後を継いで三代目年寄尾車となり、相撲常設館の建設委員になっていた。

98　「相撲は国技」の初見は、三木愛花『相撲史伝』（明治三十四〈一九〇一〉年）に黒岩涙香が寄せた序文の「角力は日本の國技にして実は全世界の技芸なり」〔胎中　二〇一九：三七〜三八〕で、national game の翻訳語らしい。

99　第一五三回常設展示「「国技・相撲」――近代以降の事件と名力士――」国立国会図書館、参照。
https://rnavi.ndl.go.jp/kaleido/entry/jousetsu153.hp#003（2019/7/10 最終閲覧）。
板垣は、最後は「武育館」を主張した（東京朝日新聞、明治四十二年六月四日付）。

100　江見水蔭（一八六九〜一九三四）は岡山市生まれ、本名は忠功《ただかつ》。尾崎紅葉の知遇を得て小説を書き始め、硯友社、博文館などで雑誌の編集発行に関わった。好角家《こうかくか》として「文士相撲」「紳士相撲」という相撲サークルを作った。田山花袋とも親しく、『東京の三十年』（一九一七）に交流が描かれている。小説『女房殺し』（一八九五）『地底探検記』（一九〇七）、随筆『自己中心明治文壇史』（一八二七）などの著作がある（田山花袋記念文学館編『江見水蔭――無名の花袋を支えた小説家――』館林市教育委員会、二〇二〇年）。相撲の知識は明治十八（一八八五）年に入った杉浦重剛《すぎうらじゅうこう》（儒者）の称好塾で得たと推定される。

101　東郷平八郎と乃木希典は護国守護神に祀られ、奉天入場の三月十日は陸軍記念日、日本海海戦勝利（バルチック艦隊激滅）の五月二十七日は海軍記念日で祝日とされた。

102　大日本相撲協会は、昭和四十一（一九六六）年四月一日に財団法人日本相撲協会に改組、平成二十六（二〇一四）年一月二十八日付で公益財団法人となり現在に至る。

103　柔道や剣道は、昭和九（一九三四）年五月四日・五日に皇宮警察の武術鍛錬場の済寧館で、皇太子ご誕生奉祝の「天覧武道大会」が開催されて「武道」の名が定着したが、中核施設の武道館は昭和三十九（一九六四）年の開館である。建物は法隆寺夢殿の八角形の意匠を模し、大屋根の稜線は富士山を象る。内閣総理大臣経験者の本葬会場に使うことも多くナショナリズムと強く結び付く。

104 江戸時代は勧進元への寄贈の幟、明治時代は力士への寄贈の幟が立てられた。開館当時の周囲に演劇・寄席・曲芸・舞踊などの演芸館があり、芸人との同一視を嫌って幟と積樽を廃止した［風見　二〇〇二：一一五～一一六］。昭和二十七（一九五二）年に復活し、現在の幟は力士中心で、立行司と相撲部屋がこれに次ぐ。

105 羽織袴は、明治十年太政官布達で判任官以下の官吏の礼服の代用と定めて普及し、威儀を正す服装になった。現在、羽織袴は横綱昇進、大関昇進の伝達、優勝額の授与、伊勢神宮参拝に使い、通常は色物の長着、着流し、あるいは同色の羽織をまとう［風見　二〇〇二：一二二］。

106 江戸時代の行司は、武士の準礼服の裃を着用し、丁髷を結い烏帽子は被らなかった。明治時代は洋髪や丸刈りで、裃を着用し格調や品格を高めた。横綱土俵入りには素襖を着て、烏帽子を被った。明治四十三年五月、第二十三代吉田追風が鎌倉時代風の鎧直垂を採用し、侍烏帽子を被ることに改め、裃と素襖は廃止した［根間　二〇〇一：九二～九四］。行司の最高位を木村庄之助、次席を式守伊之助としたのもこの時である。

107 近世初期の『賀茂競馬住吉祭礼図屏風』『和歌浦東照宮縁起絵馬』には女性の見物人らしき姿があるが、寺社祭礼の際の奉納相撲であって、神事相撲とは言えない。

108 東京日日新聞の明治五（一八七二）年十一月二十四日付「相撲の説」と題して、「府下の相撲は従来勧進の故を以て、婦女の観覧を許さざりしが、当暮場所、第二日目昨二十三日より、婦女の見学を随意とせり」とある。観覧禁止の理由を勧進にしているが、十分な説得力はない。

109 國技館の開館以前、千秋楽の見学は女性が大半であった［風見　二〇〇二：一九五］。

110 女相撲の初見は、延享元（一七四四）年頃で、舞踊・力業・曲芸等と一緒の見世物で、男女混淆の相撲もあった。雨乞いの女相撲は別の文脈で、聖域での禁忌をあえて破ることで神を怒らせて雨が降ることを願った。

111 若緑は昭和九（一九三四）年に女相撲入りして、昭和三十二（一九五七）年に四十歳で引退した。引退行事（取上げ相撲）は愛媛県北条市で勧進元を若緑として行われた。高砂親方は若緑が大きな貢献をしたとして土俵に上げて挨拶させた［遠藤　二〇〇四：二一五～二一六］。

112 現在の國技館の天覧は「貴賓席」を使用し、一般観客席に組み込まれて目立たない。

113 玉座での観覧は皇太子時代の嘉仁親王（大正天皇）は一回、裕仁親王（昭和天皇）は三回であった。裕仁親王は大正四（一九一五）年に東宮御所で観戦して以来、総計で大正期は九回の台覧相撲、戦前の昭和期は十一回の天覧相撲を実施した［胎中　二〇一九：四九］。昭和五年・六年（一九三〇・一九三一）の天長節に皇居で天覧相撲が行われている。

114 「現人神《あらひとがみ》」よりも大宝令（七〇一年）に記すアキツカミが、現世に現れた神の意味で天皇には相応しい。現御神、現つ御神、現神、現つ神、明神などと表記する。

115 初代の國技館は大正六（一九一七）年に出火で全焼、大正九（一九二〇）年再建、大正十二（一九二三）年の関東大震災で壊滅し、再び再建された。昭和二十（一九四五）年三月十日に米軍の空襲で焼失、十月二十六日に進駐軍が接収、昭和二十一（一九四六）年改装、昭和二十五（一九五〇）年に蔵前國技館建設、昭和五十九（一九八四）年まで存続し、その後、両国國技館に移り現在に至る。

116 土俵も二重から一重に変わった。

117 鰹木は男神は奇数、女神は偶数で、伊勢神宮の内宮（皇大神宮。祭神は天照大神）の正殿は十、それ以外は八か六、外宮（祭神は豊受大神）の正殿は九、他は七か五である。國技館は五本で最も格が低いが、男神扱いである。

118 平成十七（二〇〇五）年の財団法人日本相撲協会設立八十周年記念式典で一日限りで展示された。原本は未見で、［内館　二〇〇八：二二四〜二二六］の記述に基づく。

119 国体明徴とは「天皇中心の国体観念をはっきりと証拠立てる」という意味で、統治権の主体は天皇にあることを明確にした。美濃部達吉の「天皇機関説」に対する反対運動から、軍部の政治支配へと向かい、昭和十一（一九三六）年の二・二六事件の伏線となった。

120 横綱昇進は昭和十三（一九三八）年一月であった。

121 裕仁親王（昭和天皇）の大相撲の初観戦は明治四十二（一九〇九）年六月九日で、國技館の玉座に座って観戦した［胎中　二〇一九：二三二］。國技館開館の七日後であった。杉浦重剛（儒者。日本中学校校長）は、大正三

（一九一四）年に宮中の御学問所御用掛となり、裕仁親王に「倫理」を講じた。序説十二篇で「相撲」を取り上げ、野見宿禰を「相撲道」の祖、「相撲は国技」「相撲道は大和民族の発露」と説いた［胎中　二〇一九：四三〜四五］。杉浦は三宅雪嶺・志賀重昂などと雑誌『日本人』や新聞『日本』を創刊したナショナリストであった。大日本相撲協会

122　相撲は、親睦団体の偕行社（陸軍）や水交社（海軍）での創設記念祝典で余興として行われた。大日本相撲協会の初代理事長は陸軍中将の広瀬正徳であった［風見　二〇〇二：九八〜九九］。

123　海外植民地で行われた大日本帝国下の相撲の歴史は、［胎中　二〇一九］に詳しい。

124　日本相撲協会ＨＰ「相撲の歴史」。

125　http://www.sumo.or.jp/IrohaKnowledge/sumo_history/ (2019/7/10 最終閲覧)。

126　『古事記』（七一二年）の建御雷神と建御名方神の「力競」にも合わせて言及する。「力競」をスマヒと言った。

127　原文には「采女を換集し、衣褌を脱が使め、犢鼻を著けしめて、露所で相撲をす」とあるが、女性を利用して謹厳な役人の失策を誘うのが目的で、後世の相撲とは性格が違う。実質的には皇極天皇元（六四二）年七月二十二日条に百済の使者を朝廷で饗応し、健児（兵士）に相撲を取らせた記事が古く、史実と思われる。

128　七月七日の七夕が相撲の日で、時代が下ると七月下旬になった［酒井　一九五六］。

129　『続日本後紀』天長十（八三三）年の勅に「相撲節はただ娯楽のみに非ず、武力を鍛錬すること最もこの中にあり」として武力の鍛錬を強調している。節会の目的は武力の鍛錬、軍事防衛機能であるが［宮本　一九八五：三五］、相撲は舞楽や散楽とともに行われ余興や芸能の様相も強かった。

130　鎌倉の鶴岡八幡宮寺では、放生会で「相撲」を奉納する特定の家、相撲職が定められた。金子家文書、「源頼朝袖半下文」（寿永三〈一一八四〉年）、「関東下知状」（嘉暦元〈一三二六〉年、「鶴岡八幡宮相撲職補任状」（文明十二〈一四八〇〉年）等、神奈川県立博物館蔵。

131　『古事類苑』に基づく［酒井　一九五六］の説であるが、再検討の余地がある。

132　二〇一九年三月五日付。神戸新聞ＮＥＸＴ「大相撲土俵の女人禁制　県弁護士会「女性差別」と声明」

https://www.kobe-np.co.jp/news/sougou/201903/0012120047.shtml（2020/12/29最終閲覧）。

133　『朝日新聞』（神戸）二〇一九年三月六日付「土俵の女人禁制、撤廃求める　県弁護士会長声明」。記事の原文には、「声明は、土俵上でのあいさつや表彰について、力士ではない一般の男性に許しながら女性を排除することは、憲法が禁止する女性差別にあたると指摘。「基本的人権の侵害で、神聖、伝統、多数者の支持などを理由に正当化することは許されない」とした」とある。県弁護士会の「両性の平等に関する委員会」が女人禁制の問題を話し合って出した声明文を賛成多数で採択し、内閣府と日本相撲協会に郵送したという。

134　中川智子市長と芝田山康親方との面会は非公開とされ、本記事は中川智子市長からの記者の聞き取りである。

135　明治から大正の英和辞典ではtraditionの訳語は、「口伝」「伝説」「交付」「引渡し」などが一般的で、大辞典には「慣習」「因習」はあるが「伝統」はなく、「伝えること」「伝えられるもの」が語義の中心だという。大正年間（一九一二～一九二六）に、自然主義に対する伝統主義、民族の伝統文化のような用法が生まれ、「伝統」として自立化する。

136　近代を特徴づける概念を列記すると、自由・平等・博愛、平和、階級、人種、民族、人権、文明、優生思想、進化主義、科学主義、帝国主義、植民地主義、自由主義、民主主義、政党政治、市民社会、市場経済、資本主義、全体主義、社会主義、共産主義、イデオロギー、ナショナリズム、オリエンタリズムなどが挙げられよう。

137　令和二（二〇二〇）年三月以降の新型コロナウイルスの感染拡大に伴い、同年の大相撲春場所は無観客で行われた。初日（三月八日）の八角信芳理事長の挨拶では、コロナ禍で無観客になったことを詫び、「古来から力士の四股は邪悪なものを土の下に押し込む力があるといわれてきました」「床山が髪を結い、呼び出しが柝《き》を打ち、行司が土俵を裁き、そして力士が四股を踏む。この一連の所作が人々に感動を与えると同時に、大地を鎮め、邪悪なものを抑え込むものだと信じられてきました」と疫病退散に向けて相撲の効用を語っていた。この言説は、相撲関係者の意識を素直に表現し、伝統を現代に合わせて相撲の在り方を語る好例であった。「相撲協会あいさつ全文　大相撲春場所」二〇二〇年三月八日 jiji.com.
https://www.jiji.com/jc/article?k=2020030800411&g=spo（2020/10/30最終閲覧）。

表1－1　現代の相撲の女人禁制関連の出来事

年号	出来事
昭和四十三（一九六八）年	一月、日本相撲協会が表彰式に内閣総理大臣杯を新設する。
昭和五十三（一九七八）年	五月、「わんぱく相撲東京場所」の荒川区予選、小学五年生の部で準優勝を遂げた女子が國技館への出場を認められなかった。森山真弓（当時労働省婦人少年局長）が問題視し、五月二十三日に日本相撲協会に抗議したが、伝統を守るとして出場を認めなかった。
平成元（一九八九）年	森山真弓（当時内閣官房長官）が、十二月に大相撲の土俵に女性が上がれないことを問題視し、翌平成二（一九九〇）年一月に國技館で開催の大相撲初場所の千秋楽の表彰式で内閣総理大臣杯を手渡したいと申し出たが、日本相撲協会は「伝統や文化」を守るとして認めなかった。
平成三（一九九一）年	「わんぱく相撲大会全国大会」の徳島県美馬郡予選で、小学五年の女子が優勝して國技館の全国大会出場の権利を得たが、國技館の土俵には女子は上がれないとされ、予選二位の男子を出場させた。
平成十二（二〇〇〇）年	二月、大阪府知事に就任した太田房江が、三月の大阪春場所の千秋楽の表彰式で「大阪府知事賞」を優勝力士に手渡したい」と希望したが、日本相撲協会は応じなかった。太田房江知事は八年間知事を務め、毎年繰り返し要請したが、変化はなかった。九月、内館牧子が女性初の横綱審議委員会（昭和二十五〈一九五〇〉年設置）の委員に就任。平成二十二（二〇一〇）年一月に退任。
平成十三（二〇〇一）年	三月、『朝日新聞』紙上で、「土俵の女人禁制」の是非をめぐって太田房江知事と内館牧子が論争し、秋山洋子も加わり、平成十五（二〇〇三）年まで「伝統」をめぐって議論

	が続く。
平成十四（二〇〇二）年	十月、鈴木正崇『女人禁制』（吉川弘文館）刊行される。
平成十五（二〇〇三）年	三月、内館牧子は、東北大学大学院へ入学して宗教学を専攻し、「土俵の女人禁制」についての研究を行った。
平成十七（二〇〇五）年	九月、源淳子編『「女人禁制」Q&A』（解放出版社）刊行される。
平成十八（二〇〇六）年	十一月、内館牧子『女はなぜ土俵にあがれないのか』（幻冬舎新書）刊行される（修士課程を修了し、修士論文に基づき単行本化）。
平成二十三（二〇一一）年	三月、「大峰山女人禁制」の開放を求める会編『現代の「女人禁制」——性差別の根源を探る——』（解放出版社）刊行される。
平成二十六（二〇一四）年	一月二十八日、日本相撲協会は公益財団法人として登録される。
平成二十九（二〇一七）年	大相撲の不祥事が相次ぐ。日馬富士の暴力事件が明らかになり引退。貴乃花親方の抗議と理事辞職など不祥事が続く。
平成三十（二〇一八）年	四月四日、舞鶴での大相撲の春の地方巡業で、土俵上で挨拶中の市長が突然に発作で倒れた。女性が救護のために土俵上に上がると、「土俵を下りて」の掛け声がかかった。女人禁制に関して日本相撲協会に非難が殺到する。日本相撲協会は当日、ＨＰに謝罪文を発表する。 四月五日、中川智子（宝塚市長）は、四月六日の宝塚場所で土俵上での挨拶を希望したが日本相撲協会は認めず。四月六日、土俵下で台座の上から挨拶をして再考を促した。中川智子市長は、四月十九日に日本相撲協会を訪れて女人禁制の見直しを求める文書を手渡した。 四月六日、「「大峰山女人禁制」の開放を求める会」は、日本相撲協会に対する抗議声明を発表し、四月七日に抗議文を送付する。四月十五日付で日本相撲協会を所管する内閣府に「女人禁制」を直ちに廃止する指導を求める要請文を送付し、同日付で日本相撲協

	会に公開質問状を送付する。 四月八日、静岡市で開催の大相撲春巡業「富士山静岡場所」で、力士が土俵上で小学生らに稽古を付ける「ちびっこ相撲」に、女子児童の参加が認められず。安全面を確保するという理由が問題視された。 四月十日、東京都世田谷区の主婦（当時五十九歳）が、税金が女性を差別する団体のために使われていると抗議し、日本相撲協会の公益財団法人認定の取り消しを求め、賛同の署名運動を開始する。五月二十三日、内閣府公益認定等委員会・事務局に対し一万六九三九筆の署名を提出する。 四月二十八日、日本相撲協会は臨時理事会を開催し「土俵の女人禁制」に関して協議の上、理事長談話を発表してＨＰで公開した。
平成三十一（二〇一九）年	三月五日、兵庫県弁護士会は、相撲の女人禁制は法的に「女性に対する差別」とする会長声明を出し、日本相撲協会に廃止を速やかに検討するよう求め、政府にも撤廃に向けた指導を提言した。 三月八日、中川智子市長が日本相撲協会の理事と面談し物別れとなる。
令和元（二〇一九）年	五月十五日、日本相撲協会は、「土俵と女性に関する調査委員会」の第一回を開催し女人禁制に関する意識調査を実施する意向を表明する。
令和二（二〇二〇）年	三月、源淳子編『いつまで続く「女人禁制」——排除と差別の日本社会をたどる——』（解放出版社）刊行される。 七月、一般社団法人和歌山人権研究所編『女人禁制　伝統と信仰』（阿吽社）刊行される。

表1-2　近世・近代の相撲に関する出来事

年号	出来事
元禄十二（一六九九）年	「土俵」の初見。『大江俊光記』に「土俵四本柱」とある。
元禄十五（一七〇二）年	勧進相撲興行が解禁され、大坂堀江の阿弥陀池、和光寺境内で興行が行われる。
正徳四（一七一四）年	「四本柱ヲ四季ニ取」の記載がある。木村喜平次『相撲家伝抄』。
延享元（一七四四）年	「方屋」の名称が相撲場につく。木村瀬平『角力旧記并口決』。
寛延二（一七四九）年	「大相撲」の初見で、勧進相撲の京都番付に「御赦免之大相撲」とある。
宝暦七（一七五七）年	江戸相撲の始まりで、蔵前八幡社で行う。縦型番付けを作成し、相撲会所が成立する。
宝暦八（一七五八）年	天皇や朝廷との結び付きを強調した。「相撲故実」言上。
宝暦十三（一七六三）年	「すまふの儀式」の「地取」（土俵祭）の記録がある。木村政勝『古今相撲大全』。
安永二（一七七三）年	越後での争論に関して「相撲故実」を主張して格別の権限を得る。
安永七（一七七八）年	三月、晴天十日興行始まる。
寛政三（一七九一）年	六月十一日、将軍家斉への上覧相撲で、吉田司家が「土俵祭」方屋開口上を述べる。
天保四（一八三三）年	十月、本所回向院境内での興行以後、春冬二回興行を決定する。明治四十年一月まで定場所となる。
明治二（一八六九）年	三月七日、明治天皇が京都から東京へ行幸する。京都力士が「錦の御旗」の旗手として東海道を下る。 三月二十八日、品川で江戸力士が出迎える。 六月二十九日、東京招魂社（明治十二〈一八七九〉年に靖国神社に改称）の第一回の勅祭の祭典で奉納大相撲を行い、これ以後、恒例となる。
明治三（一八七〇）年	天皇の駒場での閲兵のための行幸に際し、東京力士が「錦の御旗」を捧持して露払いを

	する。
明治四（一八七一）年	八月九日に「散髪脱刀令」、十一月二十九日に「裸体禁止令」が出て、相撲は文明開化に反する蛮風とされる。
明治五（一八七二）年	三月十九日、男女相撲を禁止する。十一月十三日、「東京違式詿違條例」が施行され、裸体禁止を明記する。十一月場所、女性の相撲観覧は、初日を除き二日目以降は可となる。
明治六（一八七三）年	七月十九日、「各地方違式詿違條例」で「男女相撲並ニ蛇遣ヒ其他醜體ヲ見世物ニ出ス者」とされる。
明治十（一八七七）年	秋の相撲は見世物の一種と見なされ、回向院での興行ができなくなった。十月十三日、相撲会所は当局と調整し、十一月に冬の興行は許可された。
明治十（一八七七）年	十二月場所、女性の観覧は、初日から十日間の全てで可となる。
明治十四（一八八一）年	五月十二日、明治初の天覧相撲を行う。明治年間に総計七回行われる。
明治十七（一八八四）年	三月十日、浜離宮延遼館で明治天皇の天覧相撲を行った。大相撲復活へ向かう。
明治十八（一八八五）年	五月、相撲の神を祀る野見宿禰神社の創建願が出される。
明治十九（一八八六）年	二月一日に野見宿禰神社で地固め相撲を行う。
明治二十（一八八七）年	一月二十三日に野見宿禰神社で遷座式典を行う。
明治二十二（一八八九）年	一月、東京相撲は相撲会所の組織を、東京大角力協会に改める。
明治三十九（一九〇六）年	六月、常設館の建造に着工する。
明治四十（一九〇七）年	陸軍、海軍が相撲場の屋根に取り付ける水引幕を寄贈する。
明治四十二（一九〇九）年	五月に常設館竣工する。日本初のドーム型鉄骨板張の洋風建築の建物で、従来の切妻造が入母屋造に変わった。六月二日の開館式で、板垣退助が「國技館」の名称を発表した。六月五日から本場所を開催し、「晴雨にかかわらず十日間興行」となる。
明治四十三（一九一〇）年	一月、番付表で「本所元町國技館」の名称が記される。

大正四（一九一五）年	裕仁皇太子が東宮御所で相撲を観戦した。これ以後、大正時代は九回の台覧相撲、戦前の昭和時代は十一回の天覧相撲を行う。
大正六（一九一七）年	十一月二十九日、出火で両国國技館が焼失する。
大正九（一九二〇）年	一月十五日、両国國技館が完成し、開館式を挙行する。
大正十二（一九二三）年	五月、両国國技館で、晴雨にかかわらず十一日間興行となる。 九月一日、関東大震災で両国國技館が、屋根・柱など外観を残して再度焼失する。再建して、大正十三（一九二四）年の夏場所から興行を再開する。
大正十四（一九二五）年	四月二十九日、摂政宮（後の昭和天皇）の生誕祝賀として赤坂の東宮御所で台覧相撲を奉納し、御下賜金（千円）で、摂政賜盃が作製された。十二月二十八日、財団法人大日本相撲協会が成立した。
大正十五（一九二六）年	一月、摂政賜盃を東宮記念盃として拝戴が始まる。後に天皇賜盃拝戴となり現在に至る。
昭和二（一九二七）年	一月、東京と大阪の協会が合併する。春夏以外に三月と十月が地方本場所になる。
昭和三（一九二八）年	一月、ＪＯＡＫ（東京中央放送局）のラジオ実況放送が始まる。
昭和五（一九三〇）年	四本柱下に四人の中改の検査役を配置する慣行を土俵下に改める。
昭和六（一九三一）年	四月二十九日、天長節の宮中での天覧相撲に際し、伊勢神宮に模して神明造の土俵屋根を作った。これに倣い五月場所より神明造の屋根天井とする（従来は入母屋造）。案内に「天覧に際し奉り、土俵の式制を相撲節會　當時の嘉例に復す」とある。
昭和七（一九三二）年	十月、地方本場所が京都を最後に終了する。
昭和八（一九三三）年	五月、両国國技館で十三日間興行となる。
昭和十一（一九三六）年	一月場所から双葉山の連勝が始まり、昭和十四年一月場所で安藝ノ海に敗れて六十九連勝で止まるまで続いた。
昭和十四（一九三九）年	五月、両国國技館で十五日間興行となる。
昭和二十（一九四五）年	三月十日、両国國技館、東京大空襲により炎上する。

	十一月十三日、進駐軍の慰安大相撲を開催する。本場所は十一月十五日から十日間であった。 十一月十四日、土俵祭の相撲の祭神が、戸隠大神・鹿島大神・野見宿禰の三神に変更される。
昭和二十四（一九四九）年	五月、東京浜町仮設國技館で晴雨にかかわらず十五日間興行となる。
昭和二十五（一九五〇）年	一月、浅草蔵前國技館での本場所が始まる。 四月二十一日、横綱審議委員会が発足。昭和二十六年一月以降、横綱の免許を日本相撲協会が授与することとし、吉田司家は権限を喪失する。
昭和二十七（一九五二）年	九月十九日、四本柱を撤廃する。享保年間より二百五十年以来続いた慣行が変更された。吊り天井となり四色の房（青・白・赤・黒）が下げられる。
昭和二十八（一九五三）年	五月、NHKテレビで大相撲中継放送が始まる。
昭和二十九（一九五四）年	九月十八日、蔵前國技館落成開館式を行う。
昭和三十（一九五五）年	五月二十四日、戦後初の昭和天皇の天覧相撲が行われた。十八年ぶりであった（総計四十回を数える）。
昭和三十三（一九五八）年	一月から、年間六場所制になる。財団法人大日本相撲協会から財団法人日本相撲協会に改称する。
昭和五十九（一九八四）年	十一月三十日、両国國技館が完成する。
昭和六十（一九八五）年	一月九日、両国國技館落成式を執行する。
昭和六十一（一九八六）年	九月、日本相撲協会は、吉田司家と絶縁する。

第二章　穢れと女人禁制

1　女人禁制への視点

女人禁制には常に穢れの問題が関わってくる。本章では、穢れの言説・表象・実践の歴史的変化を考察し、穢れに関する一般化を試みて、比較研究の可能性を探る。事例としては、山岳信仰に関わる女人禁制を主体にして、関連する祭りや芸能も併せて検討し、歴史学・民俗学・文化人類学などの成果に基づいて考察する。

霊山や聖地、社寺などの信仰に関わる場所や地域は「清浄地」で、女性の生理は穢れとされて立ち入りを禁じられることが多かった。江戸時代までは、多くの山々が信仰の対象で、里と山の境界に「女人結界」が設けられ、女性の山岳登拝は恒常的に禁じられてきた。これを一般には「女人禁制」と呼ぶ。男性の視点が優越した歴史的概念である。女人禁制と明示しなくても、女性は生理中や出産から特定日数は、寺社の境内に入らないことは民衆の普通の慣行であった。男性は潔斎や精進すれば山岳登拝への参加が許されるのに、女性は特定地点までしか参加できず、男女の不均衡が目立つ。女人禁制や女人結界の理由として、当事者からは女性の穢れ[1]によるという説明を聞くことが多かった。しかし、現代社会では、女性が、月経や出産に伴う血の穢れを根拠として、忌避・排除され不平等な扱いを受けることは許容できない。穢れは差別や蔑視に繋がり、好ましいとは言えない。現代では、穢れへの言及が避けられ、女人禁制の場所は少なくなり、信仰行事や祭祀芸能への参加を許可されるようになってきた。ただし、本来は男性のみの参加だが、少子化の担い手不足からやむを得ず変えたという地域も数多い。穢れをめぐっては常にアンビバレンス（ambivalence 両面価値）な感情が付きまとっている。

明治五（一八七二）年の太政官布告九八号「女人結界の解禁」指令により、日本の山々の大半は女性が登拝できる山に変貌した。現在でも全面的に女人禁制とする山は、大峯山の山上ケ《さんじょうが》岳《たけ》（奈良県天川村）や後山《うしろやま》（岡山県美作市）だけで、特定の日を禁制にする山や特定日解禁の山もある。[2]しかし、江戸時代までは霊山に登ることは特別の行為で、事前に精進潔斎が求められ、男女ともに登拝の規制や開山の期間が定められ、男性でも特定の時以外は登らないのが普通であった。[3]山自体が広い意味での禁忌の対象であったのである。

女人禁制と女人結界は同義語として使われることが多いが、厳格に言えば、前者は法制用語、後者は経典用語で［牛山　二〇〇八：五五八］、山岳霊場や寺社では信仰の立場から女人結界を使用する傾向が強い。現在でも女人禁制を維持する大峯山の山上ケ岳では、登拝道の境界に女人結界門が設けられていて、洞川《どろがわ》側は清浄大橋の対岸、吉野道の五番関（写真2―1）、柏木道の阿弥陀ケ森（脇の宿）、洞川から稲村ケ岳に行く途中のレンゲ辻の四ケ所にある。大峯山を修行場とする修験教団の三本山である醍醐寺・聖護院・金峯山寺は、女人結界の用語を使用し、女人禁制という強い言い方を避けている。[4] ただし、山上ケ岳への洞川口の女人結界にある掲示板の外国語表記は英語のみで、"religious tradition"（宗教的伝統）により、"No Woman Admitted"（女人禁制）となっている[5]（全文は二四七頁参照）。「女人禁制」という用語には、男性による女性への強制力や、偏見・排除の意味があり、男性主体の視点や価値判断が含まれ、先入観が強く働く。男女の不均等二分法でジェンダー・バイアス（gender bias）が強い。女人禁制の用語に関しては、負性や偏りに留意しつつ、使用される文脈や歴史的背景を考慮する必要がある。現代では女人禁制は拡大解釈されて多様な事象への適用が増大している[6]。

写真2–1　山上ヶ岳の登拝道。五番関の女人結界門

2　堂舎の結界

山の女人禁制や女人結界は、平雅行によれば、九世紀後半に史料に現れて、十世紀から十一世紀初頭に確立するとしている［平 一九九二：四一二］。牛山佳幸も実態としては九世紀後半を想定し、「高野山や比叡山を含む各地の山岳霊地に盛んに宣伝されてくるの

は、十一世紀中頃以降」［牛山　一九九〇：五一］と見解はほぼ同じである。ただし、牛山は「女人禁制」「女人結界」という四字熟語は室町時代に現れると指摘して、平安時代と室町時代を区別して二段階で考える。「女人禁制」の用語は、文明七（一四七五）年の周防興隆寺法度《はっと》（『大内氏壁書《かべがき》』）が初見だという［牛山　二〇〇五：三五〜三六］[7]。

牛山佳幸は、女人禁制・女人結界の始まりを、仏教の戒律に基づく法的規制に求め、「不邪淫戒」（五戒の一つ。僧侶の性行為を禁じる）に由来すると推定した［牛山　一九九〇：一一〜八二］。仏教の戒律と「堂舎の結界」を重視する。牛山説を要約すると、以下のようになる。

飛鳥時代には戒律に関わる禁制は自主規制であったが、奈良時代の律令制下では厳格になり、官僧官尼体制の仏教界では出家・在家を問わず、僧寺への女性の立ち入り禁止、尼寺への男性の立ち入り禁止が守られるようになった。『僧尼《そうに》令《りょう》』（養老令）[8]第十一条と第十二条によれば、僧尼の扱いは平等であった[9]。当時の戒律は、中国・朝鮮など東アジアの仏教圏とも共通し、律令国家の庇護の下で仏教教団が支えられ、僧と尼がその管理下にあった。元々、日本では最初の出家者は尼で、女性の許容度が高かった[10]。八世紀中期以降、変化が生じた。不邪淫戒は、僧と尼の双方に対して異性との接触や性交渉を禁じる戒律であったが、規制は次第に尼に一方的に課せられるようになった[11]。九世紀を境に女性の出家制限が始まり官尼も尼寺も一時的に消滅する。他方、男性出家者が増大し、律令制が弛緩して僧の破戒行為が増大したことに対応して、一部の「山岳寺院」の持戒僧が厳しい修行を課して、女性排除の傾向が強まり、寺院は戒律を遵守して女人の禁制を強化した。寺院が俗人の参籠の場となることへの危機感を表明したのである。ただし、いずれも個々の寺院の「自主規制」で「一方的な主張」であった。そして、仏教経典を典拠にした女性の罪業観や蔑視の解釈が加わり、寺院の清浄性の維持が重視され、法会や祭りなどの儀礼の場から女性は排除されていった。

牛山佳幸は、「女人禁制が差別的事象に転化する時期は、寺院や山岳霊場などで女性排除の理由を血の穢れで説明づけるようになる中世後期と見るべきであろう」［牛山　二〇〇八：五五八］という。室町時代に日本にもたらされた『血盆経』による血穢が定着して以降に、差別や蔑視の意識が強まって女性の穢れが定着していったとする。

牛山説は、女人禁制は仏教に基づく「戒律起源論」であり、寺院成立後の「堂舎の結界」に起源を求めると一般化できよう。「結界」という儀礼言語の使用も戒律に関連する。現在でも寺院や神社での「堂舎の結界」は意識され、寺院の内陣や神社の拝殿など建物の一部や聖所への女性の立ち入りを禁じて聖性を維持する所が多い。

3　山の境界と開山伝承

女人禁制や女人結界の始まりを、屋内や境内での「堂舎の結界」に求め、仏教の戒律という知識人の論理を強調する牛山説に対して、筆者は山岳霊場での仏教以前の野外での「山の境界」の慣行に由来すると推定してきた。史料上での探求は難しいが、考古遺物、伝承・縁起、特に「開山伝承」に着目して推論を提示する。「開山伝承」とは、僧侶や在家の行者が狩人（猟師）に導かれて山頂登拝を遂げ、神仏に出会って帰依して祭祀者になる、あるいは狩人が烏、鷹、犬などに導かれて山中に至って神仏に出会い、狩猟の殺生を悔い改め出家して山を祀る者となったと伝える。狩人が開山に大きな働きをする。開山者は、「山の境界」を越えて異界に入りこんで山頂登拝を果たし、殺生を禁じ、土地の神霊や仏菩薩を祀ったという。立山の佐伯有頼《さいきありより》（慈興。佐伯有若説もある）[12]、伯耆大山の依道《よりみち》（金蓮）、彦山の藤原恒雄（忍辱）など、多くは在家者である［鈴木正 二〇一八：七～九］。開山者は、神霊と直接交流して霊力を得る巫者の性格も持つ。「開山伝承」は、「山の境界」を越境して山の聖性を新たに開示する実践であると言える。他方、山の神や山の霊は女性で、地主神の多くも女神であった。山では一般の女性は排除され、女神は畏敬されるという両義性が顕在化する。山の神は女性の再生産の力を凝結した存在である。

　農耕を営む平地民は「山の境界」を強く意識していた。山は神霊の棲む聖域や浄域で、人々に恵みをもたらす水の源泉（水分《みくまり》）であるとともに、死者の霊魂が帰る地とされ、「いのちの源泉」「蘇りの地」でもあった。山は畏怖され、特定地点から上は「不入の地」「禁足地」で、山と里の境界は明確であった[13]。ただし、平地民と山地民、農耕民と狩猟民は、生活の場を平地に置くか山に置くかの違いで境界認識に差異があった。山麓の水田や畑で農業を営む平地民にとって山は異界で、境界は強く意識され、山の神霊は慈しまれる一方で恐怖の対象でもあった。他方、山地民（狩人・山人など）は焼畑や狩猟採集を営み[14]、山での境界の禁忌を守りつつ、山中で暮らしを営み、豊穣をもたらす女神を生産神として祀った。狩猟民の女神は血を忌まないという独自の神霊観を持っていた［ナウマン 一九九四］。開山伝承は平地民・山地民を問わず語られ、「山の境界」を越えて「禁足地」に踏み込んだ時の記憶を伝えるのであろう。平地民と山地民の共通性は、山の神霊を女性とすることであり、「いのちの源泉」としての山の表象（representation）は双方に共有されて現在まで伝承されてきた。

「山の境界」は、祭祀や儀礼を行う堂社や祠などの成立前の「野外の境界」で、仏教の影響が加わって、「山の結界」や「女人結界」に転化したと見られる［鈴木正　二〇〇二：一四一～一四二］。仏教伝来が大きな転換であった。仏教公伝は宣化天皇三（五三八）年と欽明天皇十三（五五二）年の二説があり、年号には疑義もあるが、[15] 六世紀前半の伝来は確実で、七世紀には寺院が多く建てられた。山は山林寂静の修行の適地とされ、七世紀後半以降は山寺も建てられ［時枝　二〇一八：一五］、[16] 異界としての山は仏菩薩の聖域に変貌し、聖域との「山の境界」にも仏教の意味付けが加わった。寺院創建に際しては山の地主神を祀ったと推定される。山中では参籠だけでなく山岳登拝も行われた。日光山開山と伝わる勝道《しょうどう》上人は、空海筆とされる顕彰碑文[17]（弘仁元〈八一四〉年）が事績を記し、自然の全てが大日如来の現れと説き、密教と山岳信仰の融合が顕著である。開山年は八世紀頃とする伝承が多いが、[18] 歴史的事実とは見なされない。ただし、山頂の祭祀遺跡は八世紀に遡り山頂登拝を裏付ける。山上ケ岳の大峯山寺では、奈良時代後期の護摩の跡が内々陣の秘所の龍ノ《たつの》口《くち》周辺で発見され、八世紀後半には金峯山（吉野山から山上ケ岳）で古い密教の修行が行われていた［菅谷　一九九五：五四～五七］。[19]『日本霊異記』中巻第二十六話が伝える金峯山入山の禅師《ぜんじ》広達《こうたつ》は同時代である。広達は、聖武天皇の御代に「吉野の金の峯」で修行し、後に元興寺の僧となって、宝亀二（七七二）年に「十禅師」[20]の一人に選ばれた。最澄もその一人であった。福岡県の宝満山では八世紀前半の山頂の遺跡があり[21]、法器や法具が発掘されている。奈良時代後期に仏教儀礼が行われ、山麓祭祀から山上祭祀へという展開があったのである［時枝　二〇一八：一九］[22]。有名な事例は劔岳で、明治四十（一九〇七）年に三角点測量で登った柴崎芳太郎技官が九世紀頃と推定される錫杖頭を発見して、登拝が遺物で確かめられた［時枝　二〇一八：一六二］[23]。「人登るべからず」という禁忌があったが、行者は登拝していた。各地の山で行者や僧侶が活躍していた。山岳霊場が仏教の聖域の「清浄地」として確立し、「山の境界」は結界に読み替えられ、「山の結界」、そして「女人結界」へと展開したと推定される。

開山年は、後世の人々が過去に遡及させた偽の年号かもしれないが、無名の者による山頂登拝の史実を反映している可能性がある。近年は、開山以来、千三百年や千二百五十年など区切りの年が訪れて記念行事が盛んに行われ[24]、開山伝承は新たな地域文化の展開の核になり、起源を語る神話的な言説（discourse）として機能しているのである。

4　山林修行・山林寺院・山岳寺院

山岳霊場の創出には、「山林修行」が大きな役割を果たした。仏教伝来以後、山岳信仰と仏教が融合し、僧侶は修行場を寂静の地の山に求める「山林修行」が行われ、山は仏菩薩の居所に変貌した。山中での修行では宇宙と一体化する自然智《じねんち》を求める虚空蔵求聞持法《こくぞうぐもんじほう》の習得が重視された。虚空蔵求聞持法は、養老元（七一七）年に大安寺の道慈が日本にもたらしたとされる、無限の記憶力と智慧を獲得できるという密教の行法で、本尊虚空蔵菩薩の真言を一日一万回百日唱え続けるという。密教の日本的展開ともいえる。修行者は男性に限られ、修行場は山中の寂静の場を選ぶ。虚空蔵求聞持法は七世紀後半の建立とされる吉野の比蘇寺《ひそでら》（比蘇山寺《ひそさんじ》、現光寺、吉野寺）で盛んに修せられた[25]。平城京の大寺、大安寺の華厳宗の道璿《どうせん》や、元興寺の法相宗の神叡《しんえい》などが、比蘇寺で虚空蔵求聞持法を修行して自然智宗を展開した［薗田　一九五七］［高谷　一九六八］[26]。元興寺の法相宗の護命《ごみょう》は、月の前半は山中で虚空蔵求聞持法の「山林修行」、月の後半は寺院で教学を研鑽したと伝える[27]。出家僧も山中修行を行い、霊力の獲得を目指した。若き日の空海は「山林修行」の最中に、ある沙門から虚空蔵求聞持法を教示され、吉野や四国で行じたとされる。空海の本格的な密教への没入には、「学知」だけでなく山岳での「体験知」による「心身変容」が基礎体験になっていたのであろう。七世紀末から八世紀初頭、古代王権の揺籃の地の吉野・大和に、多くの山寺が官寺僧の「山林修行」の根拠地として形成された。それらは山の尾根や谷筋に立地し、巨石信仰や水源祭祀を基盤としていた。こうした山寺は、現在は「山林寺院」と呼ばれている［森下　二〇二〇：一二五～一三二］[28]。「山林寺院」は中世末まで続き大規模な活動を行っていた。「山の結界」の成立には、「山林寺院」の働きが大きかった。高野山・比叡山での「山岳寺院」の成立の根底にも「山林修行」があった。

　古代の正史の「山林修行」の記録として、『続日本紀』は、養老二（七一八）年を皮切りに、律令で、無許可での「山林修行」の禁止を命じたと記す。当時は、私度僧を含めて山での修行者が多かった実態が推定される。奈良時代後期の様相を伝える『日本霊異記』（弘仁年間〈八一〇～八二四〉）には、

写真2–2　役行者と前鬼（右）・後鬼（左）。鎌倉時代、奈良県平群町・千光寺蔵

山林修行者の優婆塞《うばそく》・沙弥《しゃみ》・聖《ひじり》・禅師《ぜんじ》などと呼ばれる私度《しど》僧《そう》や在家者の活躍が描かれている。山林修行者には男性だけでなく女性もいた。上巻第三十五話では「錬行の沙弥《しゃみ》尼《に》」が「平群《へぐり》の山寺」で修行して霊力を発揮したとある。

大和葛城山で活躍した役 行 者《えんのぎょうじゃ》は山岳行者で、事績は『続日本紀』文武天皇三（六九九）年五月二十四日条に、役君小角《えのきみおづぬ》は葛木山に住み、呪法で世に知られ、鬼神を使役したが、韓国 連 廣足《からくにのむらじひろたり》の讒言《ざんげん》で伊豆に配流されたとある。奈良時代には役小角伝承は当時の山林修行者の沙弥や優婆塞には広く知られていたとみられる（写真2–2）。『続日本紀』の伝説では、地主神や律令国家の統制との葛藤が認められるが、『日本霊異記』上巻第二十八話では「役 優婆塞《えんのうばそく》」、三宝を学ぶと記され、仏教と融和した在家の山岳行者の姿を伝える。[29] 役行者は鎌倉時代中期以降に修験道の開祖に祀り上げられた。

開山者が活躍したとされる時代は、八世紀前半に始まった「神仏習合」の時期とも重なり、[30] 山岳信仰と仏教が融合し、山が仏菩薩の世界に変貌していった時代背景を伝える。仏教の影響で、山上と山下、山頂と山麓の「境界」が、儀礼用語の「結界」に変化し、「山の境界」は「山の結界」となる。文献に現れるのは九世紀以降である。[31]「堂舎の結界」は寺社の「内と外」の境界、「山の結界」は野外の「上と下」の境界、前者は修行者の視点、後者は神霊の視点に基づく設定とも言える。[32]

平安時代に入ると、最澄が比叡山、空海が高野山を拠点として、天台宗と真言宗の寺院を開創（開基）して、山岳仏教が本格的に展開し、「山岳寺院」が形成された。空海は弘仁七（八一六）年に、嵯峨天皇の勅許で高野山を修禅の道場として下賜された。『金剛峯寺建立修行縁起』（康保五〈九六八〉年）が伝える開山伝承では、「南山犬飼《なんざんいぬかい》」と称する猟師と出会い、犬にも導かれて高野山に至り、途中の天野で丹生津比売命《にうつひめのみこと》と会い、託宣で高野山の土地を譲られて伽藍建立の許諾を得たと伝える。現在は、丹生明神《にうみょうじん》（丹生津比売命）と高野明神（狩人の神格化。狩場《かりば》明神）を高野山の鎮守神として山上の「御社《おんやしろ》」に祀り、山王院を拝殿とする。[33]「開山伝承」は文字化され、「開創縁起」や「寺社縁起」として歴史化された。縁起によれば、高野山の結界は空海が開創時に設定し、[34]『二十五箇条御遺告《ごゆいごう》』（奥書は承和二〈八三六〉年）で僧房への女人の立ち入りを禁じたという。[35]比叡山も最澄が女人の登攀を禁じたとされ、[36]開創以来の禁制として維持されてきた。禁制は山の開創に根差すという意識が定着して、聖地や霊山の霊験・滅罪・成仏を支える言説となった。各地に成立した「山岳寺院」のうち、比叡山延暦寺と高野山金剛峯寺が女人禁制を守る代表的寺院とされて近代まで続いた。

5　「山の境界」をめぐる女性の伝承

平安時代中期には、山を舞台とする女性の伝承が語られるようになった。仏教の末法思想と浄土思想が、死者の魂が死後に山に登るという山中他界観と結び付き、地獄や極楽が山中にあり、女性は山中の地獄に堕ちるという語りが現れた。「女人は地獄の使なり能く仏の種子を断ず。外面は菩薩に似て内心は夜叉の如し」と説く教説の影響が強い。[37]『大涅槃経』も女性の業障や信仰のなさを説き、罪深さから往生できないと説く。[38]立山では山中地獄の女性の話が多く伝わり、『大日本国法華経験記』（天永・保安年間〈長久元〈一〇四〇〉年）巻下第百二十四話「越中　国立山之《えつちゅうのくにたてやまの》女人《にょにん》」や、『今昔物語集』（天永・保安年間〈一一一〇～一一二四〉）の巻十四第七話「修行僧至㆓越中立山㆒会㆓小女㆒語《しゅぎょうのそうえっちゅうのたてやまにいたりてわかきおんなにあふこと》」、巻十四第八話「越中国書生妻死堕㆓立山地獄㆒《えつちゅうのくにのしょせいつまししてたてやまじごくにおつること》」、巻十七第二十七話「堕㆓越中立山地獄㆒女蒙㆓地蔵助㆒語《えつちゅうのたてやまのじごくにおつるおんなじぞうのたすけをこうむること》」に描かれている。女性を成仏しえぬもの、地獄に堕つべきもの、罪深きものとする否定的な言辞は、物語に警句として挿入された。『今昔物語集』巻十四第三話「紀伊国道成寺僧写㆓法花㆒救㆑蛇語《きいのくにどうじょうじのそうほつけをうつしてへびをすくふこと》」では、[39]「女人の悪心《あくしん》の猛《たけ》きこと既にかくの如し」「女の賢きは悪しきことなりけり」「女の心はおそろしきものなり」とし、末尾に「女ニ近付ク事ヲ仏強《シタタカ》ニ誡《イマシ》メ給フ」と付記し、女性蔑視観が現れている。

「山の境界」に関わる女性の伝承としては、女性が境界を越えて侵犯すると天変地異を引き起こすという話が、平安時代後期から鎌倉時代初期にかけて知識人や貴族層の間に広まった［平　一九九二：四一一～四二六］。史料の初見は、大江匡房《おおえのまさふさ》編『本朝神仙伝』第九（十二世紀前半）で、吉野の金峯山は金剛蔵王が守る処で「戒《いましめ》の地として、女人を通はしめざる」とされ、登拝した都藍尼《とらんに》が雷電に打たれ阻止された。[40]境界侵犯の咎めの伝承は、浄域（浄刹）、「清浄地」からの女性の排除、女人不浄観の定着を示す。山は「戒」の地とされ、戒律と禁忌を遵守する聖地である。現在も各地の山の中腹や山腹には、比丘尼石《びくにいし》・巫女石《みこいし》・姥石《うばいし》・イタコ石など、禁忌を侵犯して女人結界を越えた女人が石になったという伝承が残る。伝承は二類型で、高野山・大峯山・比叡山は「開創者とその母」の類型で母と子の出会いと葛藤を説き、立山・白山・吉野山は「姥や尼」の伝承の類型である。[41]

高野山の場合は、寛治二（一〇八八）年の白河上皇の登拝では、山中で大声を出すと「忽然と雷電風雨」が巻き起こり、「御山」の懲らしめだという禁忌の伝承を伝えるが、[42]女性は登場せず、山そのものが畏怖の対象であった。高野山の歌舞音曲の禁止は後世も維持された。[43]女性に関する記事は、正和二（一三一三）年に登拝した後宇多上皇の記録である『後宇多院御幸記』に、昔の事として、花坂から登拝を試みた都藍尼が「五障之拙姿」を恥じて、鳴川を越えて登ることができずに引き返したと記し、女人結界の所在を伝える。[44]近世に下るが、『弘法大師開山縁起』（正徳五〈一七一五〉年）は血穢を強調する。「大師母堂は八十三歳の時、大師に会いたいと矢立坂まで来る。ところが俄かに雷が鳴り、地震が起こり、火の雨が降ってくる。山上の大師が驚いて行くと、八十余の尼公が来ている。大師は、この山は女人や重罪の者は参れぬ霊地だと説く。特に女人を禁じるのは「月水を此峯にて見せまじき方便なり」と説く。これに対して尼公は、「自らは、八十三に及びぬ。然るに四十さひ（歳）より此のかた、血水見侍らず。全く貴僧の如く也。お山をふ（踏）まん事くるしかるまじ」と主張する。そこで大師は九条の袈裟を岩にかけ、この上を通れという。老女が越そうとすると、「年久しくなかりける月水、奄然《えんぜん》袈裟の上にこぼれけれバ、けさは火焔となって燃あがり、岩ハくだけて十万に飛散す。尼公ハ則、八ひろ（尋）ばかりの血の池に沈ミ給ふ」。そこで登山をあきらめる」［日野西

写真2−3　立山の姥石。天明3（1783）年銘の地蔵菩薩像が立つ。

一九八九：二七九〜二八〇」[45]とある。大師は慈尊院に母公を住まわせ、死後は全身を舎利として石室に納めて弥勒として祀り、弥勒下生を約束したという。現在も花坂には空海が落石を止めて手跡を残した所を押上石《おしあげいし》、母の月水が落ちた袈裟を置いた石を袈裟掛石《けさがけいし》、母が口惜しがって捻ったという捻石《ねじいし》が町石道《ちょういしみち》の途上に遺跡として残る。高野山の女人結界は、仏教の論理ではなく、女性の月水の穢れが理由で生活世界の禁忌との連続性に基づいていたことがわかる。

立山の場合は、寺島良安編『和漢三才図会』〈正徳二〈一七一二〉年〉巻六十八によれば[46]、若狭老尼の止宇呂《とうろ》が童女と壮女を連れて女人結界を越えて立山に登ると、途中で二人は美女杉と禿《かむろ》杉に化し、止宇呂の尼は額から角が生えて石になってしまった。現在の姥石がそれだという（写真2−3）[47]。白山では、『白山遊覧図記』〈天明五〈一七八五〉年〉によれば[48]、融《とおる》の婆《うば》が加賀側から美女を連れて登ると、「神山を女身でけがすな」と声が聞こえ、道が崩れて谷になった。さらに登ると同伴の美女は石になり、後に美女石と呼ばれた。融の婆も石と化し婆石となったと伝わる。美濃の石徹白《いとしろ》の場合は少し異なり、開山の泰澄の母の伊野《いの》が登ると、母御石《ははごいし》となったという［広瀬　一九七一：一二八］[49]。

山と里は異なる世界であり、相互は境界で区別される。「山の境界」が仏教化された「女人結界」では、越境侵犯をすると異常気象が起こり、懲罰が課される。自然そのものや神仏による懲罰や祟りが発生する。この伝承は近世まで、一部の地域では近代まで語られた。境界に関しては女性の両義性が顕在化し、山では生殖や出産が強調され、里では穢れや劣位が強調される。女性の出産は日常生活では産穢であるが、豊穣多産は子孫繁栄であり、母性を体現する山の神には安産・子授けが祈念された。マイナスがプラスに転じるのである。他方、月経の血穢は負の様相をまとい続け、女性の排除を固定化する作用をもたらす。

6　境界をめぐる女性性

女性が登拝の禁忌を侵して山に登って石や木に変えられたという伝承や、女性が山に登ると山の女神は醜いので嫉妬して異変を起こすという伝承は各地に残る。山と里の境界の場には、磐座《いわくら》や樹木の信仰が残り、仏教以前の山の神の祭場の様相が濃厚である。山は荒ぶる霊や女神（姥神《うばがみ》）の居地とされ、作物に豊穣をもたらす水源地にあり、女性的なるものが根源に想定されている。[50]山と里とは異なる世界で、聖域と俗域に対応し、女性性の価値付けが逆転し、山では女性の生殖に関わる豊饒性、里では女性の月水の穢れが強調される。境界には禁忌が発生し、男性中心の権力作用が強く働き、男性は精進潔斎や前行など特定の条件を満たせば登拝できるが、女性の登拝は禁じるという不均等性が生成された。[51]そして、境界で祀られる姥神は、三途の川の畔にいて亡者の衣装を剝ぎ取る奪衣婆《だつえば》に変貌する。

柳田國男は、女性が石と化した伝説を「老女化石譚」として論じ［柳田　一九九八（一九四〇）：

三六六～三七九〕[52]、トラ、トウロ、トラニ、トルなどは巫女の総称で[53]、女性の行者や巫者が境界の石や樹木を祀って、山の神に供物を捧げて祀った場所と考えた。境界を越えると山の神の怒りで雷・暴風・山崩れなど天変地異が起きるという禁忌の侵犯に関わる伝承は、近世でも根強く伝えられていた。ただし、富士山では荒天の伝承は様々で、女性への対応も登拝口や村落、講中で異なる〔宮崎　二〇一五〕。巫女の関与については推測にとどまるが、『梁塵秘抄』は、吉野山に鼓打つ巫女がいたと伝える。おそらく巫女の越境性が境界の越境の禁忌を語るのに適合的であったのであろう。

女性の禁忌侵犯の伝承は、近現代でも語られている。大正八（一九一九）年に富山女子師範学校の二十一名の立山登山で、一の越で大落雷に遭遇し学生二名が気絶した。『富山新報』七月二十八日付では「山神の怒りに触れた女学生の登山隊」と報道し、禁制を破ったためだという話が広まった〔高木　二〇〇六：七〇〕。禁忌に関わる伝承の根強さがわかる。平成二十六（二〇一四）年九月二十七日に木曽御嶽山が噴火し、死亡者五十八名、行方不明者五名という戦後最大の火山噴火による大惨事になった。この時の噴火のニュースに対して、あるネットユーザーから「だから女は山に入っちゃいけないんだよ」というコメントが投稿され、多くの人が「いいね」をクリックしていたという〔小林　二〇一八：二〇二〕。伝承は間歇的に蘇ることがある。

「山の境界」は、山中の女神を祀る祭場で、場所の聖性が重要であったが、次第に祭祀施設の社や祠や祭壇などが建てられた。社としては山宮に対する里宮、あるいは上宮・中宮・下宮、山上の奥宮と山麓の口宮《くちのみや》、水分神社に対する山口神社なども作られた。仏教との融合により境界は「山の結界」、さらには「女人結界」となり、女人結界碑が建てられ[54]、女性の参籠や遥拝のために女人堂が境界に造られた。比叡山では花摘堂《はなつみどう》と呼ばれて最澄の母を祀り[55]、洞川《どろがわ》では母公堂《ははこどう》と呼ばれて役行者の母（白専女《しらとうめ》）を祀り、高野山麓の慈尊院は空海の母を祀り廟所ともされる[56]。立山は芦峅寺《あしくらじ》の布橋対岸の媼堂《うばどう》が女性の参籠所でオンバサマ、媼尊を祀るが、一説では開山の佐伯有頼《さいきありより》の母ともいう。開山者や高僧の母が境界まで登って来たが、山麓に留まって参籠したという伝承が多く、「開創者とその母」の類型である。境界地点には、山の女神である姥神が祀られ、豊饒性にあやかり安産祈願や子授けが願われるとともに、山中他界の地獄・極楽への入口とされ、三途の川の畔の奪衣婆とも見なされた[57]。禁忌をめぐって生じた「あいだ」の場所に、女性を焦点化した新たな聖性が付与されたのである。異界としての山はものを生み出す「生」の山であるとともに、死者の魂が赴く「死」の山という信仰がある。仏教化されても、お盆には先祖の魂を山々から家に招き、子孫と交流するミタママツリは継続した。先祖の魂は、仏教の教義が説く遠い浄土にいるのではなく、山から子孫を見守り続ける。

「女人結界」の成立を推定すると以下のようになろう。仏教寺院に関わる「堂舎の結界」と、仏教以前の山岳信仰や世界観に由来する「山の結界」とは、展開のあり方が異なる。「山の結界」を越えて登拝する男性は霊力を獲得し、女性が登拝すれば天変地異が起こるという伝承が生まれる。男性と女性の間に分割線が引かれ、禁忌を強調する「女人結界」が生成される。「女人結界」には仏教以前と仏教以後の女性観が混在する。山では女性の豊穣性が強調され、里では穢れが強調される。根源にあるのは女性の両義性であり、穢れの認識に関わる。以下では穢れの時代変化を概観する。

7　女性の穢れの時代的変化①――山岳登拝の規制

山岳信仰の禁制や境界の生成と展開に関して、穢れを焦点に時代的変化を検討する。穢れ観の変化を大きく三段階に分けて考えてみた。第一段階は九世紀後半以降で、従来の禁忌が法制化され、仏教の影響で女性の山岳登拝の規制が確立した時代、第二段階は室町時代後期以降で、『血盆経《けつぼんぎょう》』が女性の生理的出血を罪業と結びつけ、女性のみが堕ちる血の池地獄を説いて血穢を強調して女性の負性が強まった時代、第三段階は江戸時代中期以降で、講の発達で民衆の山岳登拝や女性参詣者が盛んになり、禁忌が意識化され民衆化した時代である。大きな流れで言えば、平安時代に穢れの「規則」が整備され、仏教による「教義」の影響が加わり、近世には民衆化が進み、講や社寺の「組織」の整備が進んで穢れが固定化したと言える。以下、学説を整理して各段階を検討する。

第一段階は九世紀後半以降で、王朝貴族の社会で穢れが伝染するという触穢思想が広がり、規定が徐々に精緻化されていった。平雅行は、女人の山岳登拝を禁じた記事の初見は『菅家文章《かんけぶんそう》』巻十二所収の仁和二（八八六）年十一月二十七日「為二清和女御源氏一修二功徳一《せいわのにょうごげんじのためにくどくをしゅする》願文」の「台嶽《だいごく》は婦人の攀《のぼ》るべき所にあらず、仁祠《じんし》豈塵累《あにじんるい》の触《ふ》るる所《ところ》ならんや」で、女性を塵と見なして比叡山に参詣する資格はないとする記事だとする［平　一九九二：四一二］。『耀天記《ようてんき》』（鎌倉時代中期）には、比叡山で延長四（九二六）年五月十六日条に尊意が天台座主になった時に山僧の夢に貴女が現れたので「此の山、昔より女人を許さず」と咎めたという。[58] 比叡山では『本朝世紀』久安六（一一五〇）年九月二十四日条に、尼が登ってきて無動寺に住したので追い出したと記す。源経頼『左経記《さけいき》』寛仁四（一〇二一）年九月九日条には、比叡山に女人が登り廊下を歩いていたので僧は狂女として追い出したとある。[59] 他方、吉野の金峯山は『善隣國寶記《ぜんりんこくほうき》』天徳二（九五八）年条引用の『義楚六帖』（九五四年）[60]には、金峯を「女人の上がり得たる曾《かつ》てあらず、男子上らんと欲すれば、肉食色欲を断ち、求むる所を遂ぐ」と記され、中国でも金峯山の禁忌は知られていた。他方、西口順子は、実態としての女人結界は、神祇思想の浄穢観が仏法に取り込まれ、寺院で増幅して「聖域」の見方が強まり、十一世紀後半頃に定まったと考えた［西口　一九八七：一二四］。

女人結界は、高野山の空海、比叡山の最澄が、「山岳寺院」の開創に際して設定したという伝承が残り、明治時代の初めまで信じられてきた。空海は高野山開創に当たり境内全体と伽藍建立の二度の結界を弘仁八（八一七）年に行ったという。[61] 寺院が成立すると領有権の寺域を定める政治的な動きも加わった。[62]『二十五箇條御遺告』の「不レ可レ入二東寺僧房女人一縁起《とうじのそうぼうににょにんをいるべからずのえんぎ》第十八」には、東寺僧房や院内への女性の立ち入りを禁じ、女性は子孫繁栄に不可欠だが、仏弟子には諸悪の根源だとして、清浄の場への立入を不可とする。[63]「山は清浄地」という考え方が基本にある。

『今昔物語集』（一一二〇〜一一二四年頃）巻十一第二十五話「弘法大師始建二高野山一話《こうぼうだいしはじめてこうやのやまをたつること》」に「女永ク登ラズ」とあり、『沙石集』（一二八三年）巻十第八話は「女人ナレバ惣門ノ中ヘハ入リ給ハジ」と記す［日野西　二〇一六：一二五］。法然の『無量寿経釈』（一一九〇年）は女人往生を説くが、[64] 高野山をはじめ、比叡山、東大寺、崇福寺《そうふくじ》、金峯山、醍醐寺など霊地や霊験所への女性の立ち入りは許されないと述べる［西口　一九八七：一二〇〜一二二］。道元『正法眼蔵《しょうぼうげんぞう》』第二十八「礼拝得髄《らいはいとくずい》」で

「日本国に一つの笑い事あり。いはゆる或いは結界《けちかい》の地と称し、或いは大乗の道場と称して、比丘尼・女人等を来入せしめず。邪風久しく伝はれて、人は来まうることなし」「男女を論ずることなかれ、これ仏道極妙の法則なり」（『日本思想大系　十二　道元（上）』岩波書店、一九七〇年、三二三、三二七頁）と得道における男女平等を説く。ただし、永平寺入寺以降は女人成仏を否定したという［石川　一九九〇］。

女性が霊山に登らない慣行は、九世紀後半以降に山岳仏教の聖地の比叡山や金峯山（吉野山）、十二世紀以降には高野山で確認される。牛山佳幸は、登拝拒否の理由は戒律によるとして、『門葉記』所引の建久五（一一九四）年八月十六日「無動寺大乗院供養願文」の「抑當山者《そもそもとうざんは》、為㆓大師之誓願㆒《だいしのせいがんのため》嫌㆓女人之攀躋㆒《にょにんのとうはんをきらふ》」にみられる最澄の「大師之誓願」は、八条式の戒律を指し、「不邪淫戒」の遵守、山内での僧の女犯を未然に防ぐためだという［牛山　一九九六：一二］。弘仁十三（八二二）年の最澄の「遺言」は[65]、女性が寺側や院内に近づけないのは清浄地である所以と説く。女性の入山規制には、男性修行者の戒律遵守の浄行の維持とともに、清浄地の山岳への女性の接近を忌避する意識があった。

8　女性の穢れの時代的変化②——規定の精緻化

最初に、文献に現れる穢れの変遷を検討する。宮中では『大宝令』（大宝元〈七〇一〉年）作成に当たり、唐の「祠令《しれい》」に基づき「神祇令《じんぎりょう》」を作成して十三種の国家祭祀を規定した。これには儒教祭祀の影響が色濃いが、その中に唐の令にはない「大祓《おおはらえ》」の規定が組み込まれ、国家祭祀での「穢れ」の排除が重視された［吉田　二〇二〇：六四］[66]。三橋正は「神祇令の「斎」の条文内の「穢悪事」が「穢」規定へ展開した」［三橋正　一九八九：四六～四七］としてその後の変遷を検討した[67]。平安時代には、律令の補助法令（臨時法令）として弘仁、貞観、延喜の三つの格式が編纂され規定が精緻化していく[68]。『弘仁式』（弘仁十一〈八二〇〉年）は「不《ふ》預《よ》穢《え》悪《お》之事」として忌の日数を定める[69]。弘仁から貞観の間には、穢れ意識が増大し、「穢悪」に様々の解釈が加わり、『貞観式』（貞観十三〈八七一〉年）で日本独自の穢れの規定が固まった。『貞観式』に補正を加えて成立した『延喜式』（延長五〈九二七〉年）は、判断の根拠として大きな影響力を後世に及ぼした。三橋正によれば、六国史の中で「穢」が独立した概念として現れるのは、『続日本後記』承和三（八三六）年九月十一日条の例幣中止の記事だという［三橋　一九八九：四七～四八］。神は清浄を尊び、穢れを近づけると祟りをなすという神観念が定着し、穢れの規定が整えられて精緻化されたのである。

穢れの規定は、『弘仁式』には死穢三十日と産穢七日日の忌として、産穢が初めて規定された。月経（血穢）の明文化の初見は『貞観式』からで、『延喜式』も同様である[70]。ただし、産穢と血穢は、死穢とは同列ではない［成清　二〇〇三：七〇］。『延喜式』巻三の穢れの規定は摂関期の基準となり、罪穢れを祓う祝詞は「大祓詞《おおはらえのことば》」として祭式に定着していった[71]。月経の忌は『延喜式』「臨時祭」懐妊月事条では日数も明記されず、産穢に比べ曖昧であった。西山良平は、血穢は九世紀中頃に神事への禁忌として認識され、十世紀初頭に仏事への穢れに適用され、十世紀中頃から徐々に月事が忌避されていったとする［西山　一九九〇：一八七、二〇〇四～二〇〇六］。産穢は法制上は一連の穢れの規定に取り込まれたが、血穢には曖昧さが残り、日常生活での女性の穢れの規程は流動性を残していた。女性が「一時的穢れ」から「恒常的穢れ」とされるのは室町時代以降である。

他方、貴族や上皇の男性の山岳登拝は隆盛に向かい、浄域への登拝に先立って前行の「御嶽精進《みたけそうじ》」は五十日から百日で写経を行い、厳格な精進潔斎の後に金峯山に登った。真言宗の聖宝を庇護した宇多法皇は、昌泰元（八九八）年に金峯山（山上ケ岳）に登拝し、[72] 藤原道長は寛弘四（一〇〇七）年に登拝して経筒を埋納した。[73] 寛治四（一〇九〇）年に園城寺の増誉が白河上皇の熊野御幸の先達を務め、初代の熊野三山検校に任じられて以降、熊野詣は隆盛に向かった。院政時代は「蟻の熊野詣」と言われ、宮中の女性も多数参詣した。王都とその周辺では女性の参詣を可とする寺院、不可とする寺院があり、一律に禁忌が適用されたのではなかった。一方、『梁塵秘抄』巻二（治承三〈一一七九〉年頃）の四句神歌《しくのかみうた》には、「金《かね》の御嶽《みたけ》にある巫女の、打つ鼓、打上げ打下し面白や、我等も参らばや、ていとんとうとも響き鳴れ鳴れ、打つ鼓、いかに打てばか此の音の絶えせざるらむ」とあり、吉野山の巫女の活動を伝える。巫女は「山の境界」を越えて修行していた可能性もある。

9　女性の穢れの時代的変化③——仏教の影響

女性の穢れの顕在化には、仏教の影響が大きい。規定による精緻化を「規則」に関わるものとすれば、仏教は「教義」に関わるものである。第一として仏教には女性の穢れや男女の不平等を説く教説があり、その影響が及んだ。初期仏教は、生まれ、階層、男女、貴賤の平等・無差別を説き、男女の平等観があったとされてきた。しかし、教説は首尾一貫しておらず、[74]女性の蔑視や忌避、不浄への言及も散見する［本庄　一九九一：七八〜八四］。大乗仏典になると、女性に対する差別や忌避の言説が強化され、穢れ観も広く見られる。日本で広く影響を持った『法華経』は、提婆達多品《だいばだったほん》第十二で「女身垢穢非是法器《にょしんくえひぜほうき》」（女身は垢穢にして、これ仏法の器に非ず）と説く。いわゆる「女身垢穢」で、女性の穢れ観の定着に大きな影響を及ぼした。最澄の「根本大師臨終遺言」の「女人の輩、寺側に近づくを得ざれ、何《あ》に況《いわ》んや院内清浄の地をや」[75]の文言も穢れた女性を排除する言説と解されるようになる。女性の穢れ観は、八世紀末から九世紀の都市の宮中で広まった触穢思想、特に血穢の強調が、[76]仏教の女性劣機観と結合して広く定着した。大乗仏典の根底には、女性差別・女性蔑視の思想があり、それを踏まえて女人救済・女人滅罪が説かれたという側面もある。

第二は「女人五障」説である。起源は初期仏教の『中部経典』に遡るという。[77]他方、大乗仏典は、[78]「五障」とは、女性は罪業のゆえに死後に、梵天王《ぼんてんおう》、帝釈天《たいしゃくてん》、魔王、転輪聖王《てんりんじょうおう》、仏になれないと説いた。日本での文献上での初見は元慶七（八八三）年である［平　一九九二：四〇九］。女性は信仰心がなく成仏できないとして「資格」が問われた。女人救済に関しては『法華経』提婆達多品が説く七歳の龍女が、釈迦より授記を受けて未来の成仏が約束されたという「龍女成仏《りゅうにょじょうぶつ》」[79]の願いに救済が託された。この思想は『梁塵秘抄』法文歌《ほうもんか》（提婆本《だいばほん》）には「女人に五つの障《さは》りあり、無垢の浄土は疎《うと》けれど、蓮花し濁りに開《ひら》くれば、龍女も仏に成りにけり」とあり、民衆にも広がっていたことがわかる。また、女性は男性に転生しないと成仏できないという「変成男子《へんじょうなんし》」の説も説かれた。[80]「五障三《ごしょうさん》従《しょう》」と四字成句になった「三従」とは、女性は幼時には父母に、結婚しては夫に、老年には子に従うことである。初見は神亀四（七二八）年、次いで貞観元（八五九）年で、『源氏物語』にも現れる。「三従」は経典以外にも見え、儒教思想に源流が求められ（『儀礼』喪服編）、「五障三従」と二重の意味で女性の従属性が説かれた。「五障」の「障」は、「さわり」と訓じられ、経典の意味から転じて、女性特有の「月の障り」、月水の穢れとして受容されていった[81]。

第三は「女人誘惑」説である。女人禁制・女人結界の発生に関しては、牛山佳幸による八世紀以来の戒律の「不邪淫戒」に根拠を求める説［牛山　一九九六］が有力であるが、この考え方の根底には、女性が男性の修行を性的誘惑で妨げるので排除するという思想がある。初期仏教でも女性や愛欲を強く否定しており[82]、出家者の戒律のうちでも「不邪淫戒」が最も重視されてきた。修行はブラフマ・チャリヤ（独身禁欲）でなければならず、男性は性衝動の欲望を抑えて清浄な修行をすることが求められた。女性は男性に欲望を起こさせるとして修行から遠ざけることが望ましく、修行を達成して悟りを開くには、男性僧侶の修行場から女性を排除する。性的禁欲は絶対条件であり女性は忌避された。明らかに、男性中心主義で、男性側から一方的に女性側に押し付ける主張に他ならない。

現在の大峯山の女人禁制について、禁制維持の理由として、修験三本山（聖護院・醍醐寺・金剛峯寺）が主張するのは、修行では女性を遠ざけて妄念を断ち切ることが必要だという論理である。つまり第三の説に依拠している。女人禁制の起源に関しては、「不邪淫戒」の戒律に由来するという牛山説を採る［役行者千三百年御遠忌記録編集委員会編　二〇〇三：一〇九～一一一］。女人禁制の源流を仏教の修行と教説の戒律を根拠にして説明し、第一の「穢れ」説、第二の「女人五障」に言及することはない。現代では、人権擁護の観点から「女人結界は女性差別、女性蔑視ではない」という立場は厳守する。しかし、修験は妻帯している在家仏教徒であり、優婆塞・優婆夷と考える以上［同：一一八］、男女平等が本来で、同じ戒律を守るべきだが、このことは言及されていない。[83]

10　女性の穢れの時代的変化④——疫病と王権

平雅行は、女性の排除や女性に対する結界などの登拝規制が史料に現れるのは九世紀後半で、十一世紀半ばにかけて定着したという［平　一九九二：四〇九〜四一二］。この頃は尼寺が次第に退転していった時期でもあった。女性排除の理由は、平によれば触穢思想と仏典の女性罪業観が融合し、家父長制原理の浸透で王朝貴族女性の劣位性が顕在化したことであり、併せて都市での穢れ観の肥大化が起こったという。穢れの意識は、人口が集住する都市で疫病が蔓延し、穢れと結び付けられて拡大した。宮中では密教による調伏や祈禱が盛んに行われ、都市の疫病退散の祇園会の前身に当たる御《ご》霊会《りょうえ》も始まった。御霊会の史料上の初見は貞観五（八六三）年で（『三代実録』）、石清水八幡の放生会《ほうじょうえ》の開始も同年とされ（『石清水遷座略縁起』）、方違えの初見は貞観七（八六五）年であり、禁忌の増殖が見られる。陰陽師は四角四堺祭や七瀬の祓いなどで、疫神や穢れをもたらす鬼を都市の周縁に追い祓い、寺院では修正会・修二会の結願に鬼を駆逐する「儺《な》」の儀礼が行われた。

時代背景としては浄土思想の広がりがある。永承七（一〇五二）年を末法の始まりとする説が流布して人々の不安感が高まったこと、貴族の間に欣求《ごんぐ》浄土《じょうど》・厭離《おんり》穢土《えど》の志向が広まったこと、源信が『往生要集』（寛和元〈九八五〉年）で八大地獄を詳細に描写し、他界の具体相が定着したこと、六道絵や地獄極楽図[84]が描かれ、女性の堕地獄と結びつけられて、女性への蔑視が教説と図像で補強されたことなどがある。穢れは実体と観念の間を揺れ動き、禁忌や儀礼や図像を通じて操作されるようになったのである。

　穢れの変化や肥大化に関しては多くの説が唱えられた。神祇を重視する高取正男は、奈良時代末以降、死穢に対して皇族や貴族に過敏ともいえる忌避感情が発生し[85]、神祇信仰が「神道」として自覚化され、仏教に対抗し神仏隔離などで浄穢観を再構築したと考えた［高取　一九七九：一九八～二一三］。三橋正は「神道の自覚化」を、神道が「死を排除した宗教」として顕在化していく過程と捉え、来世観や因果論を説く仏教との差異化や相互の棲み分けを説いた［三橋正　二〇一三：二一九～六二］。三橋正の「神道」の用法には問題があるが、神祇信仰の体系化が穢れ意識を明確化したと主張する。変動の担い手は都市の王権と貴族であった。都市や王権を重視する大山喬平は、王朝貴族の穢れの観念は、「九世紀に淵源し、十世紀に入って延喜年間を一つの画期として肥大化して、ますます錯雑した」［大山　一九七八：四〇二］と述べ、穢れや差別は都市から始まり、ケガレ・キヨメは中世の身分制の核心的原理になったと指摘した[86]。王権の清浄性を維持するために、女性の穢れを周縁化して排除しようとしたとする。伊藤喜良は、都市の秩序の確立に焦点を当て、権威の源泉たる天皇や王都の清浄性維持のために吉凶や方位を重視する陰陽道が重視され、境界や結界での禁忌が増幅して穢れ観の肥大化をもたらしたとした［伊藤　一九九三：一七〜六八］。西山良平は、女性の差別は家父長制の影響だけでなく、王権・都市・王都が生み出した文化イデオロギーとしての穢れが女性と結び付き［西山　一九九〇：二一三］、天皇の清浄性を脅かす死穢を都の周縁に遠ざけ、女性の周縁性を意識化して儀礼の禁忌を強化して秩序を維持したと論じた。諸大寺や山の女人禁制は、都市での穢れの肥大化と意識化に連動して徐々に強化され、王権再編と宮廷祭祀の整備に伴う都市での触穢の法制化が、穢れの肥大化と明文化をもたらしたのである。

脇田晴子は、疫病と外来の触穢思想との結び付きを重視して、生老病死の現象を穢れとした上で、死体や血液が疫病を媒介することを重視し、出産や月経に関わる女性の血穢、死体の処理を行う被差別民の死穢が強調されたと考えた［脇田　二〇〇五：一〜一四］。生理や出産の機能を肉体的に持つ女性と、社会的に担わされた被差別民という二方向から差別が生じたという主張である。穢れ観の変動は社会集団の分類体系の再構築をもたらした。ただし、女性の不浄観や罪の観念が庶民に広がって民間に定着するのは近世中期以降で、京都の祇園祭の山鉾巡行や酒の麴作りからの女性の排除は[87]、近世史料に初出するという。

女性の穢れの顕在化には様々の要因があり、仏教寺院での男女の戒律の弛緩、仏教思想での女性蔑視や差別言説の影響、仏教の浄穢観、神祇思想の清浄観、疫病と穢れ観の結合、吉凶・浄穢の概念操作、禁忌重視の陰陽道の展開などが絡まり合っている。中国からもたらされた密教経典、本草書、道家思想、儒教倫理などの影響もある［勝浦　二〇〇六、二〇〇七、二〇〇九］。総じて、穢れ、禁制、結界などによる女性への規制は、九世紀後半から十一世紀前半にかけて徐々に強まり、忌避の言説が展開していった。[88]

鎌倉時代以降の霊地に関わる穢れの忌避の実態は、本地垂迹を中軸に成立した天台の唱導集、安居《あぐ》院《い》の『神道集』（十四世紀末）に詳しい。「神道由来之事」（一巻一）では、霊地への参詣に際しては「親類縁者ノ死気産等《シキサントウ》ノ汚《ヲ》ニ依テ、途中ノ難ハ有《アル》ナリ」として、死穢や産穢は避ける。禁忌を守らないと不信とされて功徳は得られない。参詣の功徳は大きいが、不信とされる「汚穢不浄」の禁忌に抵触する行いは避けられた。「女人月水神忌給事」（五巻二九）では、寺社参詣では「汚穢不浄ハ多《オオシ》ト云ヘ共、今殊《トク》ニ女人ノ月水ノ重キ汚ヲ誡《イマシメ》タリ」として、月経時の女性を重く見ている。穢れに関しては、蒜（大蒜《にんにく》）や肉食も併せて挙げられ、女性の穢れは様々な穢れの一つに過ぎず、月水の穢れは七日間を限るとあり「一時的穢れ」であった。[89] 女性の穢れ観が強まるのは室町時代以降である。

11　女性の穢れの時代的変化⑤——室町時代以降

穢れに関する変化の第二段階は、中国から請来された『血盆経』が女性の血穢を強調して以降である［高達　一九九二、一九九三、一九九七］。『血盆経』は中国で十世紀頃に作られた偽経で［スワミエ　一九六五：一三三］、日本へは室町時代の十五世紀頃にもたらされて広く普及した。[90]『血盆経』は、女性は出産や月経の血で地神や水神を穢し、その罪業で死後に血の池地獄に堕ちると説き、女性劣機観を女性罪業観に展開した［川内　二〇一六：三〇］。女性のみが堕ちる血の池地獄の思想が浸透す

写真2-4　血の池地獄『立山曼荼羅』〈吉祥寺本〉（部分）。

る一方で、女人救済の願いも高まっていった。『血盆経』は朗誦《ろうしょう》すれば功徳で救済されると説かれ、血の池地獄に堕とされて苦しむ母親を僧侶への布施の功徳で救い出す目連救母《もくれんきゅうぼ》伝説も一般に普及する。熊野比丘尼や立山の衆徒は各地をめぐって唱導を行い、血の池地獄からの目連救母を描いた「熊野観心十界曼荼羅」や「立山曼荼羅」（写真2―4）などで絵解きして女人救済を説いた。立山では江戸時代中期以降は、布橋《ぬのばし》大灌頂が秋彼岸中日に行われ、女性は、目かくしして布橋を渡って姥堂《うばどう》に至り、姥尊《うばそん》（オンバサマ）に極楽往生を祈願し、立山の夕暮れの浄土を伏し拝んだ。受戒して血脈を授かり『血盆経』や変女転男の御札、姥尊の護符が配られた［福江　二〇〇六］。曹洞宗の寺院でも『血盆経』の木版刷りを配布し、不浄除けや女人救済・往生祈願の護符として出した[91]。『血盆経』は短い経典で日常生活と関わりの深い事柄からの救済を説き、女性罪業観や不浄観を浸透させ、穢れと女性との観念連合を強化した［牧野・高達　一九九六］。『血盆経』は月水の穢れが神々の怒りを引き起こすという民衆が納得しやすい思考で、女性の穢れを「一時的」ではなく「恒常的」なものに変貌させた。女性を焦点とするジェンダー化が強化されたのである。

『血盆経』普及以前以後の中世における「実態としての女人禁制」に関しては、牛山佳幸による鎌倉時代以降の文献の詳細な検討がある。牛山は、「特定の寺院（僧寺）における住侶《じゅうりょ》らの日常の生活規範などを定めた法制関係文書のうちで、出家・在俗を問わず、女性の居住や入寺に対してなんらかの制約を含んだ文書群」を「女人禁制」文書と名付けた上で、用例や変遷を提示した［牛山 二〇〇五］[92]。該当する中世史料は以下の通りである。[93]

○正平十（一三五五）年三月「鰐淵寺《がくえんじ》大衆条々連署起《き》請文《しょうもん》」（出雲鰐淵寺）全四十九ケ条第四十六条

「寺内尼女禁制」

○謡曲『柏崎』（檜並左衛門原作、世阿弥〈一三六三～一四四三〉改作）

シテ「女人の参るまじきとの御制戒とはそもされば、如来の仰せありけるか…」（善光寺内陣）

○永享十一（一四三九）年三月十日「比丘鎮増申状」（姫路市昌楽寺所蔵『鎮増私聞書』所引）

「女人登山禁制」「女人登山停止」（書写山）

○謡曲『竹生島』（金春禅竹〈一四〇五～一四七〇？〉作か）

ワキ「女人禁制」（竹生島内）

○文明七（一四七五）年十一月十三日大内政広十二ケ条「氷上山興隆寺法度条々」『大内氏《おおうちし》壁書《かべがき》』七条

「於法界之内、女人禁制事」（二月会、千部経会、同大法会の時は除く）

○謡曲『道成寺』（喜多流。原型の『鐘巻』は観世信光〈一四三五〜一五一六〉作か）
　ワキ、アイ「女人禁制」（道成寺境内）
○永正十三（一五一六）年四月「東大寺大勧進聖申状」『京都御所東山御文庫記録』甲百七
「女人禁制之霊場」（東大寺大仏殿）
○元亀二（一五七一）年以降。「政元生害事」『足利季世記』巻二
「京管領細川右京大夫政元ハ四十ノ比マテ女人禁制ニテ魔法飯縄《イイヅナ》ノ法アタコノ法ヲ行ヒサナカラ出家ノ如ク山伏ノ如シ」
○仮名草子『恨《うらみの》之介《すけ》』（慶長十九〈一六一四〉年以降、元和三〈一六一七〉まで）
「弘法大師の昔より、にょ人けっかいの山なれば」（高野山）
○仮名草子（咄本《はなしぼん》）『醒酔笑』（安楽庵策伝著、元和九〈一六二三〉年）巻七
「位高き上臈の、高野山は女人結界と聞くなれば」

以上の史料から以下の初見を指摘できよう。
①「尼女禁制」は正平十（一三五五）年である。
②「女人登山禁制」は永享十一（一四三九）年の書写山である。
③「女人禁制」の初見は文明七（一四七五）年の『大内氏壁書』である。
④「女人禁制」を不邪淫戒の意味で使用する事例は元亀二（一五七一）年である。
⑤女性に対する禁忌の表現は、謡曲での用例が目立つ。

⑥「女人結界」の用例は「女人禁制」より遅れ、江戸時代初期の仮名草子から始まった。
⑦史料から見る限り、女人禁制・女人結界の理由についての言及は明確ではない。

以上の史料からは女人禁制・女人結界の実態は見えてこない。女人禁制とされる場所は多様で女性を忌避・排除する理由は明確ではなく、時代的変化や地域的差異も大きかった。「女人登山禁止」の初見は永享十一（一四三九）年、「女人禁制」の初見は文明七（一四七五）年、「女人結界」の初見は近世初頭の仮名草子の『恨之介』、咄本（噺本）『醒酔笑』が早い時期の用例である。「女人禁制」の用例は、室町時代の謡曲に散見して、阿弥陀如来の霊場の善光寺内陣を舞台とする『柏崎』、観音霊場の竹生島が舞台の『竹生島』、安珍と清姫で名高い道成寺が舞台の『道成寺』に登場し、いずれも禁制を破ることを主題とする。

　謡曲での女人禁制の用法の多出は、禁忌をあえて侵す緊張感を描き出し、観客の感情を高揚させる演出ではなかったか。『柏崎』では、越後柏崎殿の妻は夫の死と息子の遁世《とんぜ》を告げられて、女物狂《おんなものぐるい》となって善光寺の本堂に現れ、内陣に入り込んで本尊に向かって祈る。これを見咎めた寺僧は「女人の身といひ、狂気といひ、御堂の内陣には叶《かな》ふまじきぞ、急いで出で候へ」と追い払おうとする。狂女は「極重悪人《ごくじゅうあくにん》、無他方便《むたほうべん》、唯称弥陀《ゆいしょみだ》、得生極楽《とくしょうごくらく》」の文句を唱え、寺僧が誰が教えたのかと問えば、狂女は「内陣こそは極楽の九品上生《くほんじょうしょう》の台《うてな》なるに、女人の参るまじきとの御制戒とは、そもされば如来の仰せられけるか」と答え、寺僧の反駁を待たず、念仏を唱えて拍子を踏み、「これぞ西方極楽の、上品《じょうぼん》上生の内陣にいざ参らん」と音頭をとって内陣に練り込む形で、舞台正面に出て、夫の形見の烏帽子《えぼし》と直垂《ひたたれ》を弥陀に捧げ、昔の姿を想い起こして曲舞《くせまい》で舞う。阿部泰郎は「霊地の女人禁制の結界を女人が越えるということを一曲の成り立つべき重要な契機とする能である」［阿部泰　一九八九：一九六］と指摘したが、まさにその通りであろう。結界破りの趣向は信光作『鐘巻』、現行曲『道成寺』の白拍子（水干に立烏帽子、鞘巻〈腰刀〉を身にまとう異性装）へと展開する。結界の侵犯が能の重要な主題で、最後は反転して霊地・霊場・本尊の賛嘆になる。禁制の結界を侵す女人という主題は、能や曲舞を経て、幸若舞に組み込まれ、語り物の古浄瑠璃の『常盤御前』でも語られている。[94]

他方、「女人結界」の初見は江戸時代初期の仮名草子の『恨之介』と『醒酔笑』で、いずれも高野山の「女人結界」を題材とする。仮名草子は室町時代の御伽草子の展開で成立した江戸初期の平易な仮名文学で、大衆向けの啓蒙娯楽を主とし、知識人から一般までの幅広い読者層を得た。能では高野の女物狂が登場する世阿弥作の能『多度津左衛門』が女人結界の不動坂を描く。高野山の女人結界は室町時代後期の説経『かるかや』で広く知られるようになった。[95] 高野山で出家した苅萱道心《かるかやどうしん》との対面を果たすために、妻の千里御前《ちさとごぜん》と子供の石童丸《いしどうまる》が尋ねてきたが、女人禁制のために母は山に登れず、石童丸が山に登り道心と出会う。しかし、父は親子の名乗りをしない。母は山麓で亡くなり、石童丸は道心の弟子になって出家し修行する。最後は善光寺で亡くなった。苅萱道心と石童丸を祀る苅萱堂は、高野山上の往生院谷と高野山麓の学文路《かむろ》の二ケ所にある。往生院谷は萱堂聖《かやどうひじり》の拠点で『苅萱』は高野聖の唱導で広まったと見られる［五来　一九七五：二二八〜二四一］［日野西　一九八九：二四二］。江戸時代には、苅萱が版本として複製で流通し、女人禁制の物語は広く喧伝された。

女人禁制や女人結界の観念は、謡曲・説経・仮名草子の版本、そして道成寺のような絵解きなどによって大衆化し、女性の穢れ観の強化とともに一般に広まったのである。

12 女性の穢れの時代的変化⑥——江戸時代以降

女性の穢れに関する変化の第三段階は江戸時代である。女性の穢れ・不浄、女性の罪障・罪業が社会通念になり、女人禁制や女人結界は定着した。女性の穢れ観の本格的な普及は近世であった。民衆への穢れ観の定着は、幕藩体制下において五代将軍徳川綱吉が、貞享元（一六八四）年に出した服忌《ぶっき》令《りょう》で死穢や血穢を法的に確定させたことの影響が大きかった[96]。幕府は穢れを公の概念として再定義し、明文化した結果、民衆の間に広く浸透していった。宮崎ふみ子は、富士山の事例に基づき「女人禁制の存在が女性の不浄や罪障を人々に印象づけ、男尊女卑を補強する役割を果たすようになった」「近世中後期こそ女人禁制の完成期だった」［宮崎　二〇一五：六〇］と指摘する。

江戸時代中期以降は都市の民衆の経済的上昇によって、霊山に登る登拝講が成立し、「組織」の大衆化が進んだ。登拝講は男性が中心で、講元が指導者、先達が山案内人、世話人が組織の中核となり、「代参講」と呼ばれ、掛金をして、クジで選ばれた代表者が参詣や登拝をする。地域社会の内部で展開する「村講」とは異なる。講は当初は女性を排除したが、次第に参加が認められていくようになる。山岳霊場の登拝講は、山上講（行者講）、富士講、大山講、武州御嶽講、榛名講、三峯講、木曽御嶽講、秋葉講、三山講（出羽三山）、湯殿講、石鎚講、彦山講（権現講）など、寺社参詣では伊勢講、出雲講、成田講、古峯講、金毘羅講、愛宕講など、併せて西国巡礼、四国遍路なども盛んになった。[97]講の増加に対応して、霊山の山麓には講を受け入れる宿坊が整備され、祈禱・配札・宿泊を営む御師《おし》が活動した。女性の参詣も近世後期には増加し、女人結界まで登って女人堂や姥堂に参籠する習俗が盛んになった。女人禁制が顕在化したのは、近世の民衆の山岳登拝や参籠が組織化され一般化して以降である。

　女人禁制を巡る動きも各地で多様であった。富士山の場合、食行身禄《じきぎょうみろく》（一六七一～一七三三）が、女性の「五障三従」は方便であり、男女とも同じ人間だと男女平等を説き、月経や出産を穢れや不浄とすることを批判した［宮崎　二〇一五：六五～六七］。身禄以後、広く民衆に登拝講が組織され富士講として江戸中に発展し八百八講と呼ばれた。小谷三志《こたにさんし》（一七六六～一八四一）が提唱した「不二《ふじ》道《どう》」[98]も、積極的に女性の立場に理解を示し、女性の生理は清浄であり罪深いわけではないとして、天保三（一八三二）年九月には、女性信徒の高山たつ（一八一三～一八七六）を男装させて同行し山頂登拝を成功させている［竹谷　二〇一一：八三～九三］［宮崎　二〇一五：六九～七一］。不二道は男女の役割分担の変革を「みろくの世」実現の条件とし、食行百回忌に当たる天保三年に女性の登頂を達成したのである。富士山の六十年ごとにめぐってくる庚申の御縁年には、女人禁制を緩和する動きがあった。ただし、御縁年の寛政十二（一八〇〇）年に、吉田口の御師は二合目の御室《おむろ》浅間神社の結界を越えて四合五勺の御座石まで女性の入山を認めようとしたが、[99]山麓住民は女性の登拝は悪天候をもたらすとして連合して反対運動を繰り広げて実現しなかった［宮崎　二〇一五：七三～七五］。禁忌の侵犯は神仏の怒りを引き起こすという考え方は根強かった。ただし、万延元(一八六〇)年の庚申の御縁年は規制も緩み何人かは登拝した[竹谷 二〇一一:一二四〜一四〇]。地元の御師は登拝者を増やすと経済的に潤うので緩和を画策したのである。富士山の女人禁制への対応は登拝口ごとに異なり、講中、御師、先達、山麓住民など、立場や利害によりその意味付けは多様である[宮崎 二〇一四、二〇二〇]。

高野山では、七つの登拝口[100]の各々が山上に設けた女人結界に、参籠所である女人堂を作り、女性は女人堂の相互を結ぶ女人道(結界道)を辿って御廟や壇上伽藍を遥拝した。[101]『紀伊国名所図会』(天保十〈一八三九〉年)の挿絵には轆轤《ろくろ》峠から壇上伽藍を遠望する女性の姿が描かれ、女性のお化けの「ろくろ首」のように首を長くして見ることが地名の由来だという。ただし、女人堂が文献上で正式に確認できるのは近世以降である[牛山 二〇一六][102]。

高野山の女人禁制に関しては『弘法大師開山縁起』(正徳五〈一七一五〉年)が「開創者とその母」の物語を説き、血穢を強調している[日野西 一九八九:二七九〜二八〇][103]。本縁起によると、弘法大師空海の母の尼公は八十三歳の時に大師に会いたいと矢立坂まで来た。ところが雷が鳴り、地震が起こり、火の雨が降ってくる。山上から大師が降りていき「この山は女人や重罪の者は参れぬ霊地」で、特に女人を禁じるのは月水を忌むからだと説く。尼公は、四十歳以降は月水は止まったという。空海は九条の袈裟を岩に掛けて上を通れと言い、老女が越そうとすると月水が袈裟の上にこぼれ袈裟は火焔となって燃え上がり、岩は砕けて飛散した。尼は血の池に沈み登山を諦めたと伝える。大師は慈尊院に母公を住まわせ、死後は全身を舎利として石室に納めて弥勒として祀り、弥勒下生を約束したという。山中には、山上から落下してきた大石を空海が押し留めた両手跡が残る「押上石」、老母が流した悔し涙でできた「涙川」、老母が悔しさのあまり捻った「捻石」、袈裟を掛けた「袈裟掛石」が遺跡として残る。伝承に基づく限りでは、高野山の女人結界は、女性の月水の穢れに関する禁忌が基本で、その侵犯が地主神の怒りを引き起こすという考え方である。仏教の教義や僧侶の修行は言及されない。

　高野山麓の九度山の慈尊院は弥勒を祀るとともに大師の母を祀る廟所とされ、子育て安産の祈願所となり、女性もこの地で功徳を積めば往生を遂げると説かれた[104]。女人結界の周縁や境界に形成された里坊は、穢れを浄性や聖性に転換する場となった[105]。結界地点は、禁忌のゆえに「女人高野《にょにんこうや》」として女人の「結縁の場」となった。慈尊院には「政所」と呼ばれる実務機関が置かれ、僧侶の母や姉妹などが居住し、僧侶の衣の縫衣・染色・洗濯、食料調達などで日常生活を支え［西口　一九八七：一四六］、多数の女性信者が訪れる聖地として経済的にも繁栄した。山上と山下は女人結界を介して「相補的一体性」を形成した。女人結界を主題とする説経節の『苅萱』は唱導活動に使われ、時衆や半僧半俗の聖などの働きが大きいと推定される。高野山麓では、九度山の慈尊院、学文路《かむろ》の苅萱堂[106]、丹生《にう》都比売《つひめ》神社が鎮座する天野、不動坂口女人堂（高野町）[107]が「女人高野」とされ、天野山金剛寺（大阪府河内長野市）も同様であった。山麓の境界地点は、山上と山下、聖域と俗域の「はざまの場所」として、女性の救済に特化した新たな聖性を獲得したのである。

熊野比丘尼の本縁を説く『比丘尼縁起』（近世中期成立）[108]は『弘法大師開山縁起』と類似した内容である［萩原　一九八三：九～一二］。それによると、高野山の大師を老母が訪ねて山に登ろうとした。大師は「悪業の女人」は禁制だと制止したが、振り切って登ろうとした。袈裟を大地に敷いて、その上を老母が越えようとした時、袈裟が燃え上がり、火の雨となって降り下った。老母は里に戻って尼となり、死後に那智の妙法山の寺で供養された。妙法山には弥勒が祀られ、大師の母の聖地として、女性の信仰を集め、ここも「女人高野」の霊地になった。

『比丘尼縁起』は熊野比丘尼が勧進のために製作したと推定される。熊野比丘尼は、熊野の新宮の妙心寺や那智の実報院などを拠点として、十六世紀以降は御師や山伏と組んで各地を遊行して霊験を説き、「熊野観心十界曼荼羅」や「那智参詣曼荼羅」を絵解きし、熊野の参詣や勧進の功徳を説いた。熊野比丘尼は、血の穢れを厭わず、男女・貴賤・身分を問わずに参詣を許した熊野を舞台に、勧進活動を積極的に展開した［豊島　二〇〇〇］。

近世の女人禁制の禁忌の伝承は、各地の山々の縁起や霊験記に記されている。後山《うしろやま》（岡山県美作市）は、「元山上」と称され、大峯より古いという由緒を誇る霊場で、[109]『後山霊験記』（嘉永七〈一八五四〉年）には出産・死産、月水を入山禁止の理由として挙げている。「三國共に佛の霊地、皆女人を禁ず。女人の身をいとわしめんが為なり。經に女人の十悪をとく」「たつべきもの一には肉食、二にハ五辛、三にハ飲酒、四にハ淫欲、五にハ不浄の家にたべものセずと。不浄は新産、新死、月水の女の煮るもの、魚屋、棺屋、獵師、經像を賣家、色里、女人の家等なり。準胝《じゅんてい》獨部の法のミ、酒肉五辛をたたずとも、妻子を持《もつ》とも、能勤《よく》むれば信心成就すといへども此山に登る人は精進して參るべし」［五来編　一九八四：三七二］とあり、多くの禁忌の中に含めている。男性は、精進潔斎をして、前後二週間は肉を断ち、女人を近づけることを禁じた上で、登拝を行った。「信心」の成就には精進が基本だった。女性は母護堂《ははごどう》までは登拝が許され役行者の母が祀られている。

奥三河の盆行事の大念仏では、産死の女性は『血の池和讃』で供養され、『血盆経』の影響が色濃い。静岡県水窪《みさくぼ》町西浦《にしうれ》の大念仏の『血の池和讃』には「そもそも女人のつみふか志／七日七夜の月の水／さらにこぼさつとこもなし／じにとこぼせば光神が…」［坂本　二〇一九：五七四］とある。出産で死亡した女性や妊娠中に死んだ女性は、「流れ灌頂」で供養する慣行が定着し、愛知県北設楽郡には「産で死んだら血の池地獄、あげておくれよ水施餓鬼、産で死にゃまた身が血の池に、洗いざらしを百二十日」［井之口　一九六五：一六六］という唄も伝わる。産死者は地獄に堕ちて成仏できないとされ、橋や川辺で経文を布に書いて棒や竹に結んで、多くの人に柄杓の水をかけて文字が薄くなるようにして穢れを清めて、成仏を願った。産穢は血穢の中でも強く忌避され、死穢より重いとする地域もあった［宮田　一九七九：一八一〜一八二[110]］。近世では女性の血穢の認識は民間で広範囲に展開し、「恒常的穢れ」として定着した。女性は月経時は「月経小屋」へ、出産前後には「産小屋」（産《うぶ》屋《や》）に移される慣行は地域差があり、起源も不明だが、近世以来の記録が残る。山岳・聖域・聖地・寺社の結界の禁忌は、近世に強化された。

女人禁制に関する議論を牛山佳幸は四点に整理して述べたことがある［牛山　一九九六］。それによると、①血の穢れに対する不浄観、②仏教の戒律（不邪淫戒）の適用、③仏典に見える女性蔑視思想、④日本民俗の本質に根差すとされているもの、である。文献に依る限りは牛山が説くように②が有力であるが、仏教以前の禁忌として④に当たるものも捨てがたい。しかし、推定にとどまり文献による実証は難しい。歴史を通観して基本にあるのは①である。ただし、近年の歴史学での女性と仏教に関する研究では血穢の重視は中世後期に浮上してきたという説が有力である。女性の出産や月経の血の穢れによる不浄観は、歴史的変遷を経て徐々に強化されてきた。女人禁制の理由としては、穢れ観、特に血の穢れが基本にあった。ただし、穢れの内容は複雑で、階層や地域で異なり、単純化は難しく、歴史的変遷を経て多義的な意味が重なり合っている。

13　修験道と女人禁制・女人結界

日本の山岳信仰の特徴は、山での修行を体系化した修験道の展開である。修験道は山を男性中心の修行場とし、女人禁制・女人結界を維持してきた。現在も女人禁制を問題視する場合、修験道が大きく取り上げられることが多い。この点を検討しておきたい。修験道の長期にわたる展開と民衆化が女人禁制の維持に果たした役割は大きい[111]。修験道は「清浄地」の山を女人禁制の場とし修行場として「験力」「霊力」を身に付け、加持祈禱を行い、民衆の様々な願い事に対応してきた。修験道以前の「山林修行」では、滅罪経典とされた『法華経』の書写を行い、苦行・滅罪の実践として山岳の抖擻を行った。修験道の成立と展開は鎌倉時代中期以降で、密教の影響を受け、山を曼荼羅と見なし、仏菩薩と神霊の世界の山中に集団で分け入って峰々を踏破し、「即身成仏」を目指した。山岳修行は「禅定」や「浄行」とも呼ばれた。修験道の発祥の地は、金《かね》の御嶽《みたけ》と呼ばれた吉野山や吉野の奥に広がる大峯山で、熊野と吉野を結ぶ峯入りが修行道となり、現在も奥駈として修行が継続し、山上ケ岳から弥山《みせん》を越え、釈迦ケ岳から深仙《じんぜん》へ（写真2–5）、大日岳の行場での修行後に（写真2–6）、前鬼《ぜんき》に至って裏行場の三重《みつがさね》の瀧で修行する（写真2–7）。日本各地に吉野の金峯山や大峯山の信仰が広がり、国ごとに中心となる「国御嶽《くにみたけ》」が設定され、大峯写しの修行場が確立し、役行者が感得した蔵王《ざおう》権現《ごんげん》が勧請されて、不動明王が大日如来の教令輪身《きょうりょうりんじん》として修行者の守護尊格となった。鎌倉時代中期には、役行者が修験道の開祖とされて信仰が広がり、各地の山で修行し開山者となったという伝承が定着した[112]。山の女人禁制は役行者の創始とされた。

写真2–5　深仙での柴燈護摩

写真2–6　大日岳での岩場登拝

　修験道は山岳修行を発展させ、室町時代後期には、峯入りは十界《じっかい》修行

写真2−7　裏行場の三重の瀧での修行

写真2−8　羽黒修験道。秋の峯の十界修行

として、地獄・餓鬼・畜生・修羅・人間・天の六道と、声《しょう》聞《もん》・縁覚《えんがく》・菩薩・仏の四聖の段階の修行を行い、最終的には灌頂によって仏と一体化して「即身成仏」を遂げて仏として再生する（写真2−8）。修行者は、擬似的に死者となって山中に入り、新たに生命を宿した胎児にもなり、最後に生まれ変わる「擬死再生」の修行を行った。死者の霊は山に赴くとする山中他界観と、山を「いのちの源泉」の地で母胎とみる世界観が、生と死が交錯する儀礼を生み出した。現在も山全体は「十合」に分けられ、途中に女人結界が設定されている。[113]

平安時代中期以降の本地《ほんぢ》垂迹《すいじゃく》説の展開で、山の神は権現とされて垂迹神として祀られ、本地は仏菩薩とする「神仏習合」が展開し、修験は権現の社に奉仕する社僧や別当となった。[114]村落に定着した「里修験」は巫女を妻として、修行の場を山と里に棲み分けて共同して行動することも多かった「宮

本　一九八四］。江戸時代の修験は在家で妻帯し、山岳修行で得たとされる霊力に基づいて、民衆に身近な神仏混淆《こんこう》の祈禱を行い、薬草の処方に優れた野のカウンセラーとして活動した。里での活動では、一律に女性を穢れとして排除したのではなく、相互補完で活動することも多かった。修験は明治以後も「法印」として姿を変え、神職や僧侶、民間祈禱師になって存続した［関口　二〇一七］。

修験道の成立は、従来は平安時代後期とされてきたが［宮家　二〇〇一：三二］、近年は鎌倉時代中期以降の成立で、十三世紀末期に天台宗寺門派の園城寺が顕教・密教・修験の三者兼修を説いて顕密仏教の中に修験を取り込み、十四世紀に至ると山岳の抖擻が験力や法力を獲得する修行として確立し、修験は宗派を超えて一定の範囲で容認された。教団化は室町時代の十五世紀頃と考えられている［長谷川　一九九一、二〇一六］［徳永　二〇〇一、二〇〇三］［時枝・長谷川・林編　二〇一五］。十六世紀には教義書が体系化され、[115] 彦山で修行した阿《あ》吸《きゅう》房即傳《ぼうそくでん》が切紙《きりかみ》や印信《いんしん》をもとに作成した『修験修要秘決集』『三峯《さんぶ》相応法則密記《そうおうほうそくみつき》』（いずれも十六世紀初期）などが後世に大きな影響を及ぼした。山岳修行を主体とする修験道には女性の排除や普遍的劣位性が組み込まれて、教理と実践が整えられた。室町時代後期は、女性が堕ちる血の池地獄を説いた『血盆経』が広まって、女性の血穢が強調され、女性罪業観が強化された時代であった。「女人禁制」「女人結界」の四字熟語の登場や、修験道の教団形成は、穢れ観の強化という時代背景のもとに展開したのである。山岳修行では浄穢観念が強化され、男性優位の観念が確立し、女人禁制の強化に結び付いた。

江戸時代には慶長十八（一六一三）年の修験道法度により、大峯山を根本道場とする修験は、天台系で聖護院中心の本山派修験、真言系で醍醐寺三宝院中心の当山派修験の二大組織に再編成された。修験は全国にわたって霞場や旦那場など領域ごとに支配を行い、儀礼や思想を整えた。羽黒修験や彦山修験は、東叡山寛永寺や日光山輪王寺の統制下に置かれ、各勢力圏で独自に展開した。名高い山岳霊場だけでなく各地の霊山に女人結界が設定され、比丘尼石・巫女石・姥石、女人堂や母公堂・母護堂などの可視化された女人結界の表象が出現して境界の意味が強まった。江戸時代中期以後が大半とはいえ、各地に残る女人結界碑がこの慣行の根強さと広がりを示している。修験道は、仏教寺院が寺檀制度によって葬式や年忌供養など「死者」のための仏教に特化したのに対し、民衆の日々の日常生活に指針を与える「生者」のための神仏混淆の実践として、身近で必要な存在であった。明治以降の修験道の廃絶は、従来の長期にわたる民衆の生活慣行を完全に覆して、全く新しい事態をもたらした。過去の修験道の歴史は忘却され、女人禁制・女人結界の記憶だけは、表象として残り続けた。近現代の女人禁制は、激動の歴史の変遷を経て生成・維持・展開してきたのである。

14　近代の諸問題

「女人結界」は明治五（一八七二）年三月二十七日に、明治新政府が太政官布告第九八号で「神社仏閣ノ地ニテ、女人結界ノ場所有レ之候処《これありそうろうのところ》、自今被二廃止一《じこんはいしされ》候條《そうろうじょう》、登山参詣等可レ為二勝手一《かってたるべき》事」と命じたことで解禁された（写真2-9）。女人禁制ではなく「女人結界の解禁」である。この施策は慶應四年（明治元［一八六八］年）[116]に出された「神仏判然令《はんぜんれい》」以後の一連の施策の最終段階であった。

慶應四年三月十七日に出された神祇《じんぎ》事務局布達一六五号で神社の社僧や神仏混淆の修験に対して復飾（還俗《げんぞく》）を迫った。同年三月二十八日の太政官布告一九六号では権現や牛頭天王《ごずてんのう》などの神仏混淆の神名をやめ、神社が御神体として祀っていた仏像の撤去、鰐口《わにぐち》や梵鐘等の仏具の撤去が命じられた。これを一般では「神仏判然令」という。[117] これ以後、怒濤の如く廃仏毀釈《はいぶつきしゃく》へと突き進んでいった。

明治新政府は近代化促進に当たり、旧来の多くの慣習を、封建的で遅れた慣行で文明開化に反すると判断して、その後も民間習俗の廃止を進め、明治五年前後に集中的に布告を出した。[118] 女人結界の解禁もその中の一つであったが、女人結界を守り抜いて山岳を修行地としてきた修験道も壊滅に追い込むことになった。元々、神仏混淆の修験は、慶應四年の神仏判然令で急速に解体へと向かっていたが［鈴木正 二〇一八b］、明治五年九月十五日付の太政官布告第二七三号の「修験宗廃止令」（写真2-10）によって廃絶した。修験が復飾せずに僧侶として残る場合は、天台宗・真言宗の各

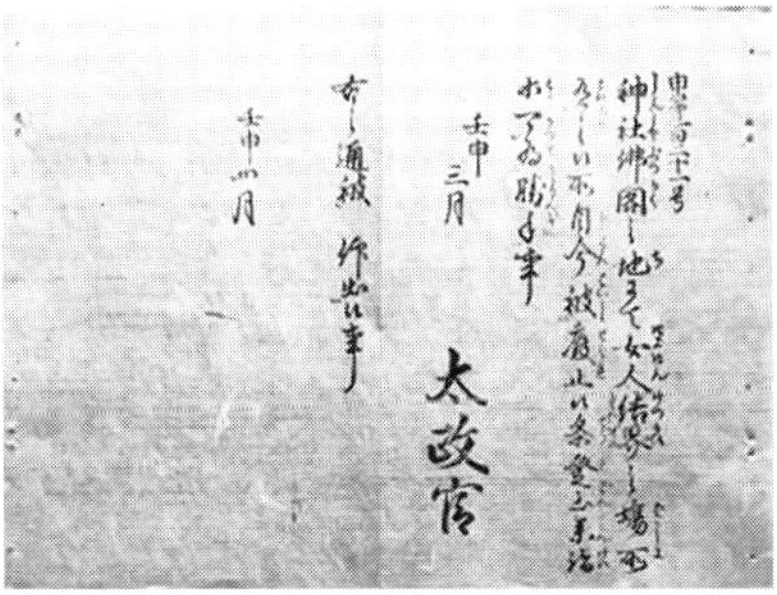
第九十八号
神社佛閣ノ地ニテ女人結界ノ場所有之候処自今被廃止候条登山参詣等可為勝手事
壬申三月　太政官
右之通被仰出候事
壬申四月

写真2-9　太政官布告98号　女人結界の解禁（明治5〈1872〉年）

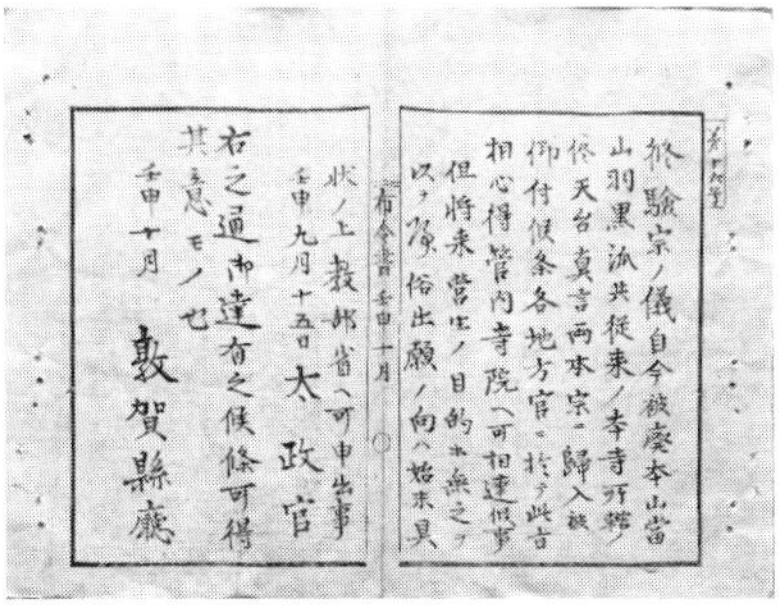
修験宗ノ儀自今被廃止本山当山羽黒派共従来ノ本寺所轄ノ儘天台真言両本宗ヘ帰入被仰付候条各地方官ニ於テ此旨相心得管内寺院ヘ可相達候事
但将来営生ノ目的無之ヲ以テ復俗出願ノ向ハ始末具状ノ上教部省ヘ可申出事
壬申九月十五日　太政官
布令書　壬申十月
右之通御達有之候條可得其意モノ也
壬申十月　敦賀縣廳

写真2-10　太政官布告273号　修験宗廃止令（明治5年）

宗派の管轄下への移行を命じられた。十七万人いたとされる[119]修験は消滅したのである。明治新政府による身分制度や既得権益の打破、反仏教の一連の施策は民衆の生活を一変させた。

女人結界の解禁の布告は寺社の歴史的経緯や霊山の状況を慎重に検討して出された施策ではなかった［鷲尾・神龜　一九三三：二三〇～二三一］。解禁の布告は、明治五年に開催の第一回京都博覧会[120]を訪れる外国観光客を滋賀県に誘致するために、滋賀県令が比叡山の女人禁制の解禁を求めて大蔵省の同意を得て出された。外国人の男性が夫人同伴で来て比叡山に登って夫人の登拝が拒否されれば[121]、女人禁制は「固陋《ころう》の弊習」として非難されかねず、文明開化を急ぐ近代日本には好ましくないと考えたからである。解禁の指令に対して、比叡山側は猛反対し、女人結界は古くは桓武天皇の勅願、近くは後陽成天皇の勅願で定めたと、天皇の「勅願」を持ち出して反論した［鷲尾・神龜　一九三三：二三一～二三三］。しかし、最終的には太政官布告の「文明の上より論じ候へば」を理由に解禁が命じられ[122]、明治五年四月八日が解禁日となった。これ以後、女人結界の解禁は全国各地の山に広まった。

女人結界の解禁は日本の長い山岳信仰の歴史や民間信仰に関する真摯な議論を踏まえたものではなく、女性の意見や立場は考慮に入れず、穢れの検討もなかった。女人結界の解禁は多くの混乱を各地にもたらした。内務省は明治十一（一八七八）年二月二日に、明治五年に出した僧侶の肉食・妻帯・蓄髪・法用外の俗服着用の許可は国家の命令であって、各宗派の規則の宗規とは関係ないと布達し、最終の判断は各宗派に委ねた。この通達は女人禁制・女人結界にも拡大適用され、条件付きで解禁、禁制の維持など様々の動きが生じたが、女人結界は徐々に解禁されていった。男性主体の修験者・僧侶・登拝講は、精進潔斎し禁忌を遵守して特定の時期に限定して登拝する慣行を維持したが、学校登山が始まって男女ともに年間いつでも山に登れる「山の大衆化」へと暫時移行し、西欧からもたらされた近代登山の浸透によって、結界や禁制の意味は喪失した。白装束の行衣《ぎょうえ》や修験の衣体を纏《まと》って法螺貝を吹き、「六根清浄《ろっこんしょうじょう》」の掛け声で、拝所で祈禱や勤行をしつつ登る信仰登山は、昭和三十年代の高度経済成長期以後、急速に衰えた。登山ブームが訪れて、山岳登拝はスポーツ登山にとって代わられた。信仰登拝を支えてきた講集社の高齢化が進んでいる現在、女人禁制・女人結界を維持する意味は薄れつつある。大峯山は、役小角《えんのおづぬ》（役行者）を開祖とする修験道の根本道場として、千三百年来の伝統を守って山上ケ岳の女人禁制を維持していると主張しているが、講社だけでなく修験教団でも解禁か維持か検討が続いており、将来を見据えた新たな方策の構築が望まれている。

　女人禁制に関して伝統の改変を行ったのは、大峯山・英彦山と並ぶ修験道の三大山岳霊場として知られる東北の出羽三山である[123]。山を管轄する出羽三山神社は、平成五（一九九三）年、開山千四百年を期に、山伏の専門家養成の修行で女人禁制であった「秋の峯」を女性にも開放した。「女山伏」の用語は使わずに「神子《みこ》修行」として、同年六月二十一日から五日間の日程で百二十名が参加した。ただし、男性の修行は八月二十六日から七日間と別日程で日程も長いことと比較すれば、完全な解禁とは言えない。女性に開放した「神子修行」は全く新しい修行形態を創造したのである[124]。宮野直生宮司（当時六十七歳）は、平成二十六（二〇一四）年の時点で「内外から大反対が起きました。しかし、行を通し修得したいという思いに性別は関係ありません。女性開放は時代の要請であり、当然のこと

写真2-11　羽黒修験道。秋の峯の一行と女人結界碑

だった」[125]と振り返る。現在も修行は続くが、参加者は六十から七十名程度で曲がり角に来ているという。

江戸時代の「秋の峯」は、修験の男性のみが行う神仏混淆の秘儀で仏教色が強かった。明治維新の神仏分離で、「秋の峯」は、神道系の修行（現・出羽三山神社）と仏教系の修行（現・正善院）に分裂してしまった。修験道は解体され、新たに神社に組み替えられた。仏教寺院はわずかしか残らず、そのうちの一寺であった正善院（現・羽黒山修験本宗）が「秋の峯」を再興して現在に至る。仏教系の「秋の峯」は昭和二十五（一九五〇）年以降は女人禁制を解き、男女合同で修行を行っている（写真2－11）。

出羽三山では伝統を徐々に作り変えつつ維持してきた。ただし、神仏分離の影響が強く残り、神社は過去との連続性を改変して新たな儀礼を創出する一方、寺院は儀礼を維持しているが少数勢力である。出羽三山では、神社は姿を変えて女人禁制を維持したが過去との連続性を改変し、寺院は女人禁制を解禁したが過去との連続性を維持してきた。女人禁制をめぐる捻れ現象が、出羽三山では顕著である。伝統の維持と改変は簡単ではない。

15　結界と禁制、忌避と排除

女人禁制の考察に当たっては「結界」と「禁制」の用語の性格の違いや意味の変化に留意すべきであろう。現代でも双方の用語が使われるが、牛山佳幸によれば、「結界」は経典用語、「禁制」は法制用語であるという［牛山　二〇〇八：五五八］。ただし、「女人禁制」という四字熟語の出現は室町時代後期、「女人結界」は江戸時代初期で、古代文献には「女人禁制」「女人結界」の用例はない。「禁制」や「結界」の慣行自体は古代に遡り、起源に関しては牛山は「不邪淫戒」による禁制に基づく「戒律起源論」を主張し、建築空間の「堂舎の結界」と表裏一体である。これに対して、筆者は里と山を区分する「山の境界」を重視する「境界起源論」で「山の結界」を唱えてきた。文献よりは伝承や考古資料に依拠する点においては説得性に欠けるが、堂舎以前、仏教以前、戒律以前の「山の境界」が仏教受容の広まりによって「山の結界」に読み替えられたと考えた。

仏教は当初は鎮護国家を目的として受容されたが、次第に雨乞いや病気直しなどの現世利益、噴火や地震、飢餓や旱魃からの救済の願いが託されるようになった。仏教の教義や戒律よりも山での修行で得た呪的効果に期待したのである。山での修行が男性主体に展開すると、「不入の地」「禁足地」として男女双方に課していた入山規制に関して、男女の分割線を引き直して女人の「忌避」（avoidance）から「排除」（exclusion）へと転換し、境界領域に設定された禁忌の一つが女人禁制として突出していったのではないか。山を巨大な堂舎や修行場に喩える。その時に「山の境界」は「山の結界」に読み替えられた。

戒律は奈良時代に鑑真が『四分律』に基づく具足戒（小乗戒）をもたらしたが、在家と出家を区別して出家者のみに適用された。最澄が導入した大乗戒は菩薩戒とも言い[126]、自己の仏性を自覚する出家と在家の双方に適用可能な戒律で、日本の状況に適合し、後に生み出された天台本覚論の「草木国土《そうもくこくど》悉皆成仏《しっかいじょうぶつ》」[127]の思想と接合した。日本の山の女人結界は、仏教の聖域観と民俗の他界観が重ね合わさって独自の展開をした。戒律遵守とは別の道筋があったのではないか。仏教の「山林修行」と山岳信仰が融合し、修行の場を自然、特に山に求めて新たな修行体系を生み出したのが修験道であった。室町時代に中国から伝来した『血盆経』の影響が強まり[128]、女性の血穢による罪業が強調され、女性の普遍的劣位性が定着し、「禁忌」（taboo）から「禁制」（prohibition）に概念枠組みが変わった。差別意識も強化されて穢れが強調され、法制用語の「禁制」は、強い表現の「女人禁制」となった。

現在でも女人禁制を維持する大峯山は、修験道の根本道場という誇りがあり、地元の人の間では、女性の聖域内への立ち入りは依然として生理的レベルの不快感として残り続けている。穢れの表現は使わずに、修験道の祖師・役行者以来の「伝統」と主張する。しかし、山上ケ岳の洞川《どろがわ》側の現在の女人結界門の手前にかかる橋に、「清浄大橋」の名が付与されているように、浄穢観の意識は残っている。旧女人結界で役行者の母を祀る母公堂《ははこどう》には現在も「従是《これより》女人結界」の碑文が残る（写真3－10）。一方、修験三本山（金峯山寺・聖護院・醍醐寺）は禁制の解禁を検討してきた[129]。ただし、「女人結界問題」と称して、「女人禁制」とは表記しない。「禁制」という強い表現を避けることは戦略的であり、教団側の認識と立場の表明と言える。従来はあまり気づかれていなかった「結界」と「禁制」の差異と、使われる文脈や時代に応じて穢れの意味内容が変化することへの注目が必要である。ただし、日本の全ての山に女人結界があり、女人禁制が課せられていたのではない。女人禁制や女人結界が不明確な霊山の事例を二つ紹介して検討したい。

16　彦山の中世

女性と山岳信仰について記す中世文書が残る二つの霊山の事例を検討する。最初は、西日本の彦山（英彦山）[130]（写真2−12）で、開山伝承を記す『彦山流記』（建保元〈一二一四〉年奥書）は、女性に関して以下のように記している。

写真2-12　彦山（福岡県添田町津野から望む）

九州抖擻《とそう》の間、肥後國阿蘇の峯に攀登《はんとう》す。嶺嶽の為躰《ていたらく》、七寶所成の峯高く峙《そばだ》ち、遙かに四門の扉を開く。八功徳水の池、潔《きよ》く澄みて、自ら五色の波を疊《たた》む。四波羅密・三解脱門、皆其の音を供へたり。南山の影、西日の光、悉《ことごと》く異色有り。金洲の濱に銀砂を敷く。眞珠樹々間、花色を交へ荘厳浄土の如し。更に凡夫の所見に非ず。行者希有《けう》の心を発《おこ》し、寶池の主を拝せんと願ひ、信心堅固にして、般若の法味を捧ぐ。未だ三巻を誦せざるに、先づ鷹の形を現はす。行者の云く。鷹は是れ小鳥の王、寶池の主に非ずと云ふ。重ねて秘密咒を誦するに、俗形を現はす。是《これ》に行者云く。俗形は是世間の躰《てい》なり。全く池の主に非ず。又法花経を誦すに、僧形を現はす。是、佛法の主たれとも、寶池の主に能はず。此等皆偽事《にせごと》と云ふ。次に小龍の形を現はす。行者なお之《これ》を用ゐず。次に十一面観音と現はす。光明赫々《かくかく》、なお以て之を用ゐず。吾は寶池の実體を拝せずんば帰らずと云ふ。心信を尽し、肝膽《かんたん》を砕きて、顕密の貴文を誦し、弥法味を増すに、已半月に及びて、敢へて見る物なし。時に、池中より聲あり告げて云く。寶池の正體に於ては、汝拝すること能はず。罪障尚重きが故なり云々。爰に行者、大嗔恚《しんい》を起して云く。我是《われこれ》、大聖明王の持者、三界攝領頼み有り。悪魔降伏疑はず。十二大天加護、八大童子の隨形、第六天の魔王尚繫縛《なおけいばく》す。何んそ況ん余の者を乎《や》と云ふ。経論章疏《きょうろんしょうそ》の要文を誦し、秘密の眞言神咒を唱へて、邪正一如の観念を凝らし、眞二諦の法理を修するの間、山動き地騒ぎ、四方悉く長夜の闇の如し。爰に九頭八面大龍出現して、山よりも高く、嶺よりも長し。一面に三目有り。春の日《ひ》竝《なみ》出に似たり。九頭に三目あり。暁の星の照り耀《かがやく》が如し。口大火炎を吐き、迦楼羅焰《かるらえん》に同じ。其身虚空に満てり。其の氣、大風の如く、眼《まなこ》を開いて之を看るに、再び之を見ること無し。行者迷悶して既に呑まれんと思ふ。数《しばしば》、強盛の念力を発して、所持の金剛杵を以て、正面の一眼中に之を打ち留むるに、夢の如く四方悉く晴たり。行者寶池の本主を見て、本意を遂げ、速《すみやか》に下向の路に、俄に大雨降りて、洪水漲《みなぎ》り来りて澗河《かんが》渡るを得ず。途中に煩ふの処、山中に一小屋有り。行者立寄りて之を見るに、若き女人の有り。瑞巌、饗應丁寧なり。傍に又人無し。行者濕衣《ぬれごろも》を脱ぎ、裸にて火の辺に居る。女人之を見て、己か衣を脱ぎ行者に与ふ。行者、我か身清浄なり。不浄衣を着すべからずと云ふ。女人、行者の氣色を見て云く。傳え聞く、一子の慈悲、平等なれば、佛は浄・不浄を嫌はず、適々《たまたま》行者の衣濕《ぬ》れたり。只、之を着給へ。我且は行者に結縁し奉らん。と云ふて、強く着せしめんと欲す。行者、尚以て辞退す。爰に、行者思はく。我未だ男女の交會を知らず。今試さんと思ふと云ふ。女人の云く。裳《も》をだに嫌《いや》がるに、交會は恐んやと云ふ。固く辞し之を用ゐず。行者無道に押し犯さんと欲す。女人用ゐず。行者熾盛の言を発す。仍りて女人云、然《しから》は先づ口を吸ふべしと云ふ。行者云く、我が身煩悩の依身、汗穢《かんえ》不浄なりと雖も、口は是れ日夜秘密眞言を誦す。汝是れ女人なり。口尤も清浄ならず。敢へて吸はれずと云ふ。時に女人云く。然は本意を遂ぐべからずと云ふ間、力なく口を吸ふに、行者の舌、切れて地に落つ。其後、女人大龍の身を現し、霹靂《へきれき》として上天し畢《おわ》んぬ。行者絶入す。一時許りして、蘓息《そそく》して其処を見るに、女人も無く、小屋も無し。又我か舌も無し。山中に独り居て、心中観念して、不動明王を恨み奉り、大嗔恚《しんい》を発す。抑《そもそも》、件の女人、何佛の変化ぞ、何菩薩の所作ぞ、慥《たしか》に之を顕し給へ、千度触犯、不捨離身とは誰の人の誓願ぞ、是明王の本誓なり。一持秘密咒生々として、加護は何の佛の誓願ぞ。明王の弘誓《ぐぜい》なり。奉仕修行は、尚薄伽梵《ばがぼん》の如きとは、大聖尊の願力ぞかし。二童子と示現するは、凡夫の所現なり。速に之を顕し給へ。我が舌、本の如く成し給へと念願す。不動明王の本質を念じ、煩悩即菩提の観念を凝らして、秘密の神咒を誦し、実数の要項を安ずるに、歳十四五計りなる童子出で来たりて、摩頂すると思ふに、我が舌、本身の如くして、心安楽なり。時に空中に聲有り。告げて云く。

我、汝法施妙なるに依り、種々身形を現すと雖も、眞実の正躰を云へば、極楽世界には、阿弥陀と云はれ、娑婆忍界には、十一面観音と云はる。再び御嶽に登つて、重ねて実躰を拝すべしと云々。仍りて嶺嶽に昇つて彼の寶池を見るに、徳無しと云ふ。蓮、大なるを見、池、深きことを知り、雨の盛なることを見、龍嗔《いか》ることを悟ると云ふ。此思を以て、彼我寶池の実躰を見ることを得たり。龍神は彼の池に和光眞身を顕はして、化度《けど》の利生《りしょう》を施すか。空中に又聲ありて云く。汝の法樂に酬ひて、種々の身形を示すと云へども、眼根尚《なお》障り有る故に、本地を見ること能はず云々。行者、重ねて定印に住して、無生懺悔を凝らす。時に霊峯の頂より、十一面観自在尊、千葉の蓮華に坐つて、大光明を放ち、行者の頂きを照らす。彼の光明、十万世界を照らし、卅二相八十種好具足して、金容躰を拝し奉り畢んぬ。所謂先づ鷹の身を現するは、是霊山會に於て、法花を説く時、同聞衆《どうもんしゅう》の形なり。次に俗形を示すは是《これ》彦盤龍命大明神なり。次に僧形を示すは、比叡山の座主良源なり。龍身は、寶池の主、無契池大龍なり。十一面観音は、是當峯常住本尊大悲利生の実躰なり。凡眼罪障故見せしめず云々、行者心中に、歓喜踊躍して、作禮して去りぬ。此大龍は、法花を説く同聞衆、娑伽羅《しゃから》龍王の阿那婆達多《あなばだつた》龍王の第三の王子なり。是則ち、十一面観音の化身か[131]。

『彦山流記』の大筋は以下のようになる。

肥後国の阿蘇山を抖擻《とそう》した行者が、山中の宝池に至り、池の主を拝したいと願って経文を誦《とな》えると、鷹、小龍、十一面観音が順番に現れた。さらに池の主の正体を求めて祈ると、九頭八面大龍が出現した。本意を遂げたので下山したが、途中に大雨に遭って川を渡れなくなり、山中に山小屋があったので入ると女人がいた。行者は湿った衣を脱いで裸になって火の近くにきた。女人が着衣を脱いで与えようとすると、行者は我の身は「清浄」なので、「不浄衣」は着れないと言って拒否する。女人は「佛は浄不浄を嫌わず」と言い、無理に着せようとする。行者は性欲が募り「男女の交會」を望んだが、着衣を嫌うのにどうして「交會」をと女人は拒否する。女人は「口吸」はどうかという。行者は、身体は「不浄」だが、口は真言を誦える所だと逡巡する。女人は、口は「清浄ではない」と答えたので、行者が力なく口を吸うと舌を切られて気を失う。女人は大龍の姿となって昇天した。暫くたって行者が蘇生すると女人も舌も小屋もなく山中に独り居た。不動明王を恨んで秘密の神咒《しんじゅ》を念じると、十四五歳の童子が現れて頭を撫でた。不思議にも舌が元通りになって心が安らかになった。空中から声があって、真の正体は極楽では阿弥陀、娑婆では十一面観音であると名乗り、再び御嶽に登って実体を拝せよという。宝池に登り、霊峰の頂きから現れた本地の十一面観音を拝むことができた。

この話は十一面観音が行者の持戒の堅固さを試した教訓話とみられるが、同時に清浄と不浄をめぐる行者と女人の認識の違いが浮かび上がる。関係性によって清浄と不浄の位置付けが変化する。行者は自己の身体は「清浄」なので女性の衣を「不浄」として着衣を拒否する。一方、行者は「交會」を望む時には身体は「不浄」、口は真言を誦む「清浄」なものだと言う。一方、女人は口は「不浄」だと言い、行者も逡巡しつつ受諾するが、舌を切り取られる。男と女のセクシュアリティ、清浄と不浄、身体と口と舌という開口部をめぐる穢れの意識化が描写され、不浄と清浄は文脈によって転換する柔軟性がある。教学の立場から、女人の罪障観にも言及される。山岳抖擻が深層では聖性と世俗性が交錯する修行であることも暗示する。他方、山の神の本地は十一面観音で女性とされ、「いのちの源泉」としての山の認識が根底にあると推定される。多様な解釈が渦巻く縁起である。

修験の教説からの解釈も可能である。『修験三十三通記』は身口意《しんくい》の三密（瑜伽の行法で仏と一体化し、即身成仏を遂げる）という密教の教説を基本とし、[132]迷妄に執《と》りつかれれば罪業悪障（邪淫・殺生・偸盗《ちゅうとう》）となり、妄執がなければ「密印」（仏菩薩の本誓）となると説く。また、修行では「戒」の遵守が基本であり、山中での性的な欲望に関しては「持戒」が要請される警句と考えることもできよう。行者は在俗で、日常生活では妻帯し半僧半俗も多いが、厳格な山岳修行の場では持戒が求められる。

彦山は大峯山や羽黒山と並ぶ修験道の三大根拠地の一つであったが、女人禁制・女人結界の記録がない。中世に遡ると、彦山を統括する座主は妻帯世襲で、戦国時代には女座主《ざす》もいた。ただし、結界はあった。中世では『彦山流記』には彦山の四至《しし》（東西南北）が記され、七里結界が設けられていた。江戸時代には山麓から山頂にかけて天台教学の四土結界を設定して、幕末まで遵守した［長野 一九八七：二八二～二八四、四二七～四三〇］。四土結界は、次の四つとする。

①凡聖同居土《ぼんしょうどうごど》　俗人と聖人の混住地で、殺生と五穀栽培禁制
②方便浄土《ほうべんじょうど》　仮の浄土で山伏の専住地、出産禁制（山麓の俗家に下って出産）
③実報荘厳土《じっぽうしょうごんど》　修行専念の報果を得る聖域で、死穢と牛馬を忌む

④常寂光土《じょうじゃっこうど》　永遠・絶対の浄土で、唾・大小便も禁制

①と②の境の一の鳥居は表参道の金属製の銅鳥居、②と③の境の二の鳥居は大講堂の石製の石鳥居、③と④の境は九合目の木の鳥居を結界門とした〔長野　一九八七：四二七〜四二九〕。このうち、山頂付近の「常寂光土」は仏界（三所権現）、中腹の「実報荘厳土」は菩薩界（寺社）で、修行者以外は立ち入る場所ではないという意識があった。「方便浄土」は山中の十谷《じっこく》に形成された集落で、俗人の登拝者が泊まる宿坊があり妻帯修験の生活の場であり、男女の共同生活が基本で、集落は、中腹の六百メートル付近の上下で標高差は百メートルの地点に形成された。寛永七（一七一〇）年三月二十二日写の勝園坊文書によれば、坊家二百三十戸、庵室約三百二十七戸、俗家八十戸（町家・農家）[133]、人口は三千十五人で巨大な門前町を形成し都市の機能を有していた[134]。幕末はやや減少し、万延元（一八六〇）年十一月竈数人数（高千穂家文書）によれば、山伏の坊家約二百五十戸、強力《ごうりき》の庵室約四十戸、町家と農家約五十戸、人口は千二百人であった[135]。中核は、坊家《ぼうけ》（上・中級山伏）と庵室《あんしつ》（基層山伏）であった。坊家は戸主権を持ち、「衆徒方《しとがた》」（天台系）・「惣方《そうがた》」（神道系）・「行者方《ぎょうじゃかた》」（修行専門の山伏）に分かれ、総称を「山伏」「修験」と言った〔長野　一九八七：七四〕。坊跡継承は原則は長男であるが、女性にも継承権はあり、女性の立場も認められていた。巨大な修験の山岳霊場であったが、明治維新によって瓦解した。

穢れに関しては、富松坊広延『塵壺集《ちりつぼしゅう》』（宝暦十二〈一七六二〉年）に記述があり[136]、「服忌は僧尼に限らず在俗の者、参詣の人も憚りなし」、「触穢の大事」に「女性道者の道中より月水」とある。月水が

始まった時の拝殿登殿の禁忌は定められていたが、一時的な穢れに過ぎない。出産は諸坊家の女性の産所とされる山麓の南坂本や北坂本に降りて行い、産後四十九日間を過ごしたので、坂本は「凡聖同居土」の世界とされた〔長野　一九八七：四四四、四六〇〕。女性の穢れの認識は「一時的」で、「恒常的」には排除されなかった。[137] 彦山は、山と里での男女の行動規範が定められ、相互補完関係が構築されて、女性の禁忌は柔軟に対応し状況に応じて読み替えられてきた。これは霊場の地域性や個性に基づいている。

17　伯耆大山の中世

彦山と同様に伯耆大山《ほうきだいせん》（写真2―13）は中世には女性に独自の対応をしていた。『大山寺縁起』洞明院本（應永五〔一三九八〕年。前豊前入道了阿　奥書）は以下のように記す。

抑々叡山高野の両山は傳教《でんぎょう》弘法《こうぼう》潔戒の地なり。妄染《もうぜん》妄境罪垢遮《さえぎ》らんが為に女人の境界《きょうがい》を隔て、嵯峨善光寺の二寺は釋迦彌陀生身《しょうしん》の砌《みぎり》なり。浄不浄を論ぜず、偁名《しょうみょう》を進めんが為に男女の雑居を許さる。今此の大山は二世濟度の靈場、両部合行《ごうぎょう》の勝地なり。浄穢隔《へだ》つる無く道俗同じく歩を運び、陰陽を離れず男女共にあなうら（足裏か？）を結ぶ。凡そ地の形自ら奇特を示すと云へども、事更に全く潔戒を破る事なし。大聖の化儀各深き心有るべき者なり。爰《ここ》に當山御願の猿樂の中に白拍子《しらびょうし》と云ふ遊女有り。去る建長の末に、御願の役を務むとて山上經廻り侍りければ、俄かに逐電して兩三日まで行方知れざる間、山上諸房を尋ね谷峯をさがせども見えざりけるが、中門院の後谷《うしろたに》と云ふ所にて夫婦和合の儀あり。未だ其の儀相離《あいはな》せざるに、希代の不思議なりとて三院蜂起して國中往返す。停止《ちょうじ》して神人《じにん》宮仕を以て當國の境を追出して、七十餘廻《かい》の今まで跡をけづりぬ。其の後建治元年四月廿四日に西明院持常房にも、當國の参詣人の中にか丶る振舞有りき。廿五日に其の恥をさらしてげり。今の世の事なれば人皆知るなり。末代澆季《ぎょうき》の今の有様如何なり侍らん、不思議のことなり。[138]

写真2-13　伯耆大山（寂静山から望む）

『大山寺縁起』の大筋は以下のようになる。

比叡山と高野山は「潔戒」の地で、「女人の境界」を隔てる。嵯峨寺と善光寺は「浄不浄」を論ぜずに男女雑居を許す。伯耆大山は現当二世済度の霊場なので、「潔戒」を遵守する者は「浄穢」を隔てずに、僧俗・男女を問わず入山を認めていたが、建長年間（一二四九～一二五六）の末に入山した猿楽の白拍子の女性が中門院で「夫婦和合」（男女和合）を行ったことが発覚して大騒動に発展した。建治元（一二七六）年にも参詣人の中で同様のことがあったので公にした。

中世の山岳霊場や仏教寺院は、厳格な男女分離によって戒律を遵守する場所と、戒律を守れば浄不浄を問わず男女雑居を許すという世俗の生活が浸透しやすい場所が共存していた。伯耆大山では寺院での参籠に関しては、柔軟な解釈がなされていたことがわかる。寺院での行動を規制する在り方として持戒は守るべきだが、「浄不浄」や「浄穢」の概念は文脈に応じて融通無碍な説明に使われていた。

伯耆大山では山岳修行の特性も関与している。大山の衆徒にとって山岳修行は『法華経』の写経と密教修法を主体とし、限られた者にしか許されておらず、峯入り修行を定期的に集団で行っていた修験道や、江戸時代の中期以降に登拝講を組織し多くの道者が山頂を目指した大衆的な登拝は発達しなかった。登拝は各寺院の住職にとっては「弥山禅定《みせんぜんじょう》」[139]という一世一代の行法で、修験道の様相は薄い。六月の法華千部会は円仁の創始とされる［坂田　二〇一九：一五二〜一五四］。弥山は須弥山《しゅみせん》で、世界の中心の山、頂上に帝釈天《たいしゃくてん》、上空には兜率天《とそつてん》があり、梵天《ぼんてん》が住まいするとされ、仏菩薩の居所への登拝が「禅定」として重視された。山岳修行が個人主体の行法であった伯耆大山では、あえて女人禁制や女人結界を明示しなくても、修行に支障を来すことはなく、穢れも顕在化していない。

中世の文献で、山岳信仰を基底に置いた男性と女性との在り方を考察すれば、穢れ、清浄・不浄、性の連関の多様性が浮上する。穢れを一元化せず、女人禁制や女人結界を地域社会の状況や文脈に沿って民衆側から読み解けば、多様な実態が浮かび上がる。中世に関しては、彦山や伯耆大山のような山の中腹の巨大な寺院が各地にあり、門前は町場の機能を果たしていたことが、近年、考古学の発掘で判明し、「山の寺」という名称で呼ばれて研究が進んでいる［仁木　二〇一二］。古代の「山林寺院」が、中世において顕密寺院とは別の展開を遂げたと推定され、室町時代後期には消滅する。白山山麓の福井県の平泉寺《へいせんじ》や福岡県久山町の首羅山《しゅらさん》などが典型で、文献には登場しないが、山中に生活の拠点があった以上、女人に関する禁忌はさほど強くなかった可能性がある。ただし、「山の寺」の大半は、考古資料だけで明らかになったことで、文献の裏付けが取れないことが難点である。総じて、中世以降、穢れの意識は、女性の血穢の意識や罪業観の一般化の流れと共に、各地での解釈の多様化も展開した。

18　一般論への展開

穢れの研究は錯綜しているが、民俗学・文化人類学・歴史学の代表的な研究について整理を行って、一般論に転化する試みを行う。穢れは実体（血・腐敗物・汚物）と観念（負性を帯びた対概念）の間を揺れ動き、儀礼・図像・言説・表象によって操作され、正負双方に動く。

表記に関しては、ケガレは民俗概念、穢れは歴史用語、ハレとケは民俗概念、晴と褻は歴史用語として区別する。一般には、穢れは不浄ともいい、黒不浄（死穢）・赤不浄（血穢）・白不浄（産穢）の三種があり、規定された特定の期間は、物忌（隔離）や禊祓い（除去）で災いや祟りを防ぐ[140]。聖域や浄域とされる神仏や諸霊の領域に侵入したり、接触したりすることが忌避される。禁忌を守らないと災いや祟りがあると信じられてきた。穢れや不浄には「一時的規制」と「恒常的規制」があり、女人結界や被差別民への適用は後者である。不可視のモノやタマ、神仏の世界が人々の意識の中に深く浸透していた時代では、穢れは疑うことのない認識で、貴賤や階層を問わず行動の規律となっていた。

穢れ観の普及には、神仏や霊と関わり合う僧侶・神職・行者・聖・修験・巫女・陰陽師・芸能者などが関与していたことは言うまでもない。

　戦後の民俗学は、差別・排除・賤視など否定的な言辞に結び付きやすい穢れや不浄に対して、別の発想で捉える見方を登場させてきた。民俗学の前提は、生活のリズムはハレとケの交替で継続してきたという考え方で、昭和四十五（一九七〇）年以降に普及した[141]。ハレは正月や盆などの年中行事や、成年式・結婚式・葬式などの通過儀礼の時空間を指し、祝事と不祝儀を含む。ケは庶民の日常生活の大半を指す言葉で、生産や労働に従事する日々の状態をいう。「褻《け》にも晴にも一張羅《いっちょうら》」のように相互の転換が可能で相互補完的であることが特徴である。これに対して、櫻井徳太郎は、ハレとケの交替という二項関係に、媒介項としてケガレの概念を導入した。櫻井は、ケガレは稲の霊力であるケが枯れた状態、つまり「ケ枯れ」で、ケガレを活力で回復するのがハレの祭りであるとして、ケ→ケガレ→ハレ→ケという循環論のモデルを提唱した［櫻井　一九七四］。ケに関しては、ケ付け、ケ植え、ケ込み、ケ刈り、ケ払い、ケ取りの用法があり、播種・植え付け・収穫・刈り取りの農作業を指すので、ケは稲・麦・大豆などの農作物の意味で、農業生産を可能にする活動源でもある。普段の日に食べる飯米はケシネと称し、粟や稗を混ぜて常食とする慣行があり、この櫃《ひつ》のことを西日本ではケビツ、東北日本ではケシネビツと称することも根拠とされた。ケは稲の霊力の「毛」だけでなく人間の生命力の「気」とも考えられた[142]。しかし、「ケ枯れ」論は歴史的変化を考慮せず、地域性も超越した民俗語彙の類似性に基づく説で実証性に乏しく、語源の根拠の説明にも曖昧さは残り続けた[143]。他方、櫻井説は、民衆の生活感覚に根差し、生きる活力の変化、日常と非日常の交替を説明する機能論として受容され、女性と穢れを一元的に結合する発想を相対化し、女性差別と穢れを直接には結び付けない循環論の仮説として評価された[144]。

これに対して、文化人類学者の波平恵美子は、「ハレ」は「人間の生活のうち善き事柄、望ましい事柄、めでたい事柄、さらに清浄性を含む事柄を範疇化する観念」、「ケガレ」はそれと対立する「人にとって悪であるところの事柄、不幸や病気。怪我、死、罪、さらに不浄性を含む事柄をまとめて範疇化するところの観念」と定義した［波平　一九八四：二七］。ケは「日常性」「一般性」「非特殊性」の観念である［同：二九］。単純化して言い換えれば、ハレは清浄性・神聖性、ケは日常性・世俗性、ケガレは不浄性を示す分析概念で、いずれもモデルとして用いる。日本の複雑で地域差の大きい民間信仰は、三者相互の関係の差異によって生じると説き、三つの村落を事例として、「ケガレ⇕ハレ・ケ」「ハレ⇕ケ・ケガレ」「ケ⇕ハレ・ケガレ」の組み合わせで説明している［波平　一九八四：八七～一三二］。人間は生活の時空間を分類し範疇《カテゴリー》化して、秩序と反秩序の構築を繰り返し循環して生きていくという発想で[145]、非歴史的な構造論のモデルの提示であった。

他方、歴史学では、網野善彦が文献に基づき、穢れの観念の意味の変化を検討し、南北朝時代を境にして天皇の権威が衰退し、その庇護下にあった「無縁・公界」の民が「自由」や権威を喪失し、差別され賤視されて被差別民の穢れが固定化していった歴史的様相を明らかにした［網野　一九九四］。民俗学と文化人類学と歴史学は異なる方法論を用いて学際的な研究を展開し、さらに議論を続けたが

［櫻井他　一九八四］、機能論と構造論、過去と現在、伝承と文献を相互に関連付けて整合的に考えることは難しかった。

19　機能論と構造論を超えて

穢れの概念は、明確に定義し一元的な概念で把握しようとすると膠着してしまう。本書では、機能論と構造論を接合し、歴史的視野を考慮した上で、モデルとしてのケガレ論と歴史の中で変化してきた穢れ論を統合する試みを行う。ケガレあるいは穢れは関係性の中で変化し、政治・社会・経済と連動して多義性を帯び、歴史的に変化する流動性を持っていたことに留意したい[146]。歴史的な穢れに関する考察の前提として、コスモロジー（cosmology）とイデオロギー（ideology）という二つの方向性から「共時的」に一般化して把握する試みを展開する。

コスモロジーとは、人間の時間や空間に関する認識や、世界を説明する知識で、神仏と人間と自然との関係の構築の在り方や、人々の生き方との相互作用を言う。一方、イデオロギーとは儀礼や観念が社会秩序を再生産し権威を正当化するなど、社会関係を再構築して権力作用を及ぼすあり方を言う。穢れを総体として論じるために、一般の用語の中で、「穢れ」や「不浄」として貶められた負の観念を力の生成の場として捉え直す見方を提示する。民俗学者の櫻井徳太郎はケを日常生活での生命力とみて、生活が続き衰えてくるとケガレ（気枯れ）となり、祭りのハレの時空でケを活性化するという連続性のモデル、ケ→ケガレ→ハレ→ケの循環論を説いた［櫻井　一九七四］。この説を取り込んで

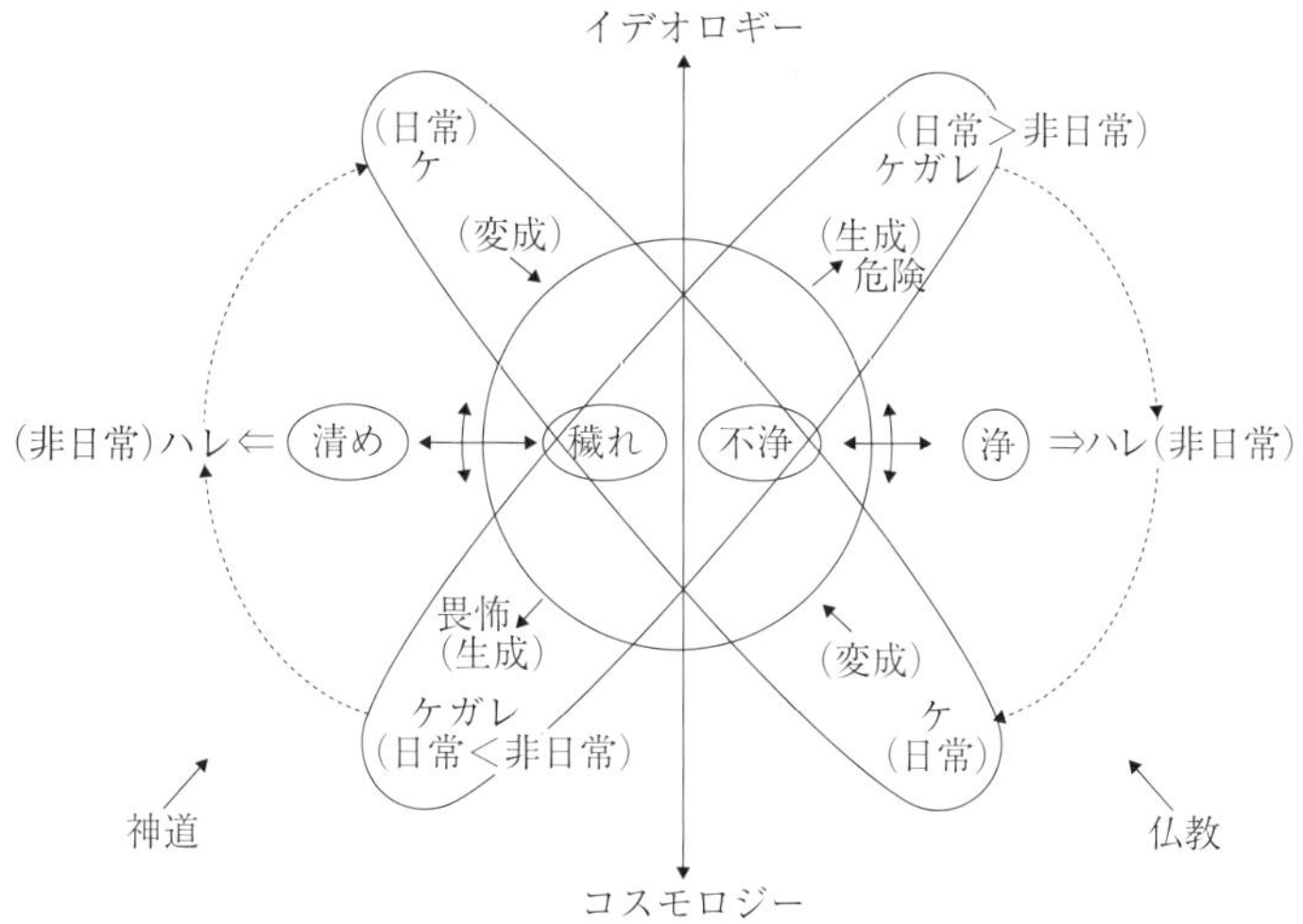

図2-1　穢れと不浄の動態

コスモロジーとイデオロギーが交錯する場に入れ込んでモデルを作成してみた（図2―1）。一方、「穢れ」と「不浄」を、中核にセットにして、「ハレ」（非日常）・「ケ」（日常）・「ケガレ」の循環の流れの中に位置づける。「穢れ」と「不浄」は、危険な力や畏怖する力、エネルギーにもなる両義性を持つので、別の次元への反転を考慮した動態的な諸相を考える。「ハレ」「ケ」「ケガレ」は「連続性」を根底に持って時間的に変化し、「穢れ」と「不浄」という負の要因に働きかけて変化の要因を生成する。一方、「不浄」は「浄」と、「穢れ」は「清め」と対立し、「非連続性」を強調することで権力作用や社会関係を作り出す。その過程を通じて、男女の相互の見方や関係性の在り方が変化し、コスモロジーの「ケガレ」が、イデオロギーの「穢れ」に読み変えられて、差別へと転化していくこともある。「穢れ」は、「浄」に対する「不浄」という強い二項対立に読み変えられて、階層差や差別化を強めて権力作用を及ぼし、社会関係を再生産し、秩序を固定化する方向に動く傾向が強い。日本での赤不浄（月経）、白不浄（出産）、黒不浄（死）という表現は、「浄」―「不浄」の対立と相互排除の価値観を強調する。和語の「穢れ」が、漢語の「不浄」として表現されて、知識人の働きかけが顕在化する。しかし、歴史的に形成されたイデオロギーが再びコスモロジーを問い直して新たな再構築を迫る。そして、「制度化」された神道や仏教、そして習慣化された陰陽道や道教などの体系や教義が相互の関係性を変化させてきた。

日本語で「穢れ」（dirt）と呼ばれる現象や観念には、二種類の概念が包摂ないしは混同されており、分析概念としての整理が必要である。[147]「穢れ」とは第一には「実体的嫌悪感」で、女性の月経・出産など出血を伴うものと、男女を問わずに起こる死に対する「生理的忌避」である。出血や腐敗に対する脅威であり、血穢・産穢・死穢の文脈から、これを「穢れ」とする。汚い、汚れているとして排除する血・糞便・尿・唾液・精液・髪の毛・爪などは汚物となり、匂いや色で嫌悪感を増殖する。他方、身体の内と外の「曖昧さ」ゆえに儀礼ではプラスの力に転化することもある。出産や月経に伴う血は排泄物で「穢れ」と見なされ、触れたものは「不浄」とされ危険な力を持つとして忌避された。逆に血は生命の源とされ、供犠の儀礼では大地に血を注ぎ豊穣性を喚起させる力となり、治病儀礼にも用いられた。

「穢れ」は第二には「観念的畏れ」の観念があり両義的で流動性を伴う。これを「ケガレ」（pollu-

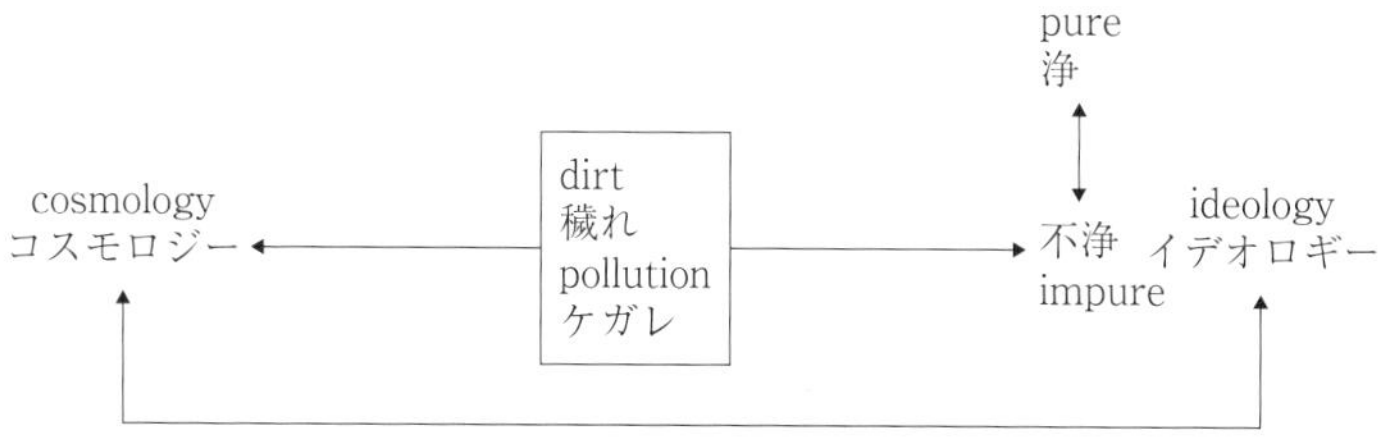

図2-2　穢れ・ケガレ・不浄の相関関係

tion）とする。メアリ・ダグラスが『汚穢と禁忌』［ダグラス　一九八五］[148]で提示したように、「ケガレ」は、「分類」できないもの、「場違いなもの」（matter out of place）であり、「境界性」（liminality）、「無秩序」（disorder）として禁忌の対象になる。「ケガレ」は、社会が「文化秩序」を構築する時に顕在化する。「分類」にあてはまらないもの、秩序から外れるものを「ケガレ」や危険なものとして、排除や浄化の対象にしてきた[149]。実体としては、被差別民、少数者（minority）、先住民、そして女性などが充当され、「周縁」の人々として「ケガレ」として排除されることが多い。しかし、「周縁」は状況によって負の力を転換して生の力にもなる。先住民や女性が、祭りでは大地の生命力や豊饒をもたらす儀礼の「行為主体性（agency）」を行使して、「ケガレ」に対抗しうる被差別民にキヨメ・ハライの儀礼的役割が課されるなど、聖化・浄化の機能を果たすこともある。「ケガレ」は、関係性において顕在化し状況依存性が高いのである。女性が実体と観念が結合した「穢れ＋ケガレ」と見なされると、強い排除に展開して、祭祀への参加の忌避、聖地への立ち入りの禁忌が顕在化する（図2-2）。

「女人禁制」や「女人結界」は、「穢れ＋ケガレ」が意識化され、操作されることで生成され、不均等なジェンダー・バイアスが生じる。「穢れ＋ケガレ」は、イデオロギー性を帯びると負性を持つ「不浄」（impure）と結合し、「不浄」は「浄」（pure）と対立的な関係性を構築して、社会の階層化や固定化に向かう。「不浄」は和語（訓読み）ではなく、漢語（音読み）であり、知識人による用語操作が加わることに留意されたい。他方で、「穢れ＋ケガレ」がコスモロジーに展開すると、排除と包摂の両義性は聖性に転換し、力を帯びて超越的な作用を及ぼす。「穢れ＋ケガレ」は状況に応じて「恒常的」にも「一時的」にもなる。傾向性としては、女性が印付け（スティグマ化）されて「穢れ」と結び付けられることが多く、さらに「穢れ」は「不浄」という強い排除の強化を認識するイデオロギーとなる。「女人禁制」を差別として糾弾する人々の立場は、まさしくこの言説への対抗運動である。しかし、女性への差別を正面に掲げて問題視する人々は、「穢れ＋ケガレ」が生み出すコスモロジーは全く考慮せず、前近代の悪しき慣行と見なして無視することになる。女人禁制への反対派と維持派は、相互に全く別の方向を志向するので、未来へ向けての創造的対話の可能性は閉ざされてしまうのである。

20　海外との比較①——スリランカ

日本の穢れと類似の事例は海外でも出会ったり体験したりする。個人的には南アジア世界との長いつきあいの中で穢れの体験は深い印象を残してきた。スリランカ[150]の南部やインドの南部のカルナータカ（Karnataka）州やケーララ（Kerala）州で目に見える形で出会った事例を、若干述べておこう。

スリランカのシンハラ人（Sinhala）社会では少女に初潮が訪れるとコタ・ハルワ（koṭa haluva）という儀礼が盛大に祝われる。コタ・ハルワの主題は、キッラ（killa、複数はkili）の状態にあるとみなされる少女が、それをいかに統御し乗り越えていくかである。キッラには「けがれ」という訳をとりあえず与えておく。キッラとは血や死体など、肉体に関わる負の現象や状況である。シンハラ人の場合、女性の出産は三十日、月経は三日、男女を問わずに起こる死の場合は九十日がキッラの状態になる。ただし、女性の初潮のキッラは特別で、厳重に隔離することが要請される。この間の少女は危険な存在と見なされ、人の眼、特に男性の眼がふれない所に隔離される。この期間に若い男が少女を見かけると病気になるという。キリ・ガハ（kiri gaha）という特別な樹の根元に作られた小屋で過ごすのが従来の慣行であった（現在は家の中の部屋が多い）。キリ・ガハは「ミルクの樹」の意味で、ナイフなどで突き刺すと白い樹液が出る豊穣の樹である。危険で恐ろしい力に満ちているとされる小屋に近づけるのは、ヘーナ（hēna）と呼ばれる世襲のカーストで「洗濯」を職業としており、「清め」を行う儀礼に関しても豊富な知識を持つ低い階層の人々である。[151] 彼らはキッラに強いと意識されている。少女は、隔離期間中は定期的に沐浴をして清め、「冷たい」という範疇の食べ物をとる。「熱く」なっている身体を「冷やす」ためである。樹木には血を求めて悪霊（ヤカー yakā）がやってくるので、定期的にナイフで樹を突き刺す。流れ出す白い樹液は乳にも精液にも見立てられ、豊穣性の隠喩でもある。最終段階はキッラが終了した翌朝で、沐浴の後、家の裏手の台所から白布をかけられて家の中に誘導される。入口で布をとり、正面にある鏡を見つめる。シンハラ人は眼の力を重視し、凝視

（ディスティ disti）によって自分の体内の「障り」（ウァス vas）を対象に移しとらせる。これで「けがれ」は消滅する。家に入る前に浴びる水には、浄化作用を持つ白檀、ウコン、ライムが混ぜられている。コタ・ハルワが終わると少女は「清め」られて「白くなる」（スドゥ・ウェナワー sudu venavā）。結婚式の時に着る花嫁衣裳とほぼ同等の衣装に着替えて人々の前に登場し、「長い旅」から戻ってきたかのようにして、両親の足に手をあてて挨拶をする。引き続いて開かれる宴会は結婚式の先取りのように盛大である。かくして、少女はいつでも結婚できる状態になり、「大きくなる」（ロク・ウェナワー lokku venavā）。これ以後は結婚に備えて行動は慎ましくしないといけない。コタ・ハルワの「コタ」は短い、ハルワは「消え去ること」で、それまで身に着けていた短い布を、これ以後は長めの布に変えておしとやかになる。まさしく子供が一人前の大人として認められる成女式なのである［鈴木正　一九九六：二一三〜二七二］。成女式は大人としての承認を得るだけでなく、ジェンダー規制を守り、服装や行動を変化させて「女らしく」させ、ジェンダー規範を内面化する。人生儀礼を用いたジェンダー化の目標は結婚の実現である。

少女の初潮は個人的には初めてのキッラ「けがれ」の体験であり、これ以後、定期的に月経ごとにキッラを通過することが本人に自覚されるだけでなく、コタ・ハルワを通じて社会的にも認知される。出産もキッラである。女性にとってキッラは身近な体験となる。一方、生理的な血の嫌悪や悪臭の忌避に対してはケタ（keta）という概念が適用され「不潔」に近い。また、血を好むとされる悪霊に捧げる供物は、肉が使われ野菜に比べると劣り、ピリクル（pilikul）と言われ「汚物」である。一方、

「浄」に相当する概念にはピリシードゥ（pirisidu）があり、有機的な清浄さから精神的な純潔までを含めて幅広い。「浄」のピリシードゥと対をなすのはアピリシードゥ（apirisidu）で「不浄」になる。キッラ「けがれ」の対概念にピリシードゥ「浄」を対比することはできない。キッラはあくまでも「一時的・個人的」で、主として感覚レベルに関わり、対概念を持たない。一方、アピリシードゥのような「恒常的・集団的」な「不浄」は主として意識レベルに関わり、「浄」を意味するピリシードゥを対概念として持つ。従って、階層間の上下の区別に関わると、上位の者を「浄」、下位の者を「不浄」として「恒常的」に差別・排除して社会階層の固定化に展開する。「けがれ」は多義的で流動性を有するのに対して、「不浄」は二項対立を生成して固定性・安定性を生み出す。その意味では権力者に利用されやすい状況が生成される。他方、「けがれ」のキッラは、日常生活に非日常的状況を作り出すが、「一時的」であり、その状況を通過すれば再び社会への統合を果たし、新たな力に満ち溢れる。女性はこの体験を定期的に繰り返す。「けがれ」は危険な力に満ちるとともに生命力をもたらす。キッラは境界的な時間と空間に現れ、一時的に禁忌の対象になるが、適切に統御すれば人間を再生させる力の源泉となる。

以上を整理すると以下のように分類できるであろう。

キッラ＝「けがれ」（一時的・個人的）…感覚レベル↓社会への再統合

ピリクル＝汚物。ケタ＝不潔…実体レベル↓物理的処理

ピリシードゥ＝浄⇕アピリシードゥ＝不浄（恒常的・集団的）…意識レベル↓階層化

これはスリランカのシンハラ人の穢れ観を民俗語彙の文脈に沿って理解する試みである。穢れの表象や実践は多様であり、穢れの比較が可能になるとしても慎重さを要する。

21 海外との比較②――南アジアと東南アジア

インド文化圏は、穢れを強く意識化する世界である。ヒンドゥー文化圏では、カースト（ジャーティ jāti）が浄―不浄の原理からなる階層制（hierarchy）を構築し、バラモンを最上位の清浄とするのに対して、下位を穢れとし、アウト・カーストの不可触民[152]を穢れの極に置いた。他の地域と同様に、女性の出産と月経、男女の死は穢れであり、特定期間は行動を慎しむ。インドのマハーラーシュトラ（Maharashtra）州のプネー近郊で調査を行った松尾瑞穂は、「月経血は、産褥血と並んで「ケガレ（vitāla）」であり、女性は月経中は料理、沐浴、性交渉などの日常行為のほか、特に儀礼や祭礼への参加、寺院への立ち入り、参拝などの宗教的行為が厳しく禁じられる。台所に入らず、部屋の隅の方に座っていることから、月経中の行動規制は「隅に座る」（bājūla basanēm）と隠喩的にいわれている」［松尾　二〇一六：一七二］と報告している[153]。ケガレ観に基づいて禁忌が行動によって可視化されているという。月経の禁忌は厳格に守られ、神々の領域や聖地に立ち入るような禁忌の侵犯が行われると、神々の祟りがあると信じられていた。ただし、不浄観は階層によって異なり、上位カーストでは特に厳格であり、アウト・カーストでは規範が緩やかであるという。

インドは地域差・階層差が大きく歴史的経緯によっても異なるが、南インドのタミル・ナードゥ

（Tamil Nadu）州で調査を行った関根康正は詳細な事例分析からの一般化を試みた。タミル（Tamil）語のティートゥ（tīṭṭu）を分析概念の「ケガレ」に充当させて一般化の理論を構築した。[154]大筋では、「腐敗していくことの知覚」が「ケガレ」を生成し、そこには「死にゆくことの隠喩」による他界性の突出、あるいは他界との接触があり、「境界性」と一体となって「ケガレ」を喚起するという。総じて「ケガレ」の中に創造性を見出す考え方で、支配的イデオロギーや差別を内包して排除に向かう「不浄」とは区別される［関根　一九九五：二六］。その典型は、不可触民[155]が女神を動物の血の供犠（sacrifice）で祀り、生命力の再生と創造を行う実践だという。他方、ルイ・デュモンは「不浄」にこだわり、インド社会では権力（power）が権威（authority）に包摂され、上位のバラモンから低カースト、そして不可触民に至るまで、浄（pure）と不浄（impure）の論理が貫徹し階層化されると考えた［デュモン　二〇〇一］。関根康正はこれをバラモン主体の上層からの見方として批判し、下層の人々、特に不可触民が「不浄」を受容しつつも、同時に「ケガレ」によって上位に向けて創造的に働きかけていると考えた。メアリ・ダグラスの説も批判して「場違いなもの」「無秩序」の全てが「ケガレ」を生むのではないと主張する。

インドではタミル人の事例に止まらず、多様な穢れ観があり、古代以来、継続してきた観念もある。[156]その中でも大叙事詩やプラーナ（古譚）、法典（ダルマ・シャーストラ）などのサンスクリット文献で共通して説かれる言説には「生理は女性を清める」という考え方もある。[157]『マハーバーラタ』の一節を引用する（Mahābhārata 12.36.25cd–27cd）。

写真2–14　ブータンの儀礼用の供物トルマ

女性には穢れは生じないし、女性が神に染まることはない。（神を）祀る際に、四ケ月は季節によって清められるが、同様に女たちはそれ（rtu 月経）によって清められるとダルマを知る者たちは知っている。女性は罪に穢されることはないと知る者は、女性たちのことを心配しない。器が灰に清められるように彼女たちは生理（rajas）によって清められる。

インドは多様な穢れに関する観念を発達させ、創造性や想像力を飛翔させてきた。

南アジアの事例としてチベット文化圏の事例を通してモノと穢れの関係を考える時に、注目したいのはトルマ（gtor ma）である。トルマとは、ツァンパ（rtsam pa 大麦を炒って焦がして粉にしたもの）に、水やバターを混ぜて円錐状に練って作る儀礼用の供物である（写真2–14）。上部には円盤形の模様が飾られ、色は茶色が多いが、極彩色にもなる。仏教以前の民間信仰に由来するとも、動物供犠や人身供犠の名残とも言われる。時には人体のように見え赤く染めるのは血の色という説もある。神仏像の代わりにもなるが、本来は「穢れ」（grib ディプ）を封じ込めるもの、悪霊の形代《かたしろ》として、仏教儀礼や民間信仰で使われてきた。トルマに心身の穢れを封じ込めて、村の外へ捨てて破壊しつくす。仮面舞踊チャム（'cham）の中に出てくる悪の象徴のドゥ（bdud）という人形とも機能は同じである。

言い換えれば穢れの実体化である。世界各地の事例からモノと穢れの連結を見出すことができる。[158]

一方で、穢れを地域性の文脈から切り離し、「ケガレ」をより一般化した概念として定義して、東南アジアの事例で比較研究に展開した試みもある［阿部・綾部・新屋編　二〇〇七：七～八］。同書によれば、「ケガレ」を、①純粋な生理学的反応や反射とは区別されるべき社会的もしくは文化的現象、②ローカルな価値に基づき概念的に囲い込まれた特定の集団（あるいは個人）、事象、事物等を文脈や状況に応じて危険視もしくは排除しようとする現象、③境界性、両義性、中間的属性といった言葉で表現されるような、あるいは秩序の周縁もしくは、二つ以上のカテゴリーをめぐり接触や混淆、そして越境などの中で発生する現象の三つのうちのいずれか、もしくは複数にまたがるものとして捉えようとする。周縁性、境界性、排除や危険などを総体として「ケガレ」と表現して概念化する試みである。

22　穢れ研究の可能性

穢れの研究は多様に展開する。人間の集団に特化すれば、インドのアウト・カーストの不可触民［小谷　一九九九］にとどまらず、西欧の賤民［阿部勤　一九八七］、日本の中世の被差別民［脇田　二〇〇二］や近世の身分的周縁の人々［高埜編　二〇〇〇］、特定の病気感染者[159]など、広く展開する。

穢れの問題は、現代でも無縁ではない。二〇一九年十二月に中国の武漢で流行が始まった新型コロナウイルス（ＣＯＶＩＤ―19）は、二〇二〇年二月以降、日本でも感染が拡大した。感染症の拡大はパンデミック（pandemic）となって世界各地で社会的混乱を引き起こし、収束が見通せない状況になった。こうした動きに伴って、穢れの表象が感染者に適用され、差別・隔離、黴菌扱いされ、人権侵害も生じた。感染者は穢れと見なされて排除される状況も起こった。横浜港に停泊させられ沢山の感染者を出したクルーズ船「ダイヤモンド・プリンセス」では、内部通路に区分のために「清潔」と「不潔」の注意書きが張り出された。この写真がSNS上で拡散して、「不潔」は不適切な表現として非難された。「不潔」の表示は公衆衛生思想に基づくと弁明されたが、姿を変えて現れた現代の穢れであり、穢れは身近で現実のものとなったのである。

穢れの研究では多くの一般化がなされてきた。分類による秩序の構築という原理が穢れの生成に関わり、秩序を脅かすとされるものは、穢れとして排除されてきた。人間は事物の理解に当たっては、カテゴリーに分類するが、どうしても分類できない「場違いなもの」は残されて、穢れとして排除され、禁忌（taboo）の対象となる。また、社会の周縁（periphery）は穢れと結び付く。周縁や劣位に位置付けられる人々、芸能者・下層民・被差別民は穢れと見なされ、男性中心の社会では女性は周縁に位置付けられて穢れと結合する傾向が強まる。社会の脆弱性（vulnerability）もまた穢れと連合する。

女人禁制は、長い歴史を持つ山岳信仰を形成した日本では独自の展開を遂げ、各地の習俗の中に深く浸透して定着した。国土の約七割が山地から形成される（中山正民他『日本の山』そしえて、一九八五年、一五四頁）日本の各地では、中世には山岳登拝の「禅定」が、近世には講社（講中）による山岳登拝や聖地巡礼が広く民衆の間に展開して、山岳や聖地に関する禁忌は「日常的実践」となった。

民間信仰の複雑な形成の中にも女人禁制は組み込まれたのである。女性の位置付け、分類、統御、排除、忌避が問われる機会が顕在化したのは、多くは近代になってからである。前近代の脱構築により、女人禁制や穢れの問題は近代の文脈の中で再帰的に問い直されることになった。歴史は現在における過去の絶えざる再構築で生成される動態的過程である。

女人禁制の問題を早急に一般化や普遍化せず、歴史的経緯を踏まえた自省（self-reflection）に基づいて再考することが望ましいのではないか。

註

1　穢れは不浄とも呼ばれ、民間では黒不浄（死穢）・赤不浄（血穢）・白不浄（産穢）の三種があるとされた。黒不浄は男女を問わないが、赤不浄と白不浄は女性に特有で、これがジェンダー・バイアスが生じる遠因となっている。穢れは和語であるのに対して、不浄は漢語の音読みであり、知識人の関与や操作が加わった概念である。

2　四国の石鎚山は七月一日から十日までの大祭の間、初日のみが女人禁制である。宇曽山（大分市）は、正月元旦と春秋の彼岸の中日の年間三日間だけ女人禁制を解く［松岡　一九五六：八〜一〇］。各地の祭りでも女人禁制を守る所がある。例えば能登町の石仏山は潔戒（結界）山とも言われ、三月の祭りでは、祭場において、手前に潔界の注連縄を張り、女性は登拝できない。

3　山上ケ岳は江戸時代は旧暦四月八日から九月八日、明治六年以後、新暦五月八日から九月二十七日、現在は五月三日から九月二十三日である。岡山県の後山は、旧暦四月八日から七月十八日が開山期であったが、現在は九月七日・八日に柴燈護摩を行う。四月八日は卯月八日で山の神が里に下りて田の神になる日であった。

4　修験三本山は［役行者千三百年御遠忌記録編集委員会編　二〇〇三：一〇八〜一一一］収録の資料「女人結界問題に関する見解」で教団側の立場を明らかにしている。

5　「禁制」は一般には排除（exclusion）や禁止（prohibition）と翻訳されるが、ここでは強い表現を避け admittance の否定形を使う。宗教的（religious）は英語話者向け表現である。

6　女人禁制は、神事や祭りへの女性の参加制限にとどまらず、狩猟や漁撈などの生業、酒の醸造、相撲の土俵やトンネル工事等にみられ、職場の雇用問題にも拡張されてきた。いずれも現代では男女の不平等や差別・蔑視など、基本的人権に関わる問題となる。

7　原文「一、於法界門之内、女人禁制事…」で寺内は女人禁制とされる。ただし、女人禁制に近い表現は、正平十（一三五五）年出雲鰐淵寺文書「大衆条々連署起請文」全四十九ケ条の第四十六条に「寺内尼女禁制…」とあるのが古い［牛山　二〇〇五：二八］。

8　「大宝令」（大宝元〈七〇一〉年）に引き続き、天平宝字元（七五七）年に施行された。

9　第十一条には「僧房に婦女を」泊めた時、「尼房に男夫を」泊めた時の罰則があり、第十二条には僧が尼寺に入ることと、尼が僧寺に入ることを禁止すると定める。僧尼は平等の扱いである。

10　『日本書紀』敏達天皇十三（五八四）年によれば、蘇我氏が帰化人の女性三人（善信尼・禅蔵尼・恵信尼）を出家させ一人は十一歳であった。仏教以前の影響が想定され、巫女の影響や識字能力などが理由として説かれてきた［櫻井　一九七七：三〇三］。

11　牛山佳幸によれば、国家的法会では当初は僧尼の同席を原則としたが、次第に「男女混雑」に対する取り締まりを強化し、宮中読経での僧尼同席は神亀四（七二七）年が最後だという［牛山　一九九〇：一一二］。僧と対等であった尼の地位は八世紀半ば頃以降、急速に低下した。

12　立山の場合、『類聚既験抄』（鎌倉時代）、『伊呂波字類抄』十巻本「立山大菩薩顕給本縁起」（鎌倉時代）、『神道集』巻四「越中立山権現事」（南北朝時代）に記される。『伊呂波字類抄』は佐伯有若の開山を説く。

13　後世になって社が建てられると、山口神社などの呼称が与えられる。

14　境界は木や石を祀る祭祀場で、平地民と山地民の「沈黙交易」の場であった可能性もある。柳田國男は一九一〇年から一九二〇年頃まで、山地民を先住民とみる観点から、マタギ、イタカ、サンカ、木地師の資料を収集したが、平地民へと関心が移行した［赤坂　一九九一］。

15　『元興寺縁起』や『上宮聖徳法王帝説』は戊午（五三八年）、『日本書紀』は欽明天皇十三年壬申（五五二年）である。『日本書紀』の記事には、長安三（七〇三）年に漢訳された『金光明最勝王経』が利用され、中国の仏書も参照されていて、作為に基づく創作ではないかという［吉田　二〇一二：一六八〜一八九］。『元興寺縁起』も後世の最澄『顕戒論』の引用が初見という。

16　崇福寺跡（大津市）は志賀山寺に比定され、八世紀に遡る［時枝　二〇一八：一五］。

17　碑文は「沙門勝道歴山水瑩玄珠碑並序」真済《しんぜい》編『性霊集』（承和二〈八三五〉年）に収録。それによると勝道上人は天平神護二（七六六）年に大谷川の畔に御堂を作り、天應二（七八二）年に男体山に登拝したと伝える。男体山山頂遺跡は八世紀後半で年代は照応する。

18　立山は慈興による大宝元（七〇一）年開山、大峯山は役行者で大宝元年、白山は泰澄で養老元（七一七）年、伯耆大山は金蓮で養老二（七一八）年、国東六郷満山は仁聞で養老二（七一八）年、相模大山は良弁で天平勝宝七（七五五）年、箱根山は万巻で天平宝字元（七五七）年、石鎚山は寂仙で天平宝字二（七五八）年である。古い年代では、彦山の開山は忍辱で仏教公伝に合わせて宣化三（五三八）年、羽黒山の開山は能除太子で推古元（五九三）年である。

19　大峯山寺の解体修理工事（一九八二〜一九八六年）に伴う発掘調査による［奈良山岳遺跡研究会　二〇〇三］。山上ケ岳では、護摩の跡、護摩壇の構築、建造物の建立など、徐々に整備された状況が確認できる。九世紀の法具や仏像、十世紀の黄金仏二体（阿弥陀如来坐像・菩薩坐像）も発見された。弥山山頂の発掘品の金銅製三鈷杵も奈良時代後期と鑑定され、金峯山から弥山・八経ケ岳に至る大峯山北部では奈良時代に山頂祭祀が行われていた可能性が高い［森下　二〇〇三：三九］。

20　医療の知識があり、呪術的な力を具えた者を登用した。法相宗の山林修行者が多い。

21　宝満山の山腹の辛《からしの》野祭祀遺跡は七世紀後半、山頂の上宮祭祀遺跡は八世紀前半の遺物が発見された［時枝　二〇一六：一〇四〜一一七］。

22 九世紀には榛名山・立山・白山・彦山など多くの霊山で山頂遺跡が確認できる。

23 新田次郎の小説『劒岳　点の記』（文藝春秋、一九七七年）や同名の映画（二〇〇九年）にもなった。

24 日光山は平成二十八（二〇一六）年に開山千二百五十年祭、白山は平成二十九（二〇一七）年に開山千三百年祭、伯耆大山と六郷満山は平成三十（二〇一八）年に開山千三百年祭を行った。なお、平成三十年には西国三十三所草創千三百年祭を執行した。

25 『日本書紀』欽明天皇十四（五五三）年に難波津に上がった樟木で仏像が創られた。「吉野寺放光樟像也」とある。吉野寺は放光寺や現光寺と呼ばれ、比蘇寺の前身で、『日本霊異記』巻上第五話に見える吉野比蘇寺は後身で同寺である。

26 真言・陀羅尼を唱え、虚空蔵求聞持法の修行を行い、究極には清浄な大自然と一体になる。自然智とはその時に顕れる事物の根底をあるがままに知る智慧だとされる。神叡は道慈の虚空蔵求聞持法を受け継いで、吉野の比蘇寺（現光寺）で二十年間にわたって修行して自然智を得たとされる［吉田　二〇一二：八一～八三］。

27 『続日本後記』承和元（八三四）年九月十一日条に、「月之上半入二深山一修二虚空蔵法一、下半在二本寺一研二精宗旨一」とある。

28 龍門寺、長谷寺、南法華寺（壺坂山寺）、高宮廃寺（金剛山中腹）、加守廃寺（二上山中腹）、香山堂・天地院（春日山）、笠置寺、室生寺、東大寺の前身の金鐘山房などがある。

29 役行者の称号は、鎌倉時代中期以降に修験道の開祖と仰がれるようになって以降、尊称として一般化した。

30 霊亀年間（七一五～七一六）の頃に藤原武智麻呂が神託で越前比古神宮に神宮寺を建て（『藤原家伝』）、養老年中（七一七～七二三）に若狭比古神宮寺が建てられた（『日本後記』天長六〈八二九〉年三月十六日条）。天平勝宝元（七四九）年、聖武天皇は東大寺開眼供養に当たり八幡神（後に八幡大菩薩）を入京させて大仏の守護神とした（『続日本紀』）。天平宝字七（七六三）年に多度神が神身離脱を願う託宣をして多度菩薩と号した（「多度神宮寺伽藍縁起幷資材帳」）。奈良時代は、神は迷える衆生で、救済を求めて神宮寺での神前読経で神身離脱を求めるか、仏教を守護する護法善神になるかの二種であった。

31 「山の結界」の初見は、『類聚三代格』巻十六、大同元（八〇六）年八月二十五日官符で諸国山岳を礼拝し、四至を設定して木材の伐採を禁じた記事かと推定される。「結界」の用例は『四分律』『不空羂索経』にあり、正倉院文書中に経典名が散見し、正倉院文書の天平十三（七四一）年の結界文・結界道文が含まれているという［牛山　一九九六：一〇］。

32 「山の結界」と「堂舎の結界」については、［西口　一九八七：一二一］に示唆を受けた。

33 旧暦五月三日、拝殿の「山王院」で行う「竪精《りっせい》」の大会は『野山見聞集』によれば、應永十三（一四〇六）年に大明神（丹生明神）の託宣の指示で始まったとされる。高野山の最も重要な年中行事で、竪義《りつぎ》明神（柳沢明神）、精義《せいぎ》明神を祀る［日野西　二〇一六：二六七〜二六九］。

34 結界啓白文には境内全体の七里結界と伽藍建立領域の二度の結界を行ったとある（「入山興」「高野建立壇場結界啓白文」『性霊集』第一巻・第九巻）［日野西　二〇一六：一二五］。『二十五箇条御遺告』では「丹生・高野」で南山の犬飼を高野明神とし天野からの入山を示唆する。

35 最古の写本は安和二（九六九）年で、「不可入東寺僧房女人縁起第十八」に記されている。

36 延暦寺は延暦七（七八八）年の最澄の開創である。女人に関しては、『門葉記』所引建久五（一一九四）年八月六日無動寺大乗院供養願文の「抑當山者、為二大師誓願一嫌二女人之攀躋一」が根拠とされるが、大師の誓願は『山家学生式』（八一八〜八一九）の「凡天台寺院…令レ禁二盗賊・酒・女等一、住二持佛法一守二護国家一」の文言を指し、「不邪淫戒」に発するという［牛山　一九九六：四］。開創に当たり四境に門を建てたと伝わる。後の「四至」の原型である。

37 平康頼『宝物集』下（治承年間〈一一七七〜一一八一〉）に「所有三千界、男子諸煩悩、合集為二一人、女人之業障一、女人地獄使、能断二仏種子一、外面似二菩薩一、内心如二夜叉一、是は華厳経の文也」とある。出典は『華厳経』『成唯識論』『大智度論』『華厳経』『大宝積経』『涅槃経』などとするが、日本での創作の可能性が高い。

38 原文「所有三千界の男子の諸の煩悩・合集して一人の女人の業障となる」。『銀色女経』は「諸の女人は永く成仏の期無し」と説く。しかし、「女人業障の偈」は、『法華経』『華厳経』にはない［佐藤　二〇〇二：五二］。

39 道成寺物語の原型とされる『大日本国法華経験記』巻下第百三十九話「紀伊国牟婁郡悪女」とほぼ同じである。法華持経者の事績を記す。滅罪経典『法華経』に帰依し熊野などの山中で苦行と滅罪を行った。法相宗の大安寺・元興寺とも関連が深い。法相宗の僧侶は、吉野の比蘇寺で虚空蔵求聞持法を行った。

40 『元亨釈書』（元亨二〈一三二二〉年）巻十八では都藍比丘尼として同様の伝承を記す。都藍尼と同様の話は、名古屋の真福寺の南北朝期の写本（原本は平安時代末期か鎌倉時代）の『熊野三所権現金峯山金剛蔵王垂迹縁起幷大峯修行傳記』にも載る。地主の金精大明神の「女人不レ可レ登」の土地の境界を侵犯して入峯した「動亂尼」が山崩れで死亡したとある［五来編　一九八四：二一四〜二一五］。

41 伯耆大仙の場合、登藍尼《とうらんに》は山の神で、獲物を追ってきた狩人と山上で対面する。

42 『寛治二年白河上皇高野御幸記』には「この山において群れ動く高声あれば、忽然と雷電風雨。よって、これを禁ずなり」とある［木下　二〇二〇：四二一〜四二三］。

43 豊臣秀吉は禁忌を犯して、高野山の青巌寺で能を催したところ、俄かに雷電が鳴り響き、秀吉は驚き慌てて黒河道を駆け下ったとされる。『野山名霊集』（宝暦二〈一七五二〉年）に図が描かれている。国文学資料館デジタルコレクションで閲覧可能。現在も九度山町久保・市平には「太閤坂」「太閤の馬渡し」の地名が残る。

44 この時に近隣の老若が押し寄せた。俄かに雷電となり調べると、女性が変装して結界を越えたことがわかり、大門から追い出すと日が差してきた。これも天候異変の伝承である。

45 同様の縁起は『慈尊院弥勒菩薩略縁起』（渋谷区立渋谷図書館蔵）に記され、九度山慈尊院に同様の縁起が残り、『紀伊続風土記』五・二九九上以下、『紀伊国名所図会』中・五五八、『ゑ入高野独案内』にも載る［日野西　一九八一：三四九〜三五〇］。

46 『日本庶民生活史料集成』三一書房、第二八・二九巻、一九八〇に収録。

47 同様の話は、菊岡米山『諸国里人談』（寛保三〈一七四三〉年）、『立山紀行』（寛政十〈一七九八〉年）、『越中道の記』（天保十二〈一八四二〉年）が伝え、浅井倫『立山権現』（明治三十七〈一九〇四〉年）は、開山者の佐伯有頼の乳母が登ったと伝える。

48　金子有斐が『泰澄記』を引用し漢文で筆録した。『白山詣』白山比咩神社、一九三二年。

49　津軽の岩木山は、乳母の伝承で、佐藤彌六編『津軽のしるべ』（明治三十三〈一九〇〇〉年）によれば、山の神の安寿姫を慕って訪ねてきた乳母が石に化したとされ、姥石が残る。

50　山は水分で水の源でいのちを育み、動植物や木の実などを人間にもたらす。狩猟民の山の神には生産神の様相が色濃い。山岳信仰に密教の意味付けが加わり、山は金剛界・胎蔵界の曼荼羅と見なされるようになる。特に修行では胎蔵界が重視され、女性原理が卓越する。山中での修験道儀礼は死と再生を繰り返す、「擬死再生」の修行として構築されていく。

51　女人禁制の高野山に対して、女性が参詣できる寺は「女人高野」と呼ばれた。空海の母公を祀る高野山麓の天野の慈尊院や熊野の那智の妙法山阿弥陀寺、特に宀一《べんいち》山室生寺が名高い。葛城の天野山金剛寺（河内長野市）も女人高野とされた。「女人参詣」は中世に遡るが、女人高野の用法は江戸時代以降で、初見は林宗甫『大和名所記』（延宝九〈一六八一〉年）である［牛山　二〇一九］。女人高野は、江戸時代の女性の不浄観の広がりを通して形成された。山上ケ岳に対しては、「女人大峯」の稲村ケ岳（奈良県天川村洞川）や葛城犬鳴山（大阪府泉佐野市）、「女人山上」の鳴川千光寺（奈良県生駒郡平群町）があり、三峯山の太陽寺（埼玉県秩父市大滝）も女人高野とされる。

52　『妹の力』（一九四〇年）に収録されている。初出は一九一六年。

53　立山の止宇呂《とうろ》の尼、白山の融《とおる》の婆《うば》、金峯山の都藍尼《とらんに》、伯耆大仙の登藍尼《とうらんに》など、アマとウバの伝承で類似する。役行者の母のシラトウメ（白専女）も同様である。柳田國男はトラを巫女の総称とし、『曾我物語』で曾我十郎祐成の死を悼んで大磯の遊女虎御前が流す涙が雨になったという虎ケ雨の伝承のトラも巫女と考えた。

54　比叡山は、近江坂本から登る垢坂（赤坂）が浄刹結界地で、京都側の雲母坂《きららざか》（曼殊院道）に浄刹結界址、山麓には女人牛馬結界碑が残る。醍醐寺は上醍醐への登拝路の女人堂（成身院）が結界、吉野山は青根ケ峯の愛染に女人結界碑と母公堂跡、談山神社（旧妙楽寺）の登拝道に女人結界碑、戸隠山は中社の上手に女人結界碑と女人堂跡、日光山は中禅寺道の途上に女人堂跡と巫女石が残る。鳥海山矢島口は二合目木境、木曽御嶽山黒沢口は八合目女人堂、富士山村山口は中宮八幡堂が結界であった。羽黒山は荒澤寺門前に女人禁制碑が建ち、女人が迂回する女人道があった。武州御嶽山は大嶽山頂手前の「おの子連供養塔」が女人結界であったと伝える。相模大山の蓑毛道にも女人禁制碑が残る。

55 比叡山の坂本の花摘堂は、最澄の老母妙徳尼の訪問地とされて母像が安置された（『近江国輿地志略』巻之二十二、志賀郡第十七、花摘社）。円珍が母を祀ったともいう（『比叡山堂舎僧坊記』東塔、東谷仏頂尾）。花摘堂（別名は三宮《そうのみや》）には毎年四月八日に女性が参詣して花を手向けて祈願した。

56 元来は、高野山の政所であったが、室町時代に空海の母の廟所の伝承が発生した［日野西　二〇一六：一三九］。美作の後山の母護《ははこ》堂《どう》も役行者の母を祀るという。近世の伝承である。

57 姥神や奪衣婆、関の姥をめぐる考察には多くの成果がある［松崎　二〇一二］。

58 貴女は舎利会を拝するため影向した女神で聖女社に祀られ、山王二十一社の中七社の一つの宇佐若宮として、西本宮の宇佐宮（聖真子）の東に鎮座する。『山家要略記』「厳神霊応章」の一節「山上女人登山事」も尊意の『法性房贈僧正伝』を引き、同様の記事を記す。

59 さらに続けて、以前は女性が山に登ってきた時に、天候が急変して雷雨となり山王権現の咎めと思ったが、何も起こらず「山王霊験滅亡」か、と述べる。後に源顕兼《みなもとのあきかね》『古事談』（建保三〈一二一五〉年）巻四に再録された。『本朝神仙伝』の金峯山の登藍尼の話と類似する。

60 五代後周の釈義楚によって編纂された仏教類書で顕徳元（九五四）年に完成した。

61 「入山興」「高野建立壇場結界啓白文」『性霊集』第一巻・第九巻に記されている。

62 十世紀から十一世紀には寺領の領有の根拠として結界が明確に定められていった［西口　一九八七：一二一～一二九］。狩猟・漁撈・木材伐採など経済的資源の確保の意味も強い。

63 空海の臨終の承和二（八三六）年三月十五日の七日前に空海から真然に託されたと伝えるが、最古の写本は安和二（九六九）年である。山を「清浄」とする見解は、『大日本国法華経験記』巻中第五十九話「古仙霊洞法空法師」が古い。

64 法然が女人往生を説く唯一の書とされるが、疑義もある［平　一九九二：三九四〜三九七］。『法然上人行状畫図』（十八）詞書は女性蔑視を批判的に述べる。

65 「根本大師臨終遺言」の原文は「又女人輩不レ得レ近二寺側一、何況院内清浄之地」『伝教大師全集』第一巻、世界聖典刊行協会、一九八九年、二九九頁。「叡山伝教大師傳」『伝教大師全集』一九八九、三九頁。

66 勝浦令子は日本古来の習俗よりも、道教・仏教・本草などの産穢意識の影響を見る［勝浦　二〇〇六：四、二〇〇九：八］。『大宝令』（七〇一年）には「穢悪」に「古記云」として「出産を見ることの禁」（生産婦女不見之類）を説く。『古記』は『大宝令』の注釈書で、天平十（七三八）年頃に成立した。

67 岡田重精は古代の斎忌《いみ》の禁忌から穢れへの連続性を説いた［岡田　一九八二］。斎忌の斎は神に近づくための規定で、神祇令は神事の前後の散斎《あらいみ》と当日の厳格な致斎《まいみ》を定めた。ただし、陰陽道との対比が明確でなく、摂関期の記述にも誤りがあるという［三橋正　一九八九：六六］。

68 原文は『類聚三代格』（国史大系第二五）吉川弘文館、一九七一年。

69 忌とは、祭事や神事が無事に成就できるように穢れを避ける規定である。

70 「臨時祭」穢忌条「凡触二穢悪事一応レ忌者、人死限二卅日一」「産七日、六畜死五日、産三日」で最長は死穢の三十日である。月事は懐妊月事条で祭事の当日以前で期間はない。

71 現在の神職が祭式で読む「大祓詞」は、『延喜式』の「六月晦大祓」が原型で、「中臣祓」ともいい、平安時代、毎年六月と十二月の晦日に、罪や穢れを祓うために祭祀官の中臣氏が朱雀門で奏上していた。穢れや大祓については［山本　一九九二］の考察もあるが「年代記的な細かい処理は意味を持たない」「時代的な前後関係をほとんど顧慮せずに行論を進める」という議論には従えない。

72 山上ケ岳山頂にある大峯山寺修理に伴って一九八四年に発見された金銅菩薩坐像と金銅阿弥陀如来坐像は宇多上皇の御幸の時の奉納かと推定されている。

73 金峯神社蔵で、経筒は国宝（京都博物館寄託）、埋経は東京国立博物館などに寄託されている。

74 『スッタニパータ』一三六は「生まれによって賤しい人となるのではない、生まれによってバラモンになるのではない」と出生・階層の平等性を説く（『ブッダのことば――スッタニパータ――』（中村元訳、岩波文庫、一九八四年）。『サンユッタ・ニカーヤ』一、五、六は「女であれ男であれ、このような乗り物があるならば、その人はその乗り物によってまさに涅槃に近づく」と涅槃での男女平等を説く（『ブッダ　神々との対話――サンユッタ・ニカーヤ――』、中村元訳、岩波文庫、一九八六年）。岩本裕は、初期仏教経典の仏陀は在家者向けの説法では女性を称賛するが、出家者向けの説法では女性を不浄視し蔑視したという［岩本　一九八九：六五］。仏陀は最初は女性の出家を認めず、「八敬法」を定めて男性出家者への従属を説き、比丘尼の戒律の条目を増やして承認したとされる［同　六六～六七］。岡田真水は男女不平等の上座部仏教の「八敬法」が、大乗仏教の日本でも適用されていることの矛盾を明らかにした［岡田　二〇一九：二五～二九］。

75　原文は「女人輩不レ得レ近ニ寺側一何況院内清浄之地」。

76　穢れには、男女双方の死穢、女性の月経・出産があり、一時的とされた。このうち、女性に関わる穢れ、特に血穢が、女性の穢れの強調に展開した。いわゆるジェンダー化である。

77　『マッジマニカーヤ』（多界経　バフダートゥカ・スッタ）一一五など。

78　『涅槃経』、龍樹『大智度論』、天親『浄土論』などが説くとされる。

79　龍女が往生や成仏を遂げたことに関しては異論が多い［岡田　二〇一九：二九～三二］。ただし、この記述は『法華経』の功徳が女性に及ぶという法華信仰展開の重要な要素となった。龍女成仏の史料上での初見は天暦元（九四七）年である［平　一九九二：四〇九］。

80　変成男子は龍女成仏と同時期に説かれた。転女成仏経の初見は天平九（七三七）年で、その後も散見し、平安時代の初見は元慶八（八八四）年である［平　一九九二：四〇九］。五障が説かれ、浄土に女性はいない、女性は往生できず、変成男子で往生成仏するとされた。

81　平雅行は、三従、五障、龍女成仏、転女成仏経、女人結界の文言の一覧を作成している［平　一九九二：四〇九］。吉田一彦は五障の教説は八世紀頃にはほとんど記載がなく、龍女成仏や女性の罪深さの説もなかったが、九世紀から十世紀に教説が普及し、僧侶以外にも広まり、十一世紀には文学に登場して、女性の罪業観念が定着したという「さわり」への展開も示唆している［吉田　一九八九：六五〜六八］。

82　「修行僧は、自己の離欲を望んで、愛欲を除き去れ」『ダンマパダ』三四三、「愛欲は苦しみの根源である」『ウダーナヴァルガ』三―一八（『ブッダの真理のことば　感興のことば』中村元訳、岩波文庫、二〇一七年）。女性の愛欲の忌避は、『テーラーガーター』四五五、七三八（『仏弟子の告白――テーラガーター――』中村元訳、岩波文庫、一九八二年）。

83　在家仏教徒の優婆塞・優婆夷が守るべき戒律である五戒の中に不邪淫戒は含まれている。優婆塞・優婆夷は上座部仏教では十戒を遵守し、出家僧は、具足戒の二百二十七戒を守る。

84　最古の六道絵は滋賀県の聖衆来迎寺蔵『六道絵』（鎌倉時代〈十三世紀〉、国宝）、地獄極楽図は京都府の金戒光明寺蔵『地獄極楽図屏風』（鎌倉時代〈十三〜十四世紀〉）かと推定される。

85　「死を恐れ、死の前に慎むのは人間に普遍の感情であっても、浄穢・吉凶の対立概念を操作して死穢を忌むのは、思想的活動の所産として歴史的に形成されたもの」［高取　一九七九：二一六］とし、死穢を忌む意識が本格化したのは奈良時代末期とする。

86　丹生谷哲一は、穢れを「あるべき秩序に反しているとみなされたもの」と定義し、「清目《きよめ》の非人」と呼ばれた中世の被差別民の形成や中世天皇制との繋がりを考察し、罪を穢れと観念する中世で、穢れを清める検非違使《けびいし》の役割を重視した［丹生谷　一九八六：七〜一二］。

87　祇園祭の山鉾巡行からの女性排除は［脇田　一九九九：一四八、二二一］で論じられている。女性の酒造りについては［脇田　一九八三：八六〜八七］がある。

88　穢れをめぐっては、ケガレ研究会の成果の［服藤・小嶋・増尾・戸川編　二〇〇五］が多様な視野から論じており、衛生思想の歴史的変化に関しては［鈴木則編　二〇一四］、中世の秩序意識に関連した穢れの研究としては［片岡　二〇一四］がある。

89　「女人月水神忌事」（五巻二九）には、「蒜等ノ汚モ皆神道ニ忌ム処ナリ、即女人ノ月水ハ七日ヲ限トス。荒膚、鹿鳥等ハ百日、或七十五日ヲ限トセリ」とある。

90　最古の『血盆経』は『長辨私案抄』（深大寺長辨による諷誦集）に収められ、正長二（一四二九）年二月の日付が記されている［高達　一九九二：七］

91　千葉県我孫子市の曹洞宗正泉寺には、「血盆経信仰資料」として、絵画三幅、関連の典籍、血盆経や略縁起の版木が、県指定有形民俗文化財として保存され、当時の広まりを伝える。

92　鎌倉時代に関しては［牛山　二〇〇二］、最新の史料は［牛山　二〇一五］も併せて参照した。

93　この他に、世阿弥作と伝える『多度津左衛門』（應永三十一〈一四二四〉年奥書）は高野山不動坂、御伽草子『大仏供養物語』（室町時代）は善光寺内陣での女人の禁制を伝える。

94　鞍馬寺の本堂での常盤御前の結界侵犯の物語は『常盤問答』『伏見常盤』で語られる［阿部　一九八九：一九七～二〇八］。『常盤問答』では鞍馬山の阿闍梨は「女人は障り多くして、清き霊地を踏む事なし。ましてや持戒持律の高僧貴僧ならでは、内陣の隔子へ臨む事はなき物を、そのうへ不浄懈怠なき男子の身だに臨まぬに、かかる謂れを知りつつ、寺をあなづり上れるか」と声高に述べる（『幸若舞研究』第一巻、三弥井書店、一九七九）。ただし、語り物の古浄瑠璃の『常盤物語』（寛永二〈一六二五〉年写本）では、常盤御前が東光坊を論破・折伏し女人の参詣が許されて禁制が解かれる新しい展開となる（『古浄瑠璃正本集』第一巻、角川書店、一九六四）。『常盤問答』異本では、女人結界の山には女鳥・女鹿・女竹・女木はないと説き、効果を高める。

95　室町時代の『せっきゃうかるかや』は一巻本と呼ばれる。印行正本は、寛永八（一六三一）年、浄瑠璃屋喜左衛門板の絵入り版本『せっきゃうかるかや』で三巻本と呼ばれた。寛文元（一六六一）年の江戸板木屋彦右衛門板の絵入り版本『かるかや道心』は人形浄瑠璃の影響が加わる［菊地　一九八八：二三］。

96　中世の複雑な『神祇道服忌令』による触穢規定に基づいて整理され公にされた［林　一九六七］。伊勢神道や両部神道に関わる服忌令による触穢思想が山岳霊場に拡大した可能性もある。戸隠山に文安三（一四四六）年に施入された『般若心経』版木裏面に「戸隠物忌令」が記されている［牛山　一九九六：一一］。

97　村や町では、「村講」が展開し、稲荷講、庚申講、観音講、地蔵講、不動講、大師講、太子講、十八夜講、二十三夜講、念仏講、題目講、頼母子講など、多数の講が活動し、地縁の絆を強める働きをしていた。女性だけが参加する子安講や女人講も盛んになり、女縁を形成した。

98 当初は「不二孝」であったが、天保九（一八三八）年以降は、「不二道」と称した。

99 永禄七（一五六四）年には四合五勺の御座石まで女性が登った記録があるので［竹谷　二〇一一：一八］、江戸時代より規制は弱い。

100 大門口、不動坂口（京口）、大滝口（熊野口）、龍神口、大峯口（野川口、東口）、黒河口《くろこ》（大和口）、相浦口《あいのうら》をいう。黒河口には「此内へ女人入るへからす。若心得違之者有レ之におゐてハ可レ為二曲事一者也」と墨書されていたという［矢野　二〇二〇：八］。

101 『金剛三昧院旧記』（十六世紀初頭）に「四至」は、東は稲荷、南は熊野街道で轆轤タウケ、西は花ヲリ、北は金剛三昧院とあり、境界認識を伝える［木下　二〇二〇：三五〜三六］。花折は山の神に対して花を手向ける所であろう。『金剛峯寺日並記』に見える江戸時代の高野山の女人禁制や女人堂の考察は［矢野　二〇二〇：六〜二四］に詳しい。女人結界は明治五（一八七二）年以後も維持されたが、明治三十八（一九〇五）年六月十五日に解除を宣言し［島津　二〇一七：三七］、明治三十九（一九〇六）年の弘法大師開宗一千百年記念大法会は女性への規制なしで行われた。

102 戸隠山・立山・白山・日光山・鳥海山・羽黒山・大峯山など各地に残る。

103 『慈尊院弥勒菩薩略縁起』（渋谷区立渋谷図書館蔵）、九度山慈尊院にも縁起が残る。

104 大師の母は、「あこう御前」（説経節）や「あこや御前」（古浄瑠璃）と呼ばれ、尼僧で巫女の様相を持ち、信仰対象となった［日野西　一九八九：二八二〜二八六］。天野も慈尊院とともに女性との縁が深く、丹生明神の加護で尼僧が活躍した［阿部　一九八九：一八三］。

105 比叡山麓の坂本との共通性もある。

106 学文路の苅萱堂は、現在は真言宗の如意珠山能満院仁徳寺になっている。

107 女人高野は、この他に室生寺（宇陀市）が名高い。令和二（二〇二〇）年六月十九日付で「女人高野」の寺社と習俗は日本遺産に指定された。

108 本縁起は庵谷巌《あんざこいわお》が甲府の古美術商から入手し、「三熊野の『比丘尼縁起』」『論纂説話と説話文学』(笠間書院、一九七九)に全文の翻刻を掲載した。所在・年代は不明である。

109 古くは永正年間(一五〇四〜一五二一)から慶長四(一五九九)年まで五流修験の霞場で、慶長六(一六〇一)年から明和二(一七六五)年までは、当山派修験の道仙寺が別当として奥之院を守護していた。後山は大峯山の「仮みね」で、この山に登れば大峯山登拝と同等とされた。

110 利根川流域では、犬供養と同様の作法で妊婦の安産を願い、産穢が生じないようにした。

111 山岳信仰や修験道に関しては、[宮家 二〇〇二][鈴木正 二〇一五]を参照されたい。

112 役行者は鎌倉時代中期に祖師として祀られるようになった。現存最古の役行者像は甲府右左口《うばぐち》町の円楽寺(旧・五社権現)所蔵の尊像で、胎内銘は延慶二(一三〇九)年である。

113 富士山の女人の登拝は、吉田口では二合目の御室浅間神社までで、遥拝所「女人天上」が設けられていたが、御縁年の庚申年には山麓での七日間の修行後、四合五勺の御座石まで登れた。ただし、二合目に設定されたのは十八世紀後半に女性参詣者が増えたことで設けられた結界であった。鳥海山矢島口は二合目木境の女人堂、木曽御嶽山黒沢口は八合目の女人堂までであった。

114 「神仏習合」は辻善之助による学術用語で、明治四十(一九〇七)年発表の「本地垂迹説の起源について」以降に広まった近代概念である。初見は明治三十四(一九〇一)年の足立栗園の著作である。用語の検討は[鈴木正 二〇一八c:三三八〜三四三]。

115 正確に言えば、黒田俊雄の「顕密体制論」[黒田 一九七五]は中世前期を視野に立論され、顕密体制の崩壊後に修験道が成立したとする。修験は十三世紀末に園城寺が「顕・密・修験」の兼修を主張し、十三世紀後半から「修験之道」や「修験道」の用法が増加し、十五世紀に教団化したとみられる[長谷川 一九九一][徳永 二〇〇三]。

116 慶應四年九月八日に明治元年に改元した。

117 狭義には三月二十八日の布告、広義には三月十七日の布告と合わせて神仏判然令という。

118　一連の方策は、明治三年閏十月中旬の天社神道（陰陽道）禁止、四年十月十四日に六十六部（遊行聖）の禁止、四年十月二十八日に普化宗（虚無僧）の廃止、明治五年三月二十七日に女人結界の廃止、五年四月二十五日の肉食蓄髪勝手令、五年六月十二日の神社祭典への僧尼参詣許容、五年六月十三日の神社参詣に際しての死穢の緩和、五年八月十七日僧官廃止、五年八月三十日願い出なき寺社創建の禁止、五年九月十四日僧尼の苗字の令、五年九月十五日の修験宗廃止令、五年十一月八日無檀・無住の寺院の廃止、五年十一月九日僧侶托鉢の禁止、明治六年正月十九日に僧侶位階廃止令が出て、特権身分は消滅した。

119　この概数は［中山　一九三〇：四二六］に基づく。

120　日本最初の博覧会は、明治四（一八七一）年に京都の西本願寺で行われ、京都府と民間が合同協力して京都博覧会社が創立され、明治五年三月十日から五月三十日まで、西本願寺・建仁寺・知恩院を会場として第一回京都博覧会を開催し外国人観光客は七百七十人である［工藤　二〇〇八：九〇］。女人結界の解禁は会期中の三月二十七日であった。外国人対応は茶の湯にも及び、明治五年に裏千家十一世家元玄々斎は立礼式点前を考案した。

121　当時、高野山と比叡山が女人禁制の代表とされた。高野山は空海が『二十五箇条御遺告』で結界を定めて以来、維持してきたと説いていた［鷲尾・神亀　一九三三：二三一、二三三］。

122　滋賀県から比叡山に結界の解禁を通知したが、一山からの反対の答申を受けて一時当惑した。意見を添えて三月十五日に大蔵省の布告を請い、大蔵省は滋賀県の意見に同意し、十八日に太政官の布告を請うた。太政官布告は「比叡山山上女人結界ノ儀ニ付、滋賀県ヨリ出候別紙ノ條款深理密考致シ候處、女人結界ノ儀ハ、假令外國人登山ノ一事ニ関セズトモ、千山萬岳何處トシテ人間ノ跋渉ヲ害スル場所モ有之間敷、只重ンジ憚ル所以ハ國禁ノ然ラシムル所ニシ、都テ、今日ノ文明上ヨリ論シ候ヘハ、結界ノ御禁制等ハ、断然改メラレ候方、更始ノ御政體ニ適當可仕候間左ノ通リ滋賀県へ指令致シ度、因テ案書一同、此段相伺候也」とある。太政官から大蔵省へ、大蔵省から教部省、太政官から大蔵省へ、大蔵省から滋賀県、延暦寺へと布告が行き来し、三月二十七日の正式な解禁通知となった。

123　出羽三山のうち月山と湯殿山は女人禁制で、羽黒山は女性の参詣は可であった。ただし、聖火を管理する荒澤寺は女人禁制で、女人道が別途設けられ、境内入口に女人結界碑が残る。羽黒山の「冬の峯」結願に当たる大晦日の松例祭は女人禁制だったが、昭和三十（一九五五）年に女性の抗議で解禁された。羽黒の手向《とうげ》に妻帯修験、山内に清僧修験が居住していた。

124　最初の神子《みこ》修行で先達を務めた阿部良春権宮司は女人禁制について「女性を差別してきたわけではなく、体力的に修行についてこられるかどうか心配であった」と語っていた。「荒行にも耐えて…出羽三山神社初の「女性山伏」誕生事情」『Friday 臨時増刊』一九九三年七月二〇日号、九七頁。穢れの用語は出さず、女性の体力のことを心配する。

125　「出羽三山神社の女山伏（上）「秘して語ることなかれ」の神子修行に参加した」『産経ニュース』二〇一四年十月五日付。
https://www.sankei.com/premium/news/141005/prm1410050005-n3.html（2019/12/22 最終閲覧）

126　最澄の『山家学生式』第八条に五戒のうち三つがあり［牛山　二〇〇五：五］、戒律の条項である。『梵網経』が依拠する大乗戒「十重四十八戒」の十重の最初の五戒に基づくという。

127　平安時代の安然《あんねん》が唱えた。類似する「山川草木悉皆成仏」は仏典や日本の古典に出典はなく、梅原猛が「山川草木悉有仏性」とともに使い始めたという［末木　二〇一七：一七］。

128　広まりは宗派ごとで地域性があり、全国的ではなく、受容に濃淡がある。

129　平成十三（二〇〇一）年の役行者千三百年御遠忌に際して、山上ケ岳の女人禁制の解禁が画策されたが、平成十二年の開放派の強行登山を契機に中断した。山麓の洞川では長い間、解禁をめぐる問題が議論されてきた［錢谷修　一九七〇］。この経緯に関しては、第三章で詳説する。

130　英彦山の表記は享保十九（一七三四）年以後である。霊元法皇は彦山への崇敬の念で銅の鳥居に掲げる勅額の寄進を考え、享保十四（一七二九）年に彦山に「英」の美称を冠した勅号を与える旨の院宣を下したが、実現せずに崩御した。同十九（一七三四）年に法皇宸筆の勅号を基に勅額が銅の鳥居に掲げられ、英彦山と公称するようになった。

131 『彦山流記』［五来編　一九八四：四六六～四六七］［廣渡　一九九四：二九～六二］。

132 「極秘分七通　第一峯中本有灌頂事」に「問ふ。若し身相挙動、舌相言語みな密印と云はば、今當に凡夫、女人と交會して、生命を殺害し、人物を犯盗せば、其の中の原語、身相亦た皆密印なるや。答ふ。経に曰く。但だ其の執を除けども、其の法を除かずと。故に十悪に約して、若し妄執有らば、則ち罪障悪業を成ず。若し妄執無ければ、則ち密印を成ずなり」とある。凡夫の女人交会、殺害生、犯盗のような言葉や実相は密印である。

133 俗家は商人・職人が居住する山内の「町」と、農業集落の北坂本と南坂本にいた。

134 坊家の変遷の詳細は、［添田町教育委員会編　二〇一六：三二六～三二七］参照。

135 英彦山の国史跡指定に関わる文化財調査でのレーザー測量で国内最大規模の山伏集落の姿が明らかになった。「英彦山坊院が置かれた谷集落において陰影図等のデータから建物跡と思われる平坦面は全体で六百四十面以上が確認できた。そのうち「明治初年坊中屋敷図」にみえる二百五十坊についてほぼ重ね合わせることができた」［添田町教育委員会編　二〇一六：五〇］とあり、六百を越える屋敷跡が確認された。座主相有が元禄八（一六九五）年十一月二十四日付に寺社奉行に提出した「彦山之儀往古より別山ニテ立来候覚」（高千穂〈上〉文書）「上古三千八百坊在之、当時坊中五百余坊」とある戸数に近い。

136 『塵壺集』有吉憲彰編『福岡県郷土叢書』第一集、東西文化社、一九三一年（復刻版、文献出版、一九七五年）。

137 彦山の近くの宝満山も女人禁制・女人結界の記録はない。ただし、『竈門山旧記』坤巻では、女人結界はあったが、坊中は里に下って消滅したと示唆する［森　二〇〇八：三三三］。

138 『大山寺縁起』（洞明院本）［五来編　一九八四：三三七］。

139 弥山禅定は、①『法華経』の書写という天台的な修行法、②山岳登拝、霊水・薬草の採取という山岳信仰・修験道的行法を含む。寛文八（一六六九）年以後は「法華堂行者」二人が『法華経』二部を五月一日から七月二日まで堂籠して書写し、六月十四日の夜に弥山禅定を行った。写経を納めた経筒、閼伽桶を持って弥山に登り、山上の池の水辺に経筒を埋め（納経）、池の水を桶に汲み、薬草などをとって山から下る。俗人の登拝を許さない。明治の神仏分離で全て廃絶し、明治九（一八七六）年以降、弥山禅定は「もひとり神事」として、神職が霊水と薬草をとる行事となった。

140 穢れは、精進潔斎、罪穢と刑罰・禊祓、賤視と差別の三つの側面で意識化されて現出する。禁忌の侵犯で生じる祟りの概念は古代に遡るが、中世の「神仏習合」で変容し、賞罰へと変化したと佐藤弘夫は説く［佐藤　二〇〇〇：一七〜五一］。

141 ハレとケの発見は昭和初期に遡るが、柳田國男は民俗語彙には入れず、対比概念ともせず、『歳事習俗語彙』（民間伝承の会、一九三九）や『民俗学辞典』（東京堂出版、一九五一）には採用していない。ハレとケの交替論は東京教育大学に史学科史学方法論専攻として民俗学がアカデミズムに取り込まれた後に導入され、昭和四十五（一九七〇）年頃に一般化した。民俗語彙としてのケの用例はさほど多くなく、ハレは宮中や武家の用語であった。

142 宮田登はケを毛（稲の霊力）であるとともに気（人間の生命力）を意味するとして、ケ→ケガレとケガレ→ハレを対置させ、境界領域としてのケガレを強調した［宮田　一九九六］。

143 国語学者は穢れの語源は「ケ・ガレ」でなく、「ケガ・レ」と主張した。

144 民俗学は女性の穢れを反転させる説を展開してきた。柳田國男は「妹の力」（初出一九二五年）などで女性は体質や生理上の特徴に基づき、神を見る、神の声を聴く能力があるとして女性の霊力を強調し［柳田　一九九八（一九四〇）：二五四、二六九］、折口信夫は月経を血穢とせず神に召された印として神霊との交流能力と考えた［折口　一九七二（一九三〇）：四六六〜四六七］。谷川健一も沖縄のセジ（霊力）の信仰や折口信夫のタマの議論に基づき、ケは内在的エネルギーではなく外在的なマナ（非人格的力）で、外来魂が肉体から離れる「ケ離れ」で生命力が衰退すると考えた［櫻井他　一九八四］。新谷尚紀はケガレ（死の力）からカミ（生命力）へという展開を重視する［新谷　一九八七］。全てケガレの負性を転換する考え方である。学説の批判的検討は、［波平　二〇〇四：七四七］［鈴木正　二〇一四：一六〜一七］を参照されたい。

145 ケガレの考察は、壱岐や四国の事例でさらに深めた研究を展開している［波平　一九八五］。

146 正確に言えば、政治的イデオロギーではなく文化的イデオロギーである。

147 英語と日本語の穢れをめぐる用語を照応させる試みも併せて行う。

148 本書の原題は"Purity and Danger"であり、翻訳では『汚穢と禁忌』と訳されて、著者の主張が歪曲された。訳文も英語のキーワードを十分に訳し分けていないなど問題点が多い。

149 メアリ・ダグラスの説明は次の通りである。「一定の秩序ある諸関係と、その秩序の侵犯とである。従って穢れとは、絶対に唯一かつ孤立した事象ではあり得ない。つまり穢れのあるところには必ず体系が存在するのだ。秩序が不適当な要素の拒否を意味する限りにおいて、穢れとは事物の体系的秩序付けと分類の副産物なのである」［ダグラス　一九七二：七九］。

150 ケーララ州のテイヤム祭祀、カルナータカ州のブータ祭祀の調査を一九九〇年代から継続して行ってきた。これらの民間信仰の担い手は不可触民と呼ばれるアウト・カーストであり、祭祀では通常は穢れとされて忌避される人々が儀礼の中核にあって神霊と一体化し、高カーストから拝まれるという逆転現象が起こるといわれてきた。しかし、実際の現場では様々な事例があり、最下層の人々が演じる時には、依頼者が数メートルの距離を保ち、御賽銭も手渡さずに投げて与える現場を目撃した。

151 南インドではドービー（doby）と呼ばれ、同じような役割を果たす。

152 四つのヴァルナ（varṇa 観念的なカースト）の外の人々、アチュート（achūt）の翻訳である。ハリジャン（harijan 神の子ら）、ダリット（dalit 抑圧された者）などとも呼ばれる。

153 月経は「不浄（asuddha）」というよりも、「悪い血」が出る、「きれいでない（svaccha nāhi）」と表現されるという［松尾　二〇一三：一〇二］。ケガレの翻訳も文脈の中で再考する必要がある。

154 ここでは関根康正が展開する議論に関する「ケガレ」の表記をそのまま使用する。

155 アウト・カースト（out caste）で不可触民（untouchable）と呼ばれてきたが、公式には一九四九年に使用を禁じられた。イギリス植民地時代から指定カースト（scheduled caste）として保護の対象になっている。

156 横地優子のＦＩＮＤＡＳ第一回研究会（二〇一六年四月二十三日）の資料による［横地　二〇一六］。

157 「スカンダ・プラーナ」「ブルハット・サンヒター」「ヴァシスタ・ダルマシャーストラ」など。

158 日本でも、四国いざなぎ流のスソの取り分け、大祓の人形による祓い、村境に立てる道祖神の神送りなど、数多くの類似事例がある。

159　病いの歴史と穢れに関しては、［鈴木則編　二〇一四］を参照されたい。

第三章　山岳信仰とジェンダー

1　ジェンダーの視点

日本は国土の約七割が山や丘で、生活の場から程よい距離にあって、多くの山々が信仰の対象となり、山を修行場とする神仏混淆《こんこう》の修験道が隆盛を極めていた。明治時代以前は多くの山の登拝は男性に限定され、特定地点には女人結界が設けられて、女性の登拝は禁忌であった。いわゆる女人禁制である。現在でも各地の霊山と山麓の境界には女人結界の碑が残り、禁忌を侵して山に登った女性が石や木に化した話が伝わり伝承の根強さを示す。本章では、女人禁制を焦点として、山岳信仰を社会的・文化的性差であるジェンダー（gender）の視点を入れて考察し、担い手、地域社会、研究活動等を総合的に問い直す。

ジェンダーとは何か。川橋範子は「社会的・文化的に作り上げられた性別に関する知識や実践」［川橋　二〇一六：四］と定義し、「性別にかかわる差別と権力構造を明示し社会変革の梃子になる力を生み出す批判的概念」［同：五］とする。[1] 思想や理論にとどまらず、社会変革の実践を試みて、男女の言説（discourse）を相対化し、女性の多声性を浮上させる。価値中立的ではなく、現状への異議申し立てをする。ジェンダーの視点を持つ宗教研究は、「宗教における女性の周縁化と不可視化に批判の眼を開かせ、男性中心主義が生み出した解釈や価値観を疑う批判的視点を意図する」［田中・川橋編　二〇〇七：四］という。ジェンダーは歴史的変遷と構築される過程を具体的な文脈に沿って読み解く必要がある。

一方、歴史学にジェンダーを導入したジョーン・スコット（Joan W. Scott）は、ジェンダーを「肉体的差異に意味を付与する知」［スコット　一九九二：一六］と定義し、空っぽの男と女のカテゴリーに多様な意味が付与され、言説で構築された両性間の差異が社会関係を構成する基本要素となり、権力関係を表示し正当化する手段になると主張した。ジェンダーは、政治・外交・科学などの場で特定の権力関係（排除と包摂）を自然なものに見せかけるために作動する。スコットの研究は、特定の意味の自然化へと向かうジェンダーの政治性と権力構造を明らかにし、[2] ジェンダーを固定せずに動態的に考える視座を提供する。動態的な視座は江原由美子にもみられる。「ジェンダー秩序」の概念を導入し、「ジェンダー化された主体に適用される相互行為上の規則や慣習の違い」と定義して、「日常的実践」を通じて再生産される視点を強調する［江原　二〇〇一］。ジェンダーは固定化せず実践とともに変化し続ける。

ジェンダー論に先行して、女性への差別と抑圧の是正を求めるフェミニズム（feminism）の運動が広く展開してきた。[3]大峯山の女人禁制に対してもフェミニズムは反対運動の原動力になっている［源編　二〇〇五］［「大峰山女人禁制」の開放を求める会編　二〇一一］。フェミニズムの定義は多様であるが、天野正子は、「性別分業イデオロギーにもとづく社会の構成原理を批判し、その克服を求める思想・運動」［天野　一九九五：一一五］と定義し、家父長制（partriarchalism）の概念を持ち込んで批判的に男女の力学を考えることを目的とする。上野千鶴子は、フェミニズムは他者性の刻印を帯びた女性の視点を主軸にして、社会・制度・経済を見直す立場に立って、家父長制と資本制の在り方を検討し、女性の抑圧や差別を物質的基盤（制度と権力構造）の在り方から再考すると説く［上野一九九〇］。[4]家父長制とは、年配男性の家父長が、若年の男女を含む家族を支配・統御する家族形態で、性別と年齢に基づき権力が不均衡に配分される体系である。「ジェンダー秩序」は、家父長制を包摂する広い概念で、社会のジェンダーを構成する歴史的・社会的に構築された社会実践や規範の体系をいう。

日本へのフェミニズム理論の導入は一九八〇年代半ば、ジェンダー研究は一九九〇年代以降である［江原　二〇〇〇：一四］。[5]一方、宗教は男女の差異の固定化や権威付けをもたらし、ジェンダーとは二律背反とされたが、二〇〇〇年代以降はフェミニスト人類学と協同して宗教とジェンダーの研究は確実に蓄積されてきた［川橋　二〇一二：一七～四四］［川橋・小松編　二〇一六］。[6]ジェンダーの組み込みは山岳信仰研究にも新しい知見をもたらす。

女人禁制という言葉には、男性優位・女性劣位の視点が内包され、男性から女性へ向かう一方向的な見えざる権力が働き、ジェンダー・バイアス（gender bias）が強い。ジェンダーの不均衡な非対称性が強く働く慣行や制度である。小林奈央子は「山岳信仰の世界は家父長制的な制度や慣習、男性中心主義がいまなお根強く残る」［小林　二〇一九：六〇］と家父長制の継続を問題化し、大峯山の奥駈修行や木曽御嶽山の登拝講の内部の実態、女性行者の個人の体験を通して、男性が卓越する支配の諸相や、女性行者が非日常的回路を通じて劣位を覆す批判的な見方や実践を考察した［小林　二〇一六：四三～六八］。大峯山の女人禁制に関しては、リンジー・デウィット（Lindsey DeWitt）が、山麓の洞川《どろがわ》で展開する女性の実践や教説の読み替え、男性との相補的関係を再構築する想像力に着目した研究を行っている［Lindsey 2015, 2016］。修験道、山岳登拝講、僧侶や行者は、男性主体で構築したジェンダー化による儀礼・制度・組織を生成してきた。暗黙裡に受容してきたジェンダー規範の内面化を再帰性（reflexivity）で覆さないと、議論を前に進めることはできない。[8]

ジェンダーの概念の導入とともに、「伝統」（tradition）に関する言説の再検討も必要である。女人禁制や女人結界を維持する理由として、しばしば挙げられるのは「宗教上の伝統」であるが、「宗教」概念の再検討や「伝統」の内容に関しての議論は深められていない。「宗教」は近代言説であり、本来は「信心」と表現されて習俗の中に埋め込まれていた。また、「伝統」とは、実際には「近代」への対抗言説である。「伝統」は先人たちの慣行や観念であり、「古来からの習わしやしきたり」で、昔から続いてきて変えられないものとされる。言説・実践・儀礼・教義・組織など多岐にわたるものが混然一体化していて、説明は極めて難しい。しかし、伝統は時代に合わせて創意工夫を施して継承・

伝達・発展していくものである。前近代と近代が混淆しあう「伝統」や、近代以降に再構築された「創られた伝統」（invention of tradition）もあり［ホブズボウム、レンジャー編　一九九二］[9]、大衆の中に浸透して正統性（orthodoxy）を形成する。伝統には常に近現代による社会的構成物の様相が付きまとう。しかし、ひとたび「伝統」の概念ができ上がると、いつのまにか独り歩きして、強固な持続性や固有性を形成し、「伝統」の名のもとに権威が構築され、権力を行使する制度ができ上がる。「伝統」は誰が主体となって語られるのか、いかなる状況で行使されるのか、伝統に関する語りが想定する受容者は誰なのかなどの問いをつき詰めると、言説の中に柔らかな権力の網の目が張りめぐらされていることに気づく。「伝統」の語りをジェンダーの視点で読み解くことも要請される。

本章では山岳信仰とジェンダーの関わりを論じ、現在も女人結界を維持している大峯山の山上ケ岳に焦点を当て、現代の問題として女人禁制を捉える試みを展開してみたい。

2　女人禁制・女人結界の概観

最初に、山の女人禁制と女人結界に関して簡単な概要を記して、現在に至るまでの歴史的経緯を考察し、前近代から継続してきた意味や理由を明らかにしておく。歴史への考慮なしに、現代の言説や思想のみで女人禁制や女人結界を論じることは適切ではない。

山岳信仰が仏教と融合し、山が修行場になると、山と里の境界の禁忌が顕在化した。女人禁制の禁忌の発生は仏教以前かと推定されるが、起源は不明である。禁忌の理由は様々であるが、女性への不

写真3-1　高野山の不動坂口に残る女人堂

浄観が大きい。生理現象である月経や出産を不浄視し、血の穢れのある女性が清浄地（浄刹）の聖域に立ち入ると、神仏の怒りに触れ、天変地異が起こるなどと信じられてきた。女性の排除の理由には、古来の穢れの不浄観に仏教の影響が加わり、女性は誘惑や愛欲の念を起こさせて男性の仏道修行の妨げになる、女性は男性よりも前世の因縁で罪業が深いという「罪業深重観」、「五障三従」による信仰の資格欠如[10]などが挙げられてきた。大乗仏典には、女性差別、男女平等の否定が説かれ、男性中心主義が強く作用しており、ジェンダーの観点から批判的に読み込まなければいけない教説も多い。

女人禁制は長い歴史的伝統とされ、創始者を「山岳寺院」に祀られる宗祖や開祖、各山の開山者に求める所も多い[11]。地元の地域社会や修験教団[12]、講社などでは、「女人禁制」の用語を使わず、「女人結界」を頻用し、外部の見方とはズレがある。山は信仰空間という意識が強い。聖域との境界の女人結界には、女人堂・花摘堂《はなつみどう》・母公《ははこ》堂《どう》・姥堂《うばどう》などが建てられ、女性が参籠・祈願・修行をする場所とされ、山の遥拝所を設けることもある。結界を越えて登った女性が石に変えられたという姥石や比丘尼石などが結界の近くにあることも多い[13]。この地点には、開山者や「山岳寺院」を開基した高僧の母が訪ねてきて山には登拝できず、後にお堂に祀られたという伝説が伝えられ[14]、女人堂では女性を守護する姥神《うばがみ》を祀り、子授けや安産祈願が願われた。姥神は山の神でもあり、仏教の影響で山中に地獄極楽があると観念されるようになると奪衣婆《だつえば》ともされた。高野山の場合は、中央部の平坦地に建つ壇上伽藍と奥之院が女人禁制で、周囲の山上への七口と呼ばれる登拝道ごとの女人結界に女人堂が設けられた。現在は「不動坂口」のみに現存して往時の面影をとどめる（写真3–1）。女人結界を辿る道は女人道と呼ばれ、壇上伽藍と奥之院を道筋から遥拝した。僧侶は、仏教寺院で戒律に基づいて修行に励み、寺院・境内・内陣などを女人禁制としてきた。[15]長い歴史の中で女性観も変化したが、禁制には、血穢による「一時的穢れ」が、室町時代以降に『血盆経』の影響で「恒常的穢れ」になった影響が大きい。女性を焦点にするジェンダー化の強化と固定化である。

江戸時代までは、神と仏の関係性は、本地垂迹に基づき、本地をインドの仏菩薩、垂迹を日本の神とし、山の神や山霊を権現として祀り、地獄極楽で曼荼羅でもある聖域の山が人々の心の支えで神仏混淆の世界であった。神社の多くは寺院が管理し、僧侶や修験が社僧や別当として小祠・小堂の祭事を神仏混淆で行い、半僧半俗の修験の役割も大きかった。寺院には鎮守社、神社には神宮寺があり、神社の御神体も仏像の所が普通であった。女人禁制は、江戸時代までは問題視されることは少なかった。

3　女人結界の解禁

女人結界の解禁をもたらしたのは文明開化であった。明治新政府は、明治五（一八七二）年三月二十七日、太政官布告九八号で「神社仏閣ノ地ニテ、女人結界之場所有レ之《コレアリ》候處《ソウロウトコロ》、自今《ジコン》被レ廃止一《ハイシサレ》候條《ソウロウジョウ》、登山参詣等可レ為二勝手《カツテタルベキ》一事」と命じた。女人結界の解禁であって、女人禁制の廃止ではない。この布告は、明治五年に開催された第一回京都博覧会に際して、[16]外国人が京都府や滋賀県を多数訪問し、比叡山に夫婦で登って琵琶湖の風景を賞翫したいと望んだ時に、女人結界のゆえに同伴夫人の登山が拒否されれば、新政府は外国から「固陋《ころう》の弊習」の女人禁制を維持する後進国として非難されることを恐れて出された。寺社や山岳霊場の歴史や「伝統」を慎重に検討して出された施策ではない［鷲尾・神亀　一九三三：二三〇〜二三一］。外国人観光客を滋賀県に誘致するために、滋賀県令が比叡山の女人禁制の解禁を求めて、大蔵省の同意を得て出した布告であった。

　女人結界の解禁は、「女性に配慮」した施策でもなかった。明治新政府は近代化の推進に当たり、旧来の慣習を封建的で遅れていると見なし、民間の習俗の改変に介入した。当初は比叡山の女人結界解禁の意味が強かったが、[17]ミカドの権威のもとに全国に広がり、各地の霊山や寺社は女人結界を徐々に解禁していった。解禁の契機になった第一回京都博覧会は、京都府と民間が合同協力した京都博覧会社の主催で、明治五年三月十日から五月三十日まで、西本願寺・建仁寺・知恩院を会場として開催され、外国人観光客は七百七十人に上ったが［工藤　二〇〇八：九〇］、比叡山登山は確認されていない。女人結界の解禁の最終指令は会期中の三月二十七日で、解禁日は四月八日となった。女人結界の解禁の布告は、世俗的要因に基づいていたが、仏教界や修験道に大きな衝撃をもたらした。明治五年は仏教の改革に関する様々な布告が集中的に出された年で、同年四月二十五日の太政官布告一三三号では僧侶の肉食・妻帯・蓄髪を許可し、法要以外の平服着用は自由となり、僧侶は戸籍に登録され、特権は全て喪失するなど[18]、身分制度の解体と反仏教政策が展開した。

現在は、明治の「神仏分離」は忘れ去られてしまったが、日本人の文化を覆し、人々の思想と行動を激変させた大変革であった。明治新政府は、王政復古で祭政一致・神道国教化を目指し、天皇を国家の中核に置く急進的な施策を展開し、ミカドの命令という大義名分によって、仏教や山岳信仰は大転換を迫られた。慶應四（一八六八）年[19]三月十七日の神祇事務局布達一六五号で[20]、神社の社僧や神仏混淆の修験に対して、復飾（還俗《げんぞく》）を迫った。同年三月二十八日の太政官布告一九六号では[21]、権現や牛頭天王などの神仏混淆の神名をやめ、神社が御神体として祀っていた仏像の撤去、鰐口《わにぐち》や梵鐘などの仏具を撤去することが命じられ[22]、神号・神体から仏教色が一掃された。社僧や修験は、帰農か、僧侶か、神職かを迫られ、多くは還俗して神職となった。一連の施策は、「神仏判然令」であったが、一般には「神仏分離」として受け止められ[23]、廃仏毀釈に突き進んで多くの寺院が破壊され、仏像・仏具・仏画が廃棄された[24]。明治新政府は行き過ぎを危惧し、同年閏四月四日の太政官達第二八〇号で廃仏毀釈を牽制したが[25]、騒ぎは収まらなかった。明治三年十二月には、全国寺社領が上知《あげち》令で境内地以外は国有地となり、既存特権の剝奪が進み、寺社共に経済的に困窮し急速に衰退した。明治五年に女人結界が解禁され追い打ちがかけられた。

女人結界の解禁は、博覧会や文明開化という外部からの働きかけによるもので、歴史や伝統は無視された。「山の女人結界」を維持して山岳修行を行ってきた神仏混淆の修験道は廃絶に追い込まれた。慶應四年の神仏判然令で、神仏混淆の修験は事実上解体への道を歩み始めていたが、明治五年三月二十七日の女人結界の解禁後、同年九月十五日に太政官布告第二七三号「修験宗廃止令」[26]が出て、修験寺院は天台宗や真言宗への帰属を迫られて[27]、修験道は宗派としては消滅した［鈴木正 二〇一八a］。明治新政府は同時期に、文明開化の観点から、「迷信」「陋習《ろうしゅう》」の撲滅、巫女・陰陽師・虚無僧《こむそう》・御師の廃絶などを布告し、祈禱を主とする修験道も解体に追い込んだ。同時に、身分秩序を解体することを意図していた。修験は慶應四（一八六八）年の神仏分離前には十七万人の巨大勢力[28]であったが、急激に変貌し廃絶に追い込まれた。女人結界の解禁は、近代との遭遇が大きな要因であったが、日本の民衆文化を大きく変質させた。

山の女人禁制や女人結界は、解禁の布告以降、遅れた習俗とされて否定され、徐々に消滅していった。戦後になると、女人禁制は女性の人権への配慮を欠き、男女平等に反するとして議論の対象になり、現在も女人禁制を維持する大峯山は集中的に非難の対象となった。

4 女人結界の解禁とその後

女人結界の解禁は速やかに進んだわけではない。明治新政府の一連の布告に対しては仏教界全体からの強い反発や撤回要求があり、混乱も生じたので、明治十一（一八七八）年二月二日には、内務省は、女人結界の解禁は明治五年に出した国家の法律によるもので、各宗派の規則の宗規とは関係ないと布達し、最終の判断は各宗派が定める「宗規」に委ねるとした。女人禁制も各地の受け止めは様々で、宗規に基づき条件付きで解禁する、解禁せずなど様々の方策が生まれたが、全体方向では急速に解禁に向かった。

高野山の場合は、女人結界は紆余曲折を経て明治三十八（一九〇五）年六月十五日が正式な解禁日となり、翌年の弘法大師開宗千百年大法会は女性が参加して行われた。高野山上では解禁に至る過程は複雑で、門前町は徐々に女性登拝や参詣入山を許容し、女性が居住する家族を再編成して生活の定着を図り、新たな地域社会へと変貌した［島津　二〇一七：三八］[29]。

現在では女人禁制が残るのは、奈良県天川村の大峯山の山上ケ岳（標高一七一九メートル）と岡山県美作市の後山《うしろやま》（標高一三四五メートル）のみとなって、存続の意義が問われている。大峯山は役《えんの》小角《おづぬ》（役行者《えんのぎょうじゃ》）を開祖とする修験道の根本道場として、千三百年来の伝統を守るという観点から山上ケ岳の女人禁制を維持しているが、一般の人々にとどまらず修験道の教団でも多年にわたり女人結界の解禁か維持かをめぐって議論が続いてきた[30]。

現代の文脈では穢れについて公に言及されることはほとんどなくなった。近代以降の人権の尊重や差別の廃止を前提とする状況では、穢れは前近代の概念として慎重に腑分けされて姿を消し、女人禁制は「伝統」に基づくと読み替えられ、近代と接合して「創られた伝統」による新たな言説を紡ぎ出してきた。「創られた伝統」は次第に民衆の中に浸透し、正統性を語る根拠となった。山上ケ岳では役行者が白鳳元（六七二）年に大峯山を開山して以来千三百年続く伝統とされている[31]。ただし、役行者以来の伝統という言説は、文献には見当たらず、近代、しかも戦後に作り出された可能性さえある[32]。修験道の開祖としての役行者の伝承が、いつの間にか女人禁制も開祖が定めたという言説に展開していったのではないだろうか。現代の修験道は役行者が創始した修行を忠実に踏襲していると主張する。しかし、役行者は奈良時代以前の伝説的な人物で、『続日本紀』文武天皇三（六九九）年五月二十四日条や、『日本霊異記』（弘仁年間〈八一〇〜八二四〉）上巻第二十八話に事績は記されているが、修験道の開祖に祀り上げられたのは鎌倉時代中期以降である。[33] 伝統は常に創られつつ維持されてきた。歴史的変遷を考慮せずに、現代の視点からのみで女人結界について論じることはできない。

本章ではジェンダーの観点を意識した上で、女人禁制をめぐる言説に注目して、使用される文脈（context）に対応する意味内容の変化や、言説の及ぼす権力作用について考察する。言説と実践の諸相を、①歴史の中の女人禁制、②習俗としての女人禁制、③社会運動の中の女人禁制、④差別としての女人禁制の四つに分けて考えてみたい。

5　歴史の中の女人禁制①——史料の再検討

歴史文献に注目して史料上での「女人禁制」という四字熟語の初見と文脈の検討を行う。牛山佳幸の詳細な検討によれば［牛山　二〇〇五］、「女人禁制」に類似した最古の用例は、出雲鰐淵寺《がくえんじ》「大衆条々連署起請文」の正平十（一三五五）年三月付全四十九ケ条第四十六条の「寺内尼女禁制」、山岳霊場は、書写山の永享十一（一四三九）年三月十日「比丘《びく》鎮増《ちんぞう》申状《もうしじょう》」（姫路市昌楽寺所蔵『鎮増私聞《わたくしのきき》書《がき》』所引）「女人登山禁制」「女人登山停止」が古い［牛山　二〇一五］。「女人禁制」の四字熟語の初見は、文明七（一四七五）年の大内政広十二ケ条「氷上山興隆寺法度条々」（『大内氏壁書』）七条「於法界之内、女人禁制事」であるという。謡曲に多くの用例があり、善光寺内陣を舞台とした『柏崎』(世阿弥〈一三六三〜一四四三〉改作)、謡曲『竹生島』(金春禅竹〈一四〇五〜一四七〇?〉作か)、『道成寺』(喜多流。原型の『鐘巻』は観世信光〈一四三五〜一五一六〉作か)である。能の演出を緊張感溢れるものにするために、「女人禁制」の用語が効果的に使われたのかもしれない。女人禁制の四字熟語の初見は中世後期で、女性の劣位性やジェンダー化を明示する言葉となった。

室町時代の十五世紀には中国から『血盆経』が伝わり[34]、女性は月水や出産の血で大地の神を穢す罪業により血の池地獄に堕ちると説かれ、血穢の観念が民衆に広まり、女性の「恒常的穢れ」が固定した。熊野では「熊野《くまの》観心十界曼荼羅《かんしんじっかいまんだら》」(十六世紀[35])が、室町時代末期に六道絵を下敷きに作成され、女性による地獄語りは、民衆の教化に大きな影響を与えた。江戸時代中期以降には『立山曼荼羅』「地獄極楽の絵」「熊野の絵」「比丘尼絵」と呼ばれ、熊野比丘尼が女人救済の絵解きを各地で行った。(御絵伝。十七〜十八世紀[36])に血の池地獄が描かれ、芦峅寺《あしくらじ》の曼荼羅には女人救済を願う布橋《ぬのばし》大灌頂が描かれて、各地の檀那場で絵解きがされた。芦峅寺で江戸時代中期以降に行われるようになった布橋大灌頂は、秋の彼岸の中日に女性が閻魔堂(現世)から布橋を渡って媼堂《うば》(他界)に参籠し、媼尊に女人救済を願い、立山の浄土を伏し拝んだ。受戒の後に血脈を授かり、『血盆経』と変女転男の御札・媼尊の護符を頂いた[福江　二〇〇六]。布橋大灌頂は、立山山中の地獄・極楽の風景を背景として芦峅寺の主導で民衆向けに創出された儀礼であった。

他方、「女人結界」の初見は江戸時代初期でいずれも仮名草子である。仮名草子は室町時代の御伽

写真3-2　高野山山上の苅萱堂

草子の系譜で平易な仮名文で書かれ、大衆向けの啓蒙娯楽を主とし、幅広い読者層が想定される。高野山を舞台にした『恨《うらみの》之介《すけ》』（慶長十九〈一六一四〉年以後、元和三〈一六一七〉年まで）と『醒酔笑』（安楽庵策伝著、元和九〈一六二三〉年）である。高野山の女人結界は室町時代末期に成立した説経『かるかや』で広く知られるようになった[37]。高野山で出家した苅萱道心《かるかやどうしん》を母の千里《ちさと》御前と子供の石童丸《いしどうまる》が訪ねてきたが、女人禁制のために母は山に登れず、石童丸は道心と出会う。母は山麓で亡くなり石童丸は親子名乗りをせずに弟子になって出家し修行するという話である。江戸時代には『苅萱』は浄瑠璃や歌舞伎でも広まり苅萱堂が残る（写真3-2）[38]。女人禁制や女人結界は、説経・謡曲・仮名草子・絵解きなどの大衆化の動きで民衆の間に広まり、近世で一般化したと推定される。いずれも語りが文字化され、挿絵入りの本が複製されて民衆の中に溶け込んだ。中世後期には、曼荼羅、短い経典、護符などのモノや、絵解きや能や説経などの声や音など多様な媒体を通して女性が焦点化され、民衆の間に女人禁制に関する言説が広がっていったと推定される。

　他方、平雅行は、女人の山岳登拝を禁じた記事の初見は『菅家文章《かんけぶんそう》』巻十二所収の仁和二（八八六）年十一月二十七日「為清和女御源氏修功徳願文」の「台嶽非ニ婦人之可レ攀《ダイゴクハフジンノノボルベキニアラズ》」だといい、起源を九世紀後半とする［平　一九九二：四一二］。台嶽とは比叡山をいう。その後、吉野の金峯山については五代後周の釈義楚『義楚六帖』（九五四年）の記述があり、中国まで知られていた。比叡山は『左《さ》経記《けいき》』寛仁四（一〇二〇）年の記事、源経頼『左経記』寛仁四（一〇二〇）年に山での女性忌避が記されている。高野山は『今昔物語集』巻十一第二十五話「弘法大師始建㆓高野山㆒話《こうぼうだいしはじめてこうやのやまをたつること》」に「女永く登らず」とある。女性が霊山に登らない慣行は、山岳仏教の聖地であった比叡山を中心に、吉野山や高野山でも確認され、九世紀後半から十世紀初頭には成立していた。

牛山佳幸によれば［牛山　一九九〇：一～八二］、女人禁制の起源は、仏教の戒律、特に不邪淫戒（五戒の一つ。性行為を禁じる）に由来するという。奈良時代の律令制下での官僧官尼体制の仏教界では、出家・在家を問わず、僧寺への女性の立ち入り禁止、尼寺への男性の立ち入り禁止の規則が『僧尼令』に明記され、国家が遵守を求めた。「不邪淫戒」は男女双方に禁制は適用されたが、平安時代初期以降の女性の出家制限、尼寺の一時的消滅などで、男性への規制に当たる女人禁制が残ることになった。また、出家者が増大し、律令制が弛緩して、僧の破戒行為が多数行われ、一部の「山岳寺院」の持戒僧が厳しい修行を課して、女性排除を強調することにもなった。比叡山への登拝拒否の理由は、牛山によれば「大師之誓願」、最澄が定めた八条式に則り、戒律を遵守して山内での僧の女犯を未然に防ぐことにあったという［牛山　一九九六：二］[39]。戒律の遵守の立場から女人禁制の強化が表明され、仏教経典を典拠に女性の入山規制を説くに至ったという。

牛山の女人禁制の発生論は、外来思想である仏教の戒律に起源を求める。僧尼に注目し「堂舎の結界」を強調する建築空間に重点を置いた女人禁制の「戒律起源論」であり、仏教渡来以後になる。

6 歴史の中の女人禁制②——伝承の再検討

牛山説に対して筆者は、伝承や考古資料を根拠に仏教以前に遡って、「山の境界」から「山の結界」へという変遷を提唱した。元々は狩猟や焼畑を生業の基盤とする山地民と、農耕で定住生活を営む農耕民は相互の差異を認識し、生活圏を異にしており、山と里との間には「山の境界」が生成されていったと推定した。平地民にとっては山は異界で畏怖の対象で、男女を問わず聖地や聖域としてあえて立ち入らない「不入の地」であった。大きな変化は仏教伝来以後で、男性の僧侶、半僧半俗の優婆塞、聖、沙弥、禅師などが神仏の世界である山に入り込んで修行の場とし、経典言語の「結界」を「境界」に適用して、「山の境界」を「山の結界」に読み替えたのではないだろうか。「不入の地」であった山が修行場の山に変貌し野外の結界を設けて女性に禁忌を課す慣行が成立した可能性を考えたのである。寺社が建立されれば、建物の内外が明示され「女人結界」は顕在化する。「山の境界」から「山の結界」へ、さらに「女人結界」への移行は、現代風に言えば、女性を焦点とするジェンダー化への転換の過程であった。

「堂舎の結界」は寺社での「内と外」の結界であり、「山の結界」は野外での「上と下」の結界である[40]。修行者の側から見ると「堂舎の結界」、神仏から見ると「山の結界」である。他方、「山の結界」には祠や社が建つようになり、境界の堂舎は女人堂に展開して女性の参籠所となり、山の神の姥神が祀られ、安産祈願や子授けが願われた。山上と山下、聖域と俗域の「はざまの空間」に、土地神や地主神を祀る場所が生成され、女性のための救済の場が出現したのである。境界に祀られる姥神は、山に地獄や浄土があると観念されるようになると、地獄の入口で亡者の衣装を剝ぎ取る奪衣婆にもなり、子供を賽の河原で救済する地蔵菩薩も安置される。畏怖と崇拝が混淆する異界や他界の山との境界には、両義性の象徴が顕著に表出する。

「山の結界」は考古学の成果の遺跡や法具類等の遺物と、「開山伝承」を重視した見解である。「開山伝承」とは、僧侶や行者が「山の境界」を越えて山に登り、前人未踏の山頂に立って神仏を感得した経緯を伝える伝承で、日本の山の多くに由来譚として伝わる。寺社が建てば、その由来を説く「開創縁起」や「寺社縁起」に展開する。「開山伝承」には、開山者の名前と年代が記されている伝承も多いが、偽の年号と見なされて歴史学の対象にはならない[41]。ただし、山頂に遺跡は残っており、史実の反映の可能性もある。起源の探究はあくまでも仮説にとどまるが、史料と伝承には仏教と民間信仰の長期にわたる交渉と相互浸透の様相を見て取れる。

歴史の中の女人禁制は、穢れの言説の変化と連動し、男性優位の権力を次第に強化してきた。ジェンダーを見えざる権力が操作してきたともいえる。歴史的変化を大胆にまとめれば、第一段階は九世紀後半以降の平安時代中後期で、貴族中心に法令の普及や仏教の影響で山岳登拝の「規則」が成立していった時代、第二段階は室町時代後期以降で、『血盆経』の「教義」の影響が一般に及び、女性の血穢の観念や罪業観を強めて「恒常的穢れ」となり、女人禁制や女人結界の用語が文献に現れる時代、第三段階は江戸時代中期以降の民衆化の時代で、登拝講に加わって多くの人が山に登るようになり、「組織」が整備されて女性の参加も増大し、登拝の禁忌の再検討や再確認が行われた。現代から見れば、ジェンダー化は、第一段階では「規則」による発生と普及、第二段階では「教義」による強化と固定、第三段階では「組織」による流通と定着の過程を経て変化してきたと言える。

明治時代の女人結界の解禁後の近代はさらなる変化を遂げ、複雑化した。女人禁制は各時代の政治・社会・文化の変容と連動しており、過去との連続性と非連続性を見極める視点が重要である。単純に現代の言説を前近代の過去に遡って適用することには問題が多い。

7 習俗としての女人禁制①――恒常的規制と一時的規制

女人禁制は、近代以前では習俗として無意識のうちに代々受け継がれてきた。習俗とは昔から伝わっている風俗や習慣で生活の中に溶け込んでいる生活様式(way of life)をいう[42]。日常・非日常を問わず、人々の暮らしの中に定着した規範・信念・知識・実践である。伝統よりも広義で、社会学でいうハビトゥスとも重なる。ハビトゥスとは、人々の日常経験で蓄積され、個人が自覚しない知覚・思考・行為を生み出す傾向性で身体化されて継続する[43]。今後の行動を行うに当たっての「かまえ」や「そなえ」のような可能態も含む[関 二〇〇八:iii][44]。習俗という概念は、社会学の観点から言えば、サムナーが提唱したフォークウェイズ(folkways)に近い[サムナー 二〇〇五]。習俗としての意識化は、近代以降の社会変動の中で展開し、学術用語も整えられていったのである。

習俗としての女人禁制の規制の存り方は二種あり、聖地や寺社に関する「恒常的規制」と、生理や出産の期間に限定される「一時的規制」に分けられる。空間への規制と時間への規制と言い換えてもよい。通常問題になるのは、前者の「恒常的規制」であり、東大寺二月堂の内陣、山上ケ岳、沖ノ島などの聖域・聖地への女性の立ち入りを禁じるという空間に関する規制が多い。神事に際して女性を拝殿など一定の場所に入れない、頭屋祭祀での祭場へ女性の立ち入りの禁止、祭祀や芸能への女性の参加の規制などの考え方もその連続線上にある。京都祇園祭の山鉾巡行も、当日は女性が山鉾の上に乗ることはない。「一時的規制」の場合は、女性を規制する日数が限られる。血穢の月経はコヤともいい、コヤアガリまで七日間ともいう。出産の産穢はオビヤといい、オビアケは産後七日間程度で、三十日か三十一日まで神社に参詣しない。これを「忌《いみ》」といい、忌み明けまで「月経小屋」や「産小屋」などの忌小屋で一定期間過ごす習俗もあった［瀬川　一九八〇］。死穢の場合は、「一時的規制」は男女の双方に適用され、一定期間は不祝儀の「忌」で、忌服《きぶく》や服喪《ふくも》、あるいはブク（忌服）といい、通常は四十九日だが、百日間とする所もある。この間、祭礼の神輿廻しには参加せず、神参りは一年間しないなどの決まりもある。忌服については、貞享元（一六八四）年に定められた服忌《ぶっき》令《りょう》が血穢・産穢・死穢を法的に確定させたことの影響が大きかった。

山岳登拝は男性に対しては、「一時的規制」が適用され、登拝に先立って七日から十日間ほど精進潔斎をして、[45] 肉食を避け女性を遠ざけ、料理も別の火を使って作る。飯豊山麓（米沢市）では「行屋」に籠る習俗があった。江戸時代には登拝は山開きと山閉めの間という特定の期間に限定され、禁忌を設定して山岳信仰は成立していた。相模大山は現在は登拝期間の規制はないが、江戸時代は旧暦六月二十七日から七月十七日までの二十一日間であった。[46] 富士山は旧暦では六月一日から七月二十七日までが登拝期間で、現在は七月一日が「山開き」で、八月二十七・二十八日が「山じまい」（吉田の火祭り）である。大峯山の山上ケ岳は男性に限り、五月三日の「戸開式」から九月二十三日の「戸閉式」までは登拝が許され[47]、現在も規制は続く。女人禁制に関しては、「恒常的規制」が問題で、女性だけに課される不平等性が残る。言い換えれば、ジェンダー化による差異の強化の実践なのである。

現代では、女人禁制の言説は拡大解釈され、新旧取り混ぜて批判の対象にされることが多いが、歴史的経緯や個々の文脈を考慮する必要がある。よく取り上げられるのは、大相撲の土俵に女性は上がれない、酒の麹造りは男性が行う、海や山での生業の漁業や狩猟は男の仕事で女性の参加を拒むなどである。ただし、それぞれの状況や文脈によっては遵守されず、逆転する習俗や言説もある。相撲に関しては近年まで女相撲が盛んに行われ、豊穣や雨乞いを祈願した。大相撲の「土俵の女人禁制」は、近世中期以降、徐々に強められてきた土俵の聖化の過程を経て、近代に再構築された様相が強い（第一章）。土俵は本来は「一時的規制」であったが、近代化の過程で、「大相撲」の土俵は「恒常的規制」に変化してきた。

漁業に関しては、女性を船に乗せると天候が悪化したり不漁になると言い伝えられ忌避されることが多かった。他方で、船の進水式に女性を乗せると大漁になるとされ、船の神のフナダマは女神で、人形に白粉や紅をつけ、女性の髪の毛を入れて御神体にする。漁の禁忌に関しても地域性があり、日間賀島《ひまかじま》（愛知県知多郡南知多町）では女性も船に乗り、愛知県越智郡宮窪村では夫婦船といって一緒に漁に出た[48]。潜水漁法のアマは男の海士と女の海女の双方が活躍していた。狩猟に関しては、東北や中部の山の猟師のマタギの伝承では、山の神は女性で嫉妬深く事故が起こるといい、女性の同行を禁じていた。妻の妊娠中に猟に出ると怪我をするともいう。しかし、山での豊猟を願って拝む山の神は女神である。山は霊地・聖域・異界・他界で女性的なるものが根源にある。海や山は自然の荒ぶる力が充満しており、人間界とは異なる世界で危険が伴うため、禁忌の厳守が必要であった。穢れに伴う「恒常的規制」と「一時的規制」は、状況や文脈によって柔軟に読み替えられてきた。

8　習俗としての女人禁制と拡大解釈と拡大適用②——拡大と適用

女人禁制は拡大解釈と拡大適用に展開した。酒の醸造の女人禁制は近世中期以降と推定されているが［脇田　二〇〇五：一〜四］、男性が専門に行うことが多く、女性が酒蔵に入ると酒が腐るとか酒の神が怒ってうまくできないという禁忌があった[49]。日本酒を醸造したり貯蔵する酒蔵には神を祀り、仕込みの前には良い酒ができることを祈念した。しかし、元々は神事では処女や巫女が米を口に含んで造る「口噛み酒」で神に捧げたという伝承もある。酒造りの「杜氏」の語源も、家事を司る女性の刀自《とじ》や、酒を管理する女性の尊称ともされる。女性を忌避する伝統的職業としては、日本刀の鍛冶[50]、タタラ製鉄などがあり、近代的職業にも幾つかある[51]。原子力発電所も女人禁制であった[52]。波平恵美子は、女性を不浄とする信仰は、女性の霊力に守護される信仰と一体で、女性の生殖能力に関わる現象であり、両義的で反転する可能性を持つと指摘する［波平　一九九九：一四二〜一四三］。女性の不浄は、逆説的に見えるが、女性の存在を反転させ、生殖能力への畏敬を再確認させる契機にもなる。

男女の能力の相互補完の重視や、穢れと聖性の相互反転の観点も入れた、当事者の立場からの考察も必要である。修験や僧侶や神職のように非日常性と日常性を常に行き来している人々と、地域社会で特定の日々にのみ非日常性に触れる人々とは立場も状況も語りも異なる。

他方、日本では女人禁制に対して男子禁制もある。女性が祭祀の主役を担う慣行は、日本の琉球文化圏（奄美・沖縄・宮古・八重山）に顕著で、女性が神事を行い、聖地である御嶽《うたき》への男性の立ち入りは禁忌であり、女性の生理に関する穢れ意識も薄い。しかし、女性祭祀が卓越する八重山群島でも、仮面の来訪神祭祀のアカマタ・クロマタの祭りであるプール（豊年祭）[53]は祭事の担い手の中心は男性で、女性は御嶽祭祀を中心とする活動を行う。状況ごとに柔軟に男女の役割を変えるのである。しかし、男子禁制に対して反対運動が起こったことはない。明らかにジェンダーの問題で、女人禁制には反対が巻き起こるのに、男子禁制は許容されるという非対称性がある。男女の関係性に不均衡な現象が起こっている。

女人禁制は、近代では姿を変えてジェンダー言説の規制的実践として顕在化する。昭和六十（一九八五）年五月に、森山真弓外務政務次官（当時）は、名門ゴルフクラブでは女性の参加を認めないことを問題視した。小金井カントリー倶楽部は会員資格を「三十五歳以上の日本男子」とし、女性はビジターとしては可だが土日祝日は参加できないとしていた[54]。同年六月一日の「男女雇用機会均等法」公布（一九八六年施行）の直前の出来事として強く印象づけられた。

日本のトンネル工事では、女性が入ると山の神が嫉妬して崩れるなど災害が起こるという言い伝えがある。明治末期以降の伝承のようであるが、女性の入坑の忌避は近年でも起こっている。[55]トンネル工事は危険なので、女神を怒らせないように「坑内で笛を吹くな」「大声を出すな」「ぶっかけ飯を食べるのは不可」など様々の禁忌があり、女性の入坑の忌避もその一つであった。山の神は女性であり、トンネルの入口に男根状の石を置いて女神を喜ばせて安全祈願をする。トンネルの開鑿は、「山は神仏の身体」と信じ、自然に畏怖を持つ人々にとっては、恐るべき冒瀆行為であり、禁忌を設ける発想は自然である。西欧でもオーストリアやスイスのトンネルでは、鉱夫・消防士・砲兵・建築家・塔・火薬庫などの守護聖人である聖バルバラ（St. Barbara）を祀る。トンネル工事は大きな危険を伴うので各地で安全祈願が行われていた。[56]

現代の大手の土木建築業界でも、女性をトンネル工事の担当にすることを忌避する傾向が残るが、この禁忌に挑んだ女性がいる。現在、アジア各地で鉄道建設プロジェクトに関わる阿部玲子である［阿部　二〇一八］。山口大学で土木工学を学び、神戸大学大学院の岩盤研究室でトンネル工学を学んだ後に、平成元（一九八九）年に準大手ゼネコン（総合建設会社）の鴻池組に初の女性土木技師として入社した。しかし、知識や技術を生かせるトンネル工事現場に入ることは許されなかった。山の神は女性で、山に女性が入ると怒って事故が起きるという言い伝えがあったためである。法制上でも、平成十八（二〇〇六）年まで労働基準法でトンネルや鉱山など坑内での女性の労働が禁じられていた。同期社員の中で唯一、阿部玲子だけが女性であったことで、トンネルの現場に入れなかった。そこで、海外に活路を見出し、一九九五年にノルウェー工科大学に留学して修士号を取得後、現地のゼネコンで海底トンネルやオスロ地下鉄のプロジェクトの建設現場を経験し、トンネル技術者として経験を積み重ねた。帰国後に台湾新幹線のトンネル工事を担当し、二〇〇七年からインドに駐在し、デリーの地下鉄建設工事に従事し、バンガロールの地下鉄工事では現場監督、現地法人（オリエンタルコンサルタンツ）の社長となって指揮をとった。現在は「ジェンダー平等」（gender equality）を実現した女性として、国内や海外での講演に多く招かれている。習俗としての女人禁制の言説は、現代でも再生産され続けているのである。

9　習俗としての女人禁制③——海外の事例

日本の女人禁制や女人結界と同様に、世界の各地には特定の場所に女性を入れない、行事に参加できない、様々の禁忌を守るという慣行が残り、「一時的規制」も「恒常的規制」もあり、特に屋内の規制として顕著である。幾つかの事例を紹介する。例えば、ヨーロッパのキリスト教の修道院はその典型で、女人禁制も男子禁制もある。世界遺産のギリシャのアトス山（Oros Athos）は、正教会の修道院として一四〇六年以降は法令で女人禁制となり、女性はもちろん動物も雌は一切入れない。[57]アトス山は一九八八年にユネスコ（UNESCO）の世界遺産に認定された。EUは二〇〇三年一月に「男女同権」「欧州連合内を自由に行き来する権利」に反するという決議を採択したが、アトス山もギリシャ政府も応じていない。二十の修道院からなる長老会議は「憲法で保障された伝統を非難される覚えはない」と反論した。[58]ここは「恒常的規制」の典型である。また、イスラームにはパルダー

（parda 男女隔離）の慣行があり、男女の生活領域は日常生活の空間では画然と分かれ、モスク内での礼拝の場も別々で、祈願や礼拝は男性のイマームを中心に進められ、男性優位である。

スリランカの上座部仏教（Theravada Buddhism）は、男性の出家僧が中心で、戒律で僧侶の妻帯を禁じ、女性に対して様々の規制を設けている。古代には比丘尼戒の戒壇もあったが、現在では絶えている。僧侶は二百二十七の戒律（sīla）を遵守し、本殿のブドゥ・ゲー（budhu gē）とは別に布薩堂《ふさつどう》のウポーサタ・ゲー（uposatha gē）が併設され、[59] 女性だけでなく俗人の入堂も禁じた。[60] 布薩堂ではポーヤ（poya）の日（満月や新月の日）のウポーサタ（uposatha）の行事で戒律を確認し合い懺悔も行った。結界のシーマ（sīma/sīme）は厳しい戒律を遵守する僧侶の修行の場である布薩堂の聖性を守るために、結界石を四方に置いて領域を示した。[61] シーマは、元来は寺院などの信仰に関わる施設の境界で、次第に意味が拡大して、特定領域の境界や、王朝の政治領域を表す用語などに拡大していった。日本の「結界」の原語はシーマであり、当初は寺院の儀礼用語として導入されたが、屋外の「女人結界」は特定の境界から上部の山を聖域として明示するという独自の展開を遂げた。山岳登拝や巡礼が男女を問わず民衆化した近世中期以降の移動性の増大が、境界に多様な意味を付与したと思われる。

ブータン東部のメラ（Merak、標高三五〇〇メートル）に住む牧畜民（Brokpa ブロクパ）は、守護する女神アマ・ジョモ（Ama Jomo）の居所とされるジョモ・クンカル山（クンカル＝宮殿、標高四三一〇メートル）に、ブータン暦の七月十五日から八月十五日の間の吉日に登る。[62] 年一回の行事でアマ・ジョモ・コラという。ただし、山は女人禁制で、女性は山頂直下のラル・ツオ（魂の湖）から遥拝し、食物と小麦の粉で作った供物のトルマ（写真2–14）を供えて祈願する。山は清浄地で、家族に死者が出た場合は三年間は登れない、村内に死者が出たり出産があると三日間は登れない、登拝中は豚・鶏・鶏卵・ニンニク・玉ねぎを食べてはいけない、煙草を吸ってはいけない、月経中の女性は参加できないなど、多くの禁忌を守る。山の神を祀る行事は毎年三回、村内の祭場で山に供物を捧げる。これはジョモ・ドクサールといい、半僧半俗の世襲のゴムチェン（gomchen）が主催し、男根風の木の祭具を据えて祀る。山の神に家畜や人間の豊穣多産を祈る民間信仰が生きている。

インドネシアのバリ島では、穢れ（スブル sebel）の状態にあるとされる生理中の女性、出産後間もない女性、近親者に不幸があった人、怪我をして血が流れている人は、神聖なヒンドゥー寺院「プラ」（Pura）の境内に入れない。「一時的規制」で、入口に標識を立てて規制遵守を要請している。女性主体であるが、広い意味での血に対する禁忌と言える。

女人禁制は、信仰の世界にとどまらず、時代風潮や社会が構成する男性像や女性像の存り方の影響を受ける。西欧社会の社交クラブの伝統では女性会員は認めなかった[63]。一八四二年設立のウィーン・フィルハーモニー管弦楽団は一九九七年まで女性を団員に採用しなかった[64]。イギリスはヴィクトリア朝時代のジェントルマンの文化の影響が強く、パブは長い間、男性のみの社交場であった。このように、西欧・非西欧を問わず、習俗として男女の性別役割分担が固定し、男と女を公的領域と私的領域に振り分けるジェンダー規範があり、生活全般から信仰の世界に至る広い領域で、事象を男性と女性に分類する「ジェンダー秩序」の作用が働いている。女人禁制を当初から差別として糾弾するのではなく、歴史的経緯を考慮し、多様な男女のジェンダーとして社会的に構築され、習俗として固定化されていった文脈を丁寧に見ていくべきである。個別の存続理由を検討し、文化や社会の文脈に即して、ハビトゥスとして習俗化した女性に関する禁忌や禁制を解読するという課題が残されている。

10　社会運動の中の女人禁制

社会運動の中の女人禁制としては、最近、顕著な動きを見せているインドの事例を取り上げる。大峯山の女人禁制反対運動とも類似する要素があり、参考事例として示すことにする。インドのヒンドゥー教では、女性の血を穢れと見なしており、月経周期にある女性が寺院や聖域に入ることを忌避する慣行がある。大半は一時的であるが、恒常的に忌避する女人禁制の寺院があり、問題視されるようになった。「国連女性の十年」（一九七六～一九八五年）の運動以降、インドではフェミニズム運動が高まり、女性活動家が寺院の女人禁制はジェンダー差別で人権侵害だとして、デモ活動や寺院境内への強行突入、最高裁への提訴などを行うようになってきた。女性たちは、寺院は公共空間であり、性別を理由とする排除は、信仰の自由という憲法が保障する人権への侵害であると主張する。他方、寺院側は、寺院は信託団体（trustee）が管理する財産で、強行突入は信託地への無断侵入だと抗議して対抗した。

二〇一九年には大きな事件が発生した。舞台は南インドのケーララ（Kerala）州の南部の山上の聖地、サバリマライ（Sabarimalai Sri Dharma Sastha Kshetram）での出来事である（写真3-3）。寺院に

写真3-3　サバリマライのアイヤッパン寺院（インド、ケーララ州）

はアイヤッパン（Aiyappan）神が祀られていて年間五千万人以上が訪れる巡礼地である。この寺院は十歳から五十歳までの女性は参拝禁止とされ、月経の有無を基準とする「恒常的」女人禁制である。寺院側の説明では、独身のアイヤッパン神が修行に専念できるようにするためで、巡礼の前行として義務付けられる断食のブラタ（vratham）の精進を、月経周期のある女性は遵守できないからだとも説明している。[65] 十三世紀創建と伝えられるこの寺院では、伝承では八百年にわたって女人禁制が守られてきたという。サバリマライへの巡礼は現在でも盛んで、巡礼者は男性に限られるが、ケーララ州やカルナータカ（Karnataka）州の各地では、巡礼期間[66]には黒装束に身を包んだ男性が老若問わずに熱心に参加して、アイヤッパン神の奉讃歌を歌いながら、徒歩で数日間かけてサバリマライ巡礼に向かう。

二〇一九年一月、寺院の敷地内に女性二人が入って参拝を行った。女性はすぐに追い出されたが、これを契機として女人禁制反対運動が激化して社会的混乱が引き起こされた。現地からの報道によれば、[67] 一月二日の早朝に二人の女性が、四人の私服警官と一緒に群衆に紛れて参道を歩いて上り、誰にも気づかれることなく寺院へ立ち入ることに成功した。二人とも四十代で、一人は弁護士のビンドゥ・アンミニ（Bindu Ammini）、他の一人はダリット（不可触民）で被差別民活動家のカナカドゥルガー（Kanakadurga）である。二人がアイヤッパン神に祈りを捧げたことが明らかになると、数時間後に寺院は「浄化の儀式」のためとして閉鎖された。怒った右翼のヒンドゥー教徒らは暴徒化し、警官隊に石や手製爆弾を投げ、事態はエスカレートした。浄化の儀式は、インドの憲法で定める不可触民への差別禁止条項に違反するという抗議も起こった[68]。抗議活動では百人以上が負傷し、一人が死亡して、五千八百人近くが逮捕された。

寺院の女人禁制は、女性活動家の運動によって訴訟を起こされ、最終的には二〇一八年九月、最高裁判所が特定年代の女性の寺院からの排除を違憲とする判決を出した[69]。サバリマライでは、二〇一八年の判決が出てから数ケ月の間に、二十人以上の女性信者が寺院の境内に入ろうとしたが、男性たちの激しい妨害にあって実現しなかった。妨害者の中には女性の姿もあったといわれている。二〇一八年十二月十八日には、押し問答の末に四人のトランスジェンダー（transgender）が初めて寺院への立ち入りを認められた。女性参拝に向けた第一歩であったが、月経のある女性は穢れ（不浄）という意識は継続した。二〇一九年一月の女性の参拝は、この一連の出来事に引き続く動きで、女人禁制を継続してきた寺院に対する女性活動家による抗議の社会運動であった。

インドでは、月経中の女性がヒンドゥー教の神聖な場所へ立ち入ることを家族や親族が禁じることは珍しくない。しかし、ほとんどの寺院では正式な制限を設けておらず暗黙の遵守にとどまっていた。サバリマライ寺院の特殊性は、月経期間であろうとなかろうと、妊娠可能な年齢の女性は一切立ち入ることができないという規定であり、インドでもこうした制限を設けている寺院は極めて珍しい。寺院側は、女性の存在によって禁欲に徹するアイヤッパン神の気が乱れるようなことがあってはならないとするが、他のアイヤッパン神の寺院で女性の参拝を禁じているところはない。寺院の立場を支持する右翼活動家のラフル・イースワル（Rahul Easwar）は、各々の寺院には異なる参拝手順があり、全て尊重されるべきだと主張する。同じ神を祀っていても、寺院によって礼拝の仕方が異なる場合もある。

二〇一九年の女人禁制撤廃のケーララ暴動に至る契機は、インド若手弁護士協会の会長を務める弁護士のバクティ・パスリジャ・セティ（Bhakti Pasrija Sethi）と五人の賛同者が、二〇〇六年に裁判所へ申し立てを行ったことである。それによると、カルナータカ州の女優のジャヤマラ（Jayamala）が、約二十年前にサバリマライの寺院にこっそり参拝したことがあると告白し、寺院は遅まきながら「浄化の儀式」を行った。これにセティは衝撃を受けた。最高裁判所への訴状には、女人禁制だけでなく「不浄な」入場があった後の浄化措置も人間の尊厳を損なうと書かれている。

今回の事件に関しては、ある政治批評家は、右翼のヒンドゥー教国粋主義団体が暴動を組織したとみている。なかでも、民族義勇団（Rashtriya Swayamsevak Sangh　略称：ＲＳＳ）と呼ばれる過激な団体が主体で、中央政府で実権を握りヒンドゥートワ（Hindutva、ヒンドゥー性）を主張している原理主義的なインド人民党（Bharatiya Janata Party　略称：ＢＪＰ）の親組織だと考えられている。二〇一九年の議会選挙を控え、最高裁の判決とそれを支持するケーララ州首相でインド共産党のピナライ・ヴィジャヤン（Pinarai Vijayan）に反対することで、人民党は、自分たちが宗教の擁護者であり、インド社会の多数派を代表する党であると印象付けるのが狙いともいわれている。

最高裁判所は、判決の見直しを求める四十九件の訴えを受け、二〇二〇年一月二十二日に審理を行うことに同意した。寺院はその後、女性の立ち入りを認めており、禁止されていた年齢層の女性十人が参拝を果たしたという。女性参拝を強く支持するダリット活動家のレカ・ラジュ（Leka Raju）は、参拝を希望する女性からの電話相談を週に数回は受けるという。「まだ障害はあるかもしれませんが、女性の間には期待感も広がっています」と述べた。

初めてサバリマライのアイヤッパン寺院への巡礼を行った二人の女性は、タイムズ紙の取材に対して「女性の人権」のために行ったと述べた。[70] ジェンダー差別（gender discrimination）に抗議して男女の平等を訴えたのである。二人のうち一人は、穢れとみなされてきた不可触民であり、差別に対する抵抗の意味があった。ただし、今回の暴動事件の背景には、急進的なヒンドゥー・ナショナリズムの政治的動きがあり、ジェンダーにとどまらない広義の新しい社会運動の中に女人禁制の言説が巻き込まれていく。二〇一五年以降、寺院の女人禁制への異議申し立てが相次ぎ、女性の権利の確保、ジェンダー平等の動きが活発化し、女人禁制の寺院の開放の動きが相次いだ。マハーラーシュトラ（Maharashtra）州アフマドナガル（Ahmednagar）県にあるシャニ・シングナプール（Shani Singnapur）寺院も、高等法院の判決に基づいて二〇一六年に禁制が解かれた。[71] サバリマライも一連の流れの延長線上にある。インドの女人禁制反対運動は、女性活動家による法的手続きが先行し、ジェンダーにカースト の階層制、不可触民など複雑な要因がからむ独自の展開があり、社会運動の様相が色濃い。

11　差別としての女人禁制

女人禁制はジェンダー・バイアスが強く、性差に基づく差異は差別を引き起こす。差別の定義は、三橋修によれば「ある集団ないしそこに属する個人が、他の主要な集団から社会的に忌避・排除されて不平等、不利益な取扱いをうけること」〔三橋修　一九八八：二三七〕である。[72]区分基準は、人種、民族、生活様式、国籍、血統、性別、言語、宗教、思想、財産、家門、職業、学歴、心身障害、ある種の病いなど多岐にわたる。女人禁制に関連するのは性別であり、穢れの観念も連関して差別と結び付く。

近代の普遍主義の立場の人々は、歴史的変化や個別の理由はどうであれ、女性が立ち入れない空間があり、参加できない行事が行われていることは、男女同権・男女平等の現代社会にあって、選択の自由を奪うことであり、男女間の差別の固定化は否定すべき慣行や言説と考える。フェミニズムの立場から見れば、女人禁制は女性差別であり、男性視点の女性蔑視は許容できない。現代社会の大勢は、男女同権の実現、女性差別の撤廃であり、ジェンダー平等の実現に向けての運動は力を増している。男女同権論者から見れば、女人禁制は打破すべき目標になる。差別としての女人禁制の言説は、現在のところ最も一般に広く流通している強い言説である。

女人禁制に関しての現代の動きは、慣習や習俗、制度の否定にとどまらず、思想や観念を徹底的に批判する方向へと向かっている。最近の動きには、世界的な広がりを持つグローバル・フェミニズムの運動の影響が大きい。一九七五年には、国連がジェンダー平等社会の実現を目指して定めた国際女性年（International Women's Year）の第一回世界会議が開催され、その後に「国連女性の十年」として行動計画が示された。さらに、一九九五年九月に北京で開催された第四回世界女性会議で、女性の権利の実現、男女平等の推進をめざす「北京宣言」と「行動綱領」が採択されて、世界各国の取り組みの指針として拡大した。「行動綱領」は、貧困、教育、保健、女性への暴力、女児への差別と虐待等の十二分野を重要領域とし、各々の課題の解決に向けた戦略目標と行動指針を示し、男性と女性に公平な機会を保障する「ジェンダー平等」の推進が大きな目標になった。「ジェンダー平等」は、日本では「男女共同参画」と翻案され、「男女共同参画社会基本法」（一九九九年六月二十三日公布・施行）が定められ[73]、内閣府男女共同参画局（二〇〇一年一月六日改組[74]）を中心に事業行動計画の立案や広報活動を展開している。女人禁制への反対署名運動も男女共同参画局が受け皿となり、公共的な言説として表明する機会を得ることになった。

「差別としての女人禁制」の言説の特徴は、差別と人権を結び付け、徹底して近代の言説で相手を批判することにある。原点に据えられる人権とは「すべての人々が生命と自由を確保し、それぞれの幸福を追求する権利」あるいは「人間が人間らしく生きる権利で、生まれながらに持つ権利[75]」と法務省は定義している。人権に関わる「主な課題」が提示されているが、その最初が「女性」であり、「女性というだけで社会参加や就職の機会が奪われることはあってはなりません」「男女平等の理念は、日本国憲法に明記されており、法制上も「男女雇用機会均等法」などによって、男女平等の原則が確立されています」と指針を明示している。人権は、国連で採択された「世界人権宣言」（一九四八年十二月十日）が遵守すべき基準として世界に広まった。確かに人権は大切である。ただし、「人権」は西欧近代の思想や歴史を基底に置いて創られた概念で時代や社会に応じて変わるにもかかわらず、普遍的であるかのように扱われてきた[76]。「人権」の言説を行使して「普遍」や「真理」の側に立つ主張は、西欧中心の論理を普遍化して対抗言説の構築を封じ込めてしまう。「戦略言説」（strategy discourse）とでも言えようか。女人禁制の反対を主張する人々の基本には本質主義があり、時には強いイデオロギー性を帯びて強制力を行使する。イデオロギーとは、特定の時代や集団が世界や社会を了解していく中で構築された知の体系である。女人禁制を守る山上ケ岳の山麓の洞川で長く龍泉寺檀家総代や信徒総代を務めた銭谷修の「このままにしておいてほしい」という主張（銭谷　一九九三：八六〜一〇一）はかき消されてしまう。山上ケ岳に登拝する信仰熱心な多数の講社や地元の人々の心情は全く問題にされず、「信心と人権」の折り合いは視野にない。人権は大切だが、強硬な人権論の主張は対立の溝を深めて膠着状態を作り出す。人権派の主張には、西欧近代文明の立場から、人々を開明化し教え導くという潜在意志があり、普遍の側に立つ者こそ真理を知っているというメッセージを他者に強制する。我々の意見は常に正しいという主張を押し付けて、逆の立場の女人禁制の「維持派の人権」を封殺し、「山上さんのお蔭で生きていける」という当事者の声は顧慮されない。地元の人々は、都会風で近代の権化である人権の言説の前で立ちすくむ。双方の溝は埋まらず、すれ違いに終わる。

他方、女人禁制の維持を主張する人々は、人権論には対応せず「伝統」の継続を正統性の根拠にして反対意見を封じ込めてしまう。「伝統」とは、近代以前は自覚することがなかった習俗や民俗慣行について、表現する概念や語彙がなかったものの総体であり、「近代」への対抗言説として提示されてきた。内容は言語化できないものも含み、継続性・固有性・反復性などが混淆した言語や実践を漠然と一元化する。「伝統」の内容は、生活に埋め込まれてきた複雑で多様な具体性に満ちた習俗であり、本来は言語や概念として一元化して表現することは難しい。「伝統」はブラック・ボックスのようでもあり、決して伝家の宝刀ではない。伝統とは、「説明できないもの」を説明するためのカテゴリーなのである。女人禁制を糾弾するにせよ擁護するにせよ、イデオロギー性を強めれば強めるほど対話は不可能になる。人権か伝統かという二項対立の議論は永遠に終わることがない。

現代社会の情報の主役であるウェブ・サイトに流通しているのは、「差別としての女人禁制」の言説であり、拡散し消費・再生産されて急速に拡大し、グローバルな言説として正当性（legitimacy）を獲得しつつある。一方、地元の言説はローカルな少数意見として抹殺される傾向が強い。差異の多義性は消されてしまう。今後の課題は、グローバルとローカルの接合部分に焦点化し、相互の言説を批判的に見て多様な意見をすくい上げることであろう。上野千鶴子は、「女性差別が他の差別一般と違うのは、カテゴリー内在的な相補性（他の性なしでは成り立たない）による」［上野　二〇一一：三八六］と述べている。一方向性を棚上げにして相補性を考慮した議論を進めることが望ましい。

このように、女人禁制という言葉は、極めて誤解を生みやすく、本来の文脈を離れて一人歩きをしている。一般に流通している女人禁制の観念は、幾つかの言説のレベルを混同し文脈を取り違えている。近代と前近代、人権と伝統、日常性と非日常性、会社の職場と祭りの祭場、スポーツと信仰、差別と禁忌の文脈が区分なく論じられている。女人結界や女人禁制は、前近代の言説として、「人と人が直接的に関わる社会」(face to face society)で作られたものであり、近代の文脈の中で作り変えられ、現代の文脈ではさらに多様に読み替えられ、時には恣意的に操作されている。価値負荷の強い女人禁制という言葉で一元化して論じられるようになったのは意外に新しいことを自覚する必要がある。

例えば、相撲の女人禁制は、明治四十二(一九〇九)年六月の國技館創設で土俵上での表彰式が導入されたことを遠因とし、昭和四十三(一九六八)年一月に表彰式に内閣総理大臣杯を創設したことを発生因として顕在化した(第一章参照)。問題は近代の表彰式の制度であり、「女性差別以前」の問題であった。相撲には前近代から受け継いだ土俵に関わる禁忌・慣習・習俗が根底にあり、近代以後に大相撲の権威が高まるにつれて、土俵は聖域化していった。本場所前日に行う「土俵祭」は神事ではなく「神事以前」のカミ祀りで、土俵はカミを招いて本場所という特定期間のみ禁忌の場になる。しかし、マスコミの報道やSNS上での議論は、歴史的背景を無視し、複雑で多岐にわたる慣習を女人禁制という強い言説で一元化した上で拡大解釈し乱用しているのである。

12 フェミニズムと山岳信仰

「差別としての女人禁制」の言説に大きな影響を与えたのはフェミニズムである。女人禁制や女人結界は、現代ではフェミニズムから批判の対象とされてきた。正確に言えば、「第二波フェミニズム」と呼ばれる一九六〇年代後半に始まり、一九七〇年以降に本格化し現在まで続く運動で、性差別的な制度だけでなく、制度を支える思想を批判し、個人の認識の変革も推進してきた。大峯山の女人禁制を女性差別として糾弾し、女性の人権を守ろうとするフェミニズムの立場の人々は、次々に書物を刊行し［木津　一九九三］［源編　二〇〇五、二〇二〇］［「大峰山女人禁制」の開放を求める会編　二〇一一］、反対運動や抗議を繰り広げている。確かに、現代の観点から見れば、女人禁制は女性差別とされても仕方がない側面を持つ。しかし、女人禁制に関しては、地域社会・男性・女性・修験者・寺院・講社など当事者の意見は様々であり、禁制の維持や継続を望む理由も単純ではない。人権問題に関しても当事者主権の立場からの言い分もあるだろう。他方、フェミニズムの立場からの女性差別撤廃、男女平等の実現という一義的で主観的な強い主張は、働きかければ働きかけるほど、相手側に反発を引き起こす。大峯山の女人禁制を維持する山麓の洞川の住民の一部は、「フェミニズムの人は怖い」という。お互いの間に信頼関係はなく、すれ違いが繰り返され、対話は成り立ってこなかった。特に、「男女共同参画社会基本法」（一九九九年六月二十三日公布・施行）施行後の奈良県教職員組合の「男女共生教育研究推進委員会」の男女の強行登山（一九九九年八月一日）と、世界遺産登録（二〇〇四年七月）後の「「大峰山に登ろう」実行委員会」メンバーの女性三人の強行登山（二〇〇五年十一月三日）は、地元に不信感を増大させて大きな後遺症を残した。フェミニズムの人々が時々使用する「封建制の遺物」「封建遺制」という一方的な決め付けは禁句である。フェミニズムは思想・運動であるとともにライフスタイルの再編にも関わるのならば、当事者の視点や立場を重視し、歴史や生活体験を組み込んだ柔軟な対応が求められよう。[77]

第二派フェミニズムの特徴は、家父長制の概念の導入であり、性差別（sexism）・性支配（sexual hierarchy）の根源とみなした［上野　一九九〇］。瀬地山角は家父長制を「性と世代に基づいて、権力が不均等に、そして役割が固定的に配分されるような規範と関係の総体」［瀬地山　一九九六：四五］と定義する。[78]家父長制は、歴史的文化的に構築されてきた実践・言説・表象・実態であり、家父長制を覆せば、性役割や性差別は、変更可能である。山岳信仰の担い手も根源には家父長制があると批判されている。小林奈央子は大峯山や木曽御嶽山での女性行者の言説と実践に関して、家父長制に基づく男性支配や男性中心主義を明らかにし、参加者の日常と修行の相互浸透を検討して、男女の関係や家族の絆の在り方を問い直した［小林　二〇一六、二〇一九］。フェミニズムやジェンダーの視点で山岳信仰や修験道を再考すれば、成果をフィードバックして教団や講や地域社会に新たな変革をもたらす可能性が生まれる。女性と仏教の研究を、現場の声の重視に転換する必要がある。[79]

今後の課題として、山岳信仰をジェンダーの視点から読み解く場合の主題を幾つか考えてみた。霊山や聖地という要素を加えると、男女の不均等性と性差別、山で生成される女性性（feminity）、山と里をめぐる男性と女性の性役割の反転、男女相互の排除と畏敬の相互関係と相互補完、男性中心の山岳修行の自省的位置付け、修行実践での男性性（masculinity）と想像力での女性性、男性と女性が次元に応じて優劣が逆転する状況依存性などがある。変化に注目すれば、山の聖性と俗性の意味付けの変化、仏教の女性差別観の変貌、近代の男女の世俗的価値付けの山岳信仰への混入、前近代の信仰の全面否定等がある。現在最も問われているのは、「行為主体性 agency」としての女性の自己実現を山岳信仰を介して明らかにすることができるかどうかであろう。常に伴うのは山での非日常の次元の介入で、修行体験を日常の次元に連続的に延長し、日常生活の男女の不均衡や不平等という社会全体への問い直しへどうつなげるかという課題がある。男女の二元論を超えた「ジェンダー秩序」の組み替えも必要であろう。

13　大峯山の女人禁制

女人禁制の言説は、様々に展開して拡散するので、一定の文脈や状況を定めて論じることが望ましい。そこで、山岳信仰と女人禁制に関して、マスコミにもよく取り上げられる地域社会の事例として、洞川《どろがわ》（奈良県天川村）を取り上げたい。

洞川は、現在も女人禁制を維持する大峯山の山上ケ岳の山麓に位置し、修験教団の寺院や講社の人々とのつながりが濃密に維持されている。なお、修験教団は、聖護院・金峯山寺・醍醐寺の三本山からなる緩やかなまとまりで、戦後の成立であり、合同の動きも役行者千三百年御遠忌（二〇〇〇年）を契機に新しく生まれた[80]。洞川では大峯山寺を支える在俗の役講が重要な存在である。護持院のうち龍泉寺は菩提寺でもあり、最も身近であった。洞川は、女人禁制を地域社会の当事者の観点を組み込んで検討できる重要な場所である[81]。なお、以下に述べる歴史的変遷については、章末に年表にまとめたので併せて参照されたい（章末表3－1）。

①神仏分離以後の変動

大峯山は明治の神仏分離以後、大転換を遂げ、女人禁制の解除・女人結界の解禁に対しても独自の対応を行ってきた。複雑な経緯を要点を絞って簡単に記しておく。幕末の慶應三（一八六七）年十月十四日の大政奉還、十二月九日の王政復古の大号令、慶應四（一八六八）年一月三日から六日の鳥羽伏見の戦いの薩長の勝利の後、明治新政府は三月十三日に神祇官《じんぎかん》を再興し、神道国教化政策を推進した。三月十七日付、神祇事務局布達一六五号で神社兼帯の僧侶や修験に復飾（還俗《げんぞく》）を命じ、多くは還俗して神職となる。三月二十八日、太《だ》政官《じょうかん》布告一九六号で、権現や牛頭《ごず》天王《てんのう》などの神仏混淆の神名の廃止、神社の御神体の仏像の撤去、仏具の撤去が命じられた。いわゆる「神仏判然令《はんぜんれい》」で、廃仏毀釈が始まる。吉野へは、六月十三日に弁事御役所から、「本尊の蔵《ざ》王権現《おうごんげん》を神号に改め僧侶は復飾神勤《しんきん》せよ」という命令が伝えられ、蔵王権現を神とするか仏とするかについて山内では議論が続いた［宮家　一九八八：八〇］。金精《こんしょう》明神などの神社は禰宜の管理下になったが、明治元（一八六八）年から明治三（一八七〇）年までは神道側の策動は成功しなかった。

しかし、明治三年一月三日の「鎮祭の詔《みことのり》」と「大教宣布《だいきょうせんぷ》の詔」により、政府が「惟神《かんながら》之大道《だいどう》」を掲げて布教を統括・指揮する天皇を教主とする、神政国家の理念の宣言が行われ、神道化への圧力が強まった。明治四（一八七一）年以降、政府の神道国教化政策は挫折して文明開化に舵を切るが、「吉野の神仏判然を徹底して一山《いっさん》を金峯神社にせよ」という一連の指令は継続した。地方官は一山の神道化は無理だと訴えたが、教部省の考えは変わらなかった。明治五（一八七二）年九月十五日に修験宗廃止令が布告された。この布告は明治三年六月二十九日に太政官が出した「修験は仏徒（仏教徒）と見なす」という布告[82]を前提としており、修験道は宗派としては消滅し、聖護院の統率下の本山《ほんざん》派修験は本寺所属のまま天台宗に、醍醐寺三宝院の統率下の当山《とうざん》派修験は本寺所属のまま真言宗に帰入、東叡山寛永寺末の吉野修験は天台宗へ、日光山輪王寺末の羽黒修験は荒澤寺所轄で天台宗に帰入することになった[83]。大峯山の吉野修験は、山上と山下の蔵王堂を中心に、蔵王権現を主尊として、学頭が一山を支配し、その下に寺僧・満堂・禰宜がいて［宮家　一九九九：一八六～二〇二］、寺院は各地で講を組織し参詣者のための宿坊を経営していた。明治五年三月二十七日付の女人結界の解禁の布告は、旧慣習や迷信を改めて文明開化に向かう一連の施策の一つであった。蔵王堂の関係者は明治六（一八七三）年に解禁を地元に提案したが、山上ケ岳への登拝口の吉野と洞川の地元の関係者は解禁を認めず、女人結界は維持された。明治十一（一八七八）年二月に、政府は女人結界の解禁は各々の「宗規」に委ねるとしたので、山上ケ岳の女人結界は、吉野側は愛染《あいぜん》（写真3-4）、洞川側は母公堂《ははこどう》、柏木側は阿弥陀ケ森とした。大峯山に関わる女人結界は、近代において「宗規」で継続を正式に再確認したのである。

写真3-4　愛染の旧・女人結界碑（奈良県吉野町）

　近代の吉野一山は複雑な展開を辿った。明治六年正月十八日付で教部省は「白鳳以前ニ復古致シ、地主神金精明神ヲ以テ本社ト定、金ノ峯ノ神社ト可レ称《ショウスベク》、尤蔵王堂幷仏具仏躰等悉皆取除可レ致事《イタスベキコト》、但、社僧修験ハ復飾可レ任レ望事《ノゾミニマカスベキ》[84]」と命じ、明治七（一八七四）年六月二十四付の通達で、神と仏の分離が強行され、寺院は神社に改められた。吉野の地主神の金精明神を祀る金峯神社（吉野の青根ケ峯）を本宮とし、山下蔵王堂（吉野）を口宮、山上蔵王堂（山上ケ岳）を奥宮として、仏像・仏具を運び出して鏡を祀った[85]。「白鳳時代以前」への復帰である[86]。ただし、山上の旧本堂内の秘所、龍穴は手をつけず、鏡と御幣を置いて祀り、御簾をかけ、山下の蔵王権現は覆いで隠した。明治七年に吉野では、僧侶は葬式寺を務める一部の寺院を除いて復飾神勤となった。吉野一山の神道化後も、在家の講社は本社には参詣せず、口宮の蔵王権現像と山上の奥宮に参詣した。登拝口の洞川は、明治八（一八七五）年四月二十九日に、真言系の当山派修験より委託されて管理していた小篠《おざさ》の仏堂を山上ケ岳の下、二町離れたお花畑に移転して行者堂とし、山上蔵王堂の秘密の役行者《えんのぎょうじゃ》像と蔵王権現像を安置して[87]、管理は洞川の檀那寺の龍泉寺《りゅうせんじ》と、葬式寺として残った吉野の善福寺《ぜんぷくじ》が行った。しかし、山上ケ岳への講社の登拝者は激減し、吉野と洞川の宿坊も疲弊して、混乱状態の中で民衆の不満は大きくなり、吉野の神仏分離は行き詰まった。

②仏教寺院への復帰と再編成

　役所は神社が定着しない実情を鑑みて、明治十三（一八八〇）年に仏教への復帰を承認し、明治十九（一八八六）年五月に口宮は蔵王堂に復帰して「本堂」となり、明治二十二（一八八九）年に一山の称号を新たに「金峯山寺」として承認された。他方、山上ケ岳山頂の奥宮は「山上本堂」に改名され、吉野と洞川の共同管理となり、吉野の喜蔵院《きぞういん》・竹林院《ちくりんいん》・東南院《とうなんいん》・桜本坊《さくらもとぼう》の四ケ寺に洞川の龍泉《りゅうせん》寺《じ》を加え、総計五ケ寺が護持院《ごじいん》となった。さらに、近世末期から急速に勢力を拡大した登拝講（行者講、山上講）のうち、大阪の岩組・光明組・三郷組・京橋組と、堺の鳥毛組・井筒組・両郷組・五流組が講社連合の「八嶋役講《やしまやくこう》」（後に阪堺《はんかい》役講）を結成し、各地の登拝講を代表して管理に関わった。

昭和六（一九三一）年五月十四日に「八嶋役講」は、護持院と地元信徒総代（吉野と洞川の代表）と覚書を交わし、各役講一名ずつを地方信徒総代として山上本堂の運営で地元信徒と同様の資格を持つとされた。役講が山上本堂の「鍵」を管理して戸開式と戸閉式を行うと定められ、現在に至る［鈴木正 一九九一：六四～七九］。山上本堂の住職に関しては吉野と洞川で揉め事が続いたが、昭和十七（一九四二）年五月に、文部省の仲裁で、山上本堂の寺名を「大峯山寺」と改称し、天台・真言の両属寺院として決着を見た。山上ケ岳では、①吉野と洞川の五つの護持院、②吉野と洞川の地元信徒総代、③「八嶋役講」の地方信徒総代という三者の共同管理体制が確立した。この複雑な状況は基本的には、戦後も継続して現在に至っており、山上ケ岳の女人禁制をめぐる諸問題の対応でも三者の調整が必要である。

戦後になって、昭和二十三（一九四八）年二月一日に吉野側の金峯山寺は大峯山修験宗（昭和二十七〈一九五二〉年に金峯山修験本宗に改称）を設立し、東南院と桜本坊が加わった。喜蔵院は聖護院末のまま本山修験宗に加わり、竹林院は単立寺院となった。吉野側の四ケ寺は二年交代で山上の大峯山寺の年番を務めて一切の法務を司る。洞川の龍泉寺（真言宗醍醐派）は常時年番として法務に当たる。住職は龍泉寺は一年おき、吉野側四ケ寺は八年に一回住職を務める。吉野山と洞川の地元は、区長を含む三名を地元信徒総代とし、護持院と共に大峯山寺の運営に当たる。「八嶋役講」は各講ごとに一名を特別信徒総代として総計八名を選出し、五月の年一回の総会に出席して、大峯山寺の運営の報告を受ける。戸開式と戸閉式は、「八嶋役講」の主導である（写真3-5）。「八嶋役講」は、現在は「阪堺役講」と呼ばれることが多い。

山上ケ岳の女人結界に関する議論では、護持院・地元信徒総代・特別信徒総代三者の意向だけでなく、修験三本山である醍醐寺（真言宗醍醐派総本山）・聖護院（本山修験宗総本山）・金峯山寺（金峯山修験本宗総本山）の意向も関わる複雑な構図になっている。女人結界の解禁への対応は、複雑な寺院・講社・地元の調整で行われてきた。

写真3-5　山上ケ岳の戸開式（大峯山寺）

③ 洞川の歴史

大峯山の西側山麓に位置する洞川（写真3-6）は、修験道場の山上ケ岳への登拝の根拠地として栄え、多くの宿泊施設がある。現在でも行者講や山上講と呼ばれる登拝講の講員（行者さん）だけでなく、一般の登山者を含めて年間約五万人が訪れる。集落の奥、山上川にかかる清浄大橋の先に女人結界門がある。洞川は山上ケ岳の女人禁制を維持する人々の居住地としてマスコミによく登場するが、生活実態を知る人は少ない。大峯山の女人禁制の変化と洞川の歴史を検討しておきたい[88]。歴史は現在における過去の絶えざる再構築で生成される動態的過程である。

洞川が所属する奈良県吉野郡天川村は、明治二十二（一八八九）年に、天川郷（十六ケ村）と三名郷（七ケ村）が統一され、村制が施行されて現在に至る。人口は、天川村洞川地区では五四〇人（二〇二〇年四月現在）で、少子化高齢化が進んでいる。[89] 洞川は大峯山を水源とする山上川の畔の山間に位置し、標高八二〇メートル、東側は大峯山脈の尾根筋で、吉野から山上ケ岳、弥山、釈迦ケ岳を経て熊野に至る七十五靡《なびき》の拝所を辿る大峯奥駈道《おくがけみち》が通っている（図3−1）。洞川は山上ケ岳の登拝や奥駈道を辿る修験者の拠点で、修験道と深いつながりをもって生活してきた。洞川と外部の人々との交流は、長い間、関西圏から訪れる講社の登拝期間である山上ケ岳の五月三日の戸開式から九月二十三日の戸閉式までの四ケ月に限られ、閉鎖性を保っていた。婚姻は村内婚で、言葉も独特である。[90] ドロガワの名称の由来は、川の流れの静かな所を意味するトロ（川の淀み）に由来するかという［岸田定 一九九三：一一七］。伝説では、役行者の没後、「大峯修行者に奉仕せよ」との遺言に従って、弟子の前鬼は大峯奥駈道の釈迦ケ岳山麓に、[91] 後鬼は山上ケ岳の山麓に住み着き、その子孫が代々続いてきたという［銭谷武 一九九七：一二］。天川村坪内の天河大辦財天社の社家も前鬼後鬼の子孫とされる。[92] いずれも山人や山民などの末裔であろう。洞川は後鬼の子孫として、[93] 山上ケ岳の警固役を自任し、修験の修行を補助して生活をた

写真3-6　洞川の集落（奈良県天川村）

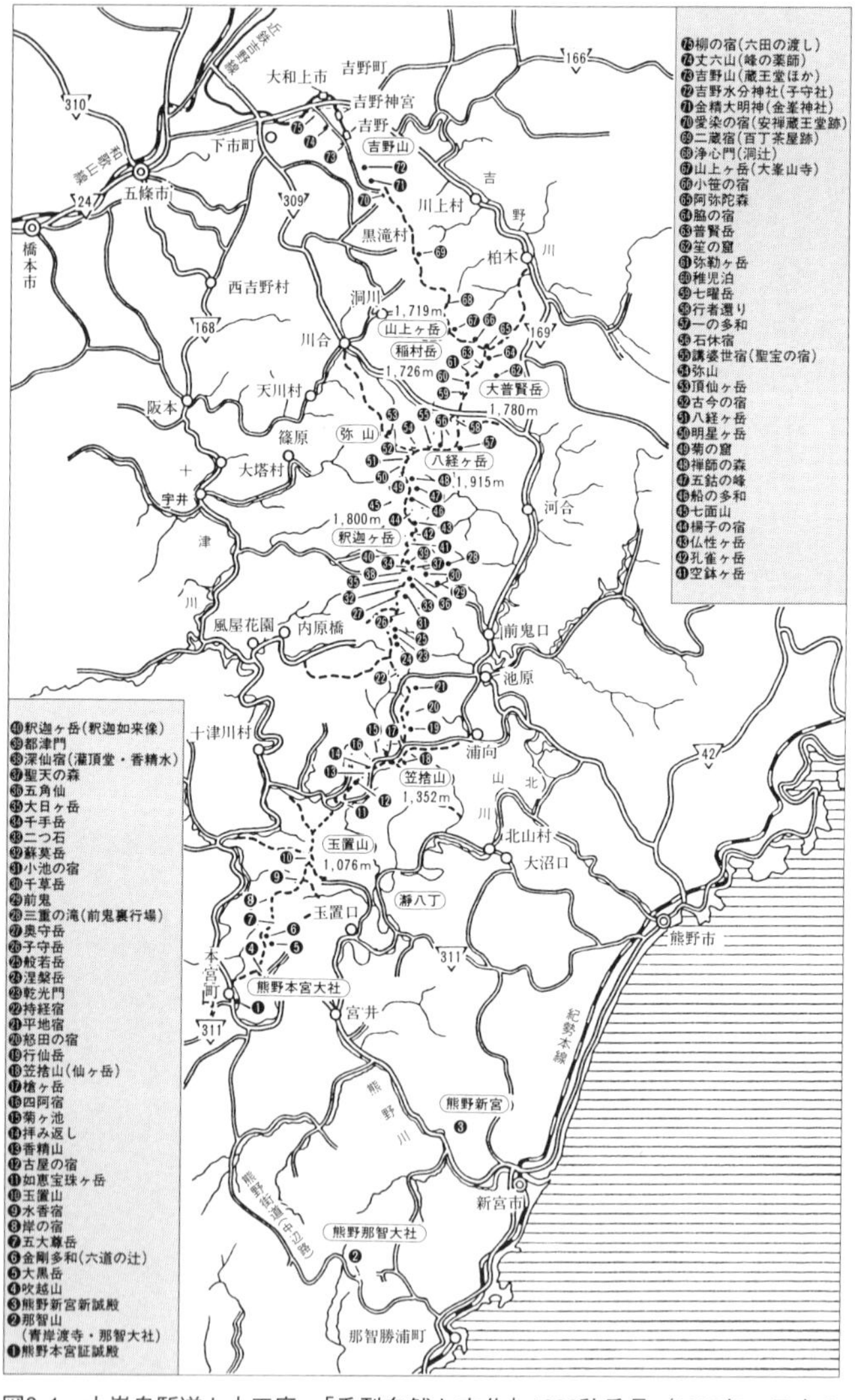

図3-1　大峯奥駈道七十五靡　「季刊自然と文化」1992秋季号（1992年、日本ナショナルトラスト）33頁

てきた。洞川は修験道との関わりが強いこと以外では、長い間、普通の山村であった。

古記録としては、万治三（一六六〇）年作成の「洞川村絵図」があり、家数九四軒と記す[94]。安政七（一八六〇）年に公儀に差し出した明細帳には[95]、家数九三軒、六一八人、米は穫れず、蕎麦と稗を作り、三年に一度栗を拾ったとあり、家数はほぼ同数であった。焼畑（キリハタ）で稗を作った。常食は麦・稗・ジャガイモ・大根・大豆などで、米は滅多に食べず、四月から九月までは、大峯山へ参詣する山伏や信心の者に宿を提供して、木賃や米代を申し受ける。山上ケ岳への山案内をして生計をたてる山先達も重要な仕事で、三世代続く家のみが継承できる[96]。役行者伝来の霊薬を陀羅尼助《だらにすけ》と称して参詣人に弘通《ぐつう》してきた。他の時期は「山稼ぎ」で年貢を上納していたとある。「山稼ぎ」は林業で、吉野杉や檜を伐採し、炭焼を行い、猪や熊の狩猟等をした。各家では内職に柄杓（シャコ）・曲げ物・酒樽を作っていた。細工物の柄杓造りは特に有名であった。洞川は自給自足の生活を基本とし、「山上参り」（山下詣）を生活の糧（渡世）としてきた村であり、昔も今も「山上さんのお蔭を大なり小なり蒙らぬ家はない」［岸田定　一九九三：三七］という表現に、この村の特徴が表れている。女人禁制を維持する山上ケ岳は地元にとっては生活権の根幹であった。

現在、洞川の最古の史料は龍泉寺境内の泉の畔にある「行者堂造立之人行尊敬白」と記した天文二十三（一五五四）年の碑文である［岸田定　一九七五：五］。洞川の宿坊の形成は、江戸時代中期以降に、在俗信者の山上講や行者講による大峯登拝が盛んになってからと推定され、講社の古い記録は宝永年間（一七〇四～一七一一）だという[97]。現在も旧宿坊の旅館には講社の奉納額が多数残る。関西地

写真3-7　山上ケ岳「西の覗き」

方では、男性は十五歳になると、大人として一人前と認められるために「山上参り」を行った[98]。大人になるための成年式（initiation）であり、様々の試練を乗り越える修行とされた。特に山上ケ岳で岩壁上から吊るされて懺悔を行う「西の覗《のぞ》き」（写真3-7）や、大峯山寺本堂裏手の平等岩、蟻の戸渡り、東の覗きなどの岩場の修行は名高い。この慣行はいつ頃から始まったか明確ではないが、近世中期以降の民衆の経済成長が基盤になって形成されたと推定される。大和の村々には行者講（山上講）が多く形成され、登拝の一週間前から精進潔斎して肉類を避け、出発の朝は村の氏神に集まって隊を整え、先達に連れられて出発する。吉野川の畔の村々には熊野詣に倣って「蟻の山上さん詣り」という言葉が残るほど、多くの人が「山上参り」を行った。登拝は、吉野山から山上ケ岳に登って吉野山に下りるのがホンヤマ（本山）という正式な峯入り道で、洞川より吉野が中心であった。ただし、洞川も登拝の根拠地であり、大峯道者の獲得をめぐって度々争った記録が残る。明治時代の洞川には旅館はなく民宿程度であったという［岸田定　一九七五：七］。しかし、昭和の初めに交通路が整備され、下市口から洞川までバスが入って洞川が吉野を逆転し、山村生活を脱皮して急速に繁栄に向かった。

④洞川の近代

洞川の中核は登拝講の行者講や山上講の宿坊で、現在は旅館経営を行っている。「大峯館」と呼ばれる、多数の客を泊める古くからの大旅館の桝源・奥村・角甚・西清・花徳・丸文・紀の国屋・あたらし屋・皿徳・西儀・久保治の十一軒が中心で、各々が特定の講や修験道の教団と結び付いていた（写真3−8）。所有者が変わる場合は、宿泊台帳と共に売買された。生活の糧は、宿泊、飲食店、山案内、茶店経営、土産物、陀羅尼助の販売などで、特にキハダ（黄柏）を原材料とする陀羅尼助は、役行者が製法を伝授したというご利益が籠る大峯山の特産の胃腸薬で、[99]収入源として重要である。製薬する時に精進潔斎して、口に秘密陀羅尼を誦して薬品を加持したとされ、呪文の力が籠められる（写真3−9）[100]。かつては旅館が暇な時期である二月や三月には、「お得意廻り」と称して諸国の講員の家々を尋ねて、陀羅尼助や糸と針のセット、箸や飯杓子《めしじゃくし》などの土産物を持参し、宿泊の確認や宿泊日の調整を行った。

写真3−8　洞川の旅館

写真3−9　陀羅尼助の販売店

明治十九（一八八六）年が洞川の大

きな転機で、山上ケ岳が吉野と洞川の共有地となり、山上の権利は吉野六分、洞川四分と決した。洞川の檀那寺の龍泉寺が山上本堂の運営に参画して、山上ケ岳に参籠所を建てて護持院に加わり、洞川の勢力は確実に増大していった。女人結界は吉野の愛染が重要であったが、次第に洞川の母公堂が注目されるようになった。洞川の女人禁制が問題になったのは、明治三十五（一九〇二）年に葛城神社の社司の娘が僧侶と登ろうと試みて以後で、「女人結界」問題は近代になって浮上してきた現象である。

洞川発展の契機は交通路の発達で、大正元（一九一二）年十月二十五日に吉野軽便鉄道の吉野口―吉野（六田《むた》）が開通し、洞川に至る玄関口に当たる下市口に鉄道の駅ができた。道路が整備され、大正八（一九一九）年に奥吉野方面へのバスの運行が始まり、昭和の初めには洞川まで通じて[101]、多くの人が洞川から登拝するようになった。山上ケ岳への登拝口は、吉野と洞川しかなく、吉野からがホンヤマ（本山）という正式な登拝道であったが、状況が大きく変わった。吉野は神仏分離の影響で勢力が衰退し、交通路を整備した洞川が浮上した。信仰登拝は隆盛を極めて開山期間は宿坊が賑わい、村の多くの人々が旅館の手伝いや山案内人の仕事で忙しかった。戦前までは遊郭も栄えて山中の一大娯楽地となった[102]。

林業経営は、第二次世界大戦後も復興景気の木材ブームで需要が急速に高まり潤った。天川村の土地の九割が山林で、洞川は広大な区有林を持ち、最盛期には人口の約三分の二の世帯が、山守りや労務者として生計をたてていたという。昭和三十（一九五五）年には天川村の人口は五六八六人（天川村村役場資料）でピークに達した。ただし、この時期以降、石油・電気・ガスなどのエネルギー革命で薪炭の需要が減少し、都市的生活様式が流入して木材建築が減り、木材価格も外国産の輸入で下落して、林業は急速に衰えた。昭和三十年以降の高度経済成長期は価値観の変化も急速で、信仰登山も陰りを見せ、宿泊者も減ったが、新たな生活手段として観光が主役となり、夏でも涼しいので「関西の軽井沢」と称して、登山者だけでなく一般避暑客の誘致に努め、林間学校の開催も働きかけた。昭和三十五（一九六〇）年七月十日に龍泉寺境内の女人禁制が解禁され、稲村ケ岳が「女人大峯」として正式に開放されて、多くの女性が登るようになった。高度経済成長期には第一次登山ブームが訪れ、観光登山客が増加し、林間学校でも稲村ケ岳に登ることが多く、洞川の夏は若者で賑わいを見せた。

大峯山一帯は、戦前の昭和十一（一九三六）年二月一日に「吉野熊野国立公園」の指定を受けていたが、洞川地区が昭和四十（一九六五）年二月二十五日に編入されて、観光化の推進に寄与した。ただし、大都市圏への人口流出が加速し、昭和六十（一九八五）年には地区人口が二七三一人となり、ピーク時の半分近くになった。その後の大きな動きは温泉の発見で、平成五（一九九三）年に村営洞川温泉が営業を開始し、頭打ちになっていた観光をやや復活させた。平成二十一（二〇〇九）年には新しい源泉が発見されて温泉ブームへの便乗が画策されている。現在はふるさと起こし隊などの力を借りてイベントを企画し、情報発信を強化して[103]、年間を通じての観光客の訪問を働きかけているが、やや頭打ちになっている。平成三十（二〇一八）年八月に、洞川は農山漁村の人口減少・高齢化対策の一環として、「農山漁村の活性化のための定住等及び地域間交流の促進に関する法律」（平成十九年法律第四八号）第五条第一項に基づき、洞川地区活性化計画を作成して公表した[104]。しかし、現在も大都市圏への流出は続き、洞川の一部の人は、女人結界を解禁して、多くの女性を呼び込めばよいと主張している。洞川は大きな曲がり角に立っている。

⑤女人結界の変動

山上ヶ岳周辺に設定された女人結界は、昭和四十五（一九七〇）年までは西の洞川は母公堂《ははこどう》、東の柏木は阿弥陀森（脇の宿）、北の吉野は青根《あおね》ケ峯の愛染で、南の弥山への大峯奥駈道は阿弥陀ケ森が兼ねていた。近代以降、徐々に吉野よりも洞川から登る講社が増え、一般登山者も洞川から日帰りで登る人も増えた。洞川の女人結界は母公堂（女人堂）（写真3–10）で、現在も「従是《これより》女人結界」と刻んだ女人結界碑が残る。役行者の母の渡都岐《とつき》白専女《しらとうめ》が訪ねてきたが、川に住む大蛇に阻まれて登れなかったという伝承がある。[105] 大峯山は女人禁制なので役行者が母と別れた場所とも伝わる。伝承によれば、役行者の母はここに住み、村人のお産を助けたので、子授けや安産を願って祀るようになったという。母公堂には、役行者とその母公・烏天狗・大聖不動明王・理源大師聖宝・弘法大師空海・子授け地蔵が祀られて、現在は洞川の老人会が管理して、安産や子授けのお守りと腹帯を売っている。役行者の母公には山の神の姥神の様相もある。母公のシラトウメの名称は、金峯山の女人結界を破境して登って罰が下されたという都藍尼《とらんに》（『本朝神仙伝』）や、立山の止宇呂《とうろ》の尼《あま》、白山の融《とおる》の婆《うば》、各地の虎姫《とらひめ》と同系統

写真3–10　洞川の母公堂と女人結界碑（右）

の、山と里の境界に現れる女性の名称である。

一方、吉野側は金峯神社（金精明神）近くの愛染にかつては母公堂があって、役行者の母親の石像が祀られていた。「従是女人結界」と記す慶應元（一八六五）年再建（延享二〈一七四五〉年創建）の女人結界碑があり、ここが吉野側の結界であった。

昭和四十五（一九七〇）年五月二日、女人禁制の区域は縮小された。洞川の女人結界は母公堂から二キロ上手、清浄大橋（大峯大橋）の対岸に移行して、新たに女人結界門が造られ（写真3-11）[106]、吉野側は十二キロ上手に移り、五番関に新たな女人結界門が創られた[107]。

写真3-11　清浄大橋の女人結界門

禁制区域縮小の理由は、銭谷修（当時の龍泉寺檀家総代、大正六〈一九一七〉年生まれ）など地元の人々によれば、第一は植林の問題で、山に木を植えると十年間は手入れの「下草刈り」をする必要がある。戦中と戦後は人手不足から女性の「下草刈り」への参加が増えて労務者の半分が女性となった。従って、人目を避ければ山奥の禁制区域に入ることも黙認されたが、信者や行者から、禁制の場に女性が入っていると抗議があり、縮小の提案がなされ、対応せざるを得なかった。地元の女性は大峯山に登ろうという気は全くなく、山仕事で入っていると考えていた。

第二は観光開発の問題で、地元の主要交通機関の近畿日本鉄道は、昭和四十五（一九七〇）年に大阪府吹田市の千里丘陵で開催される日本万国博覧会（三月十五日～九月十三日）に合わせて、大峯山の一般に向けての観光開発の推進を計画した。当時は登山ブームで弥山や稲村ケ岳への女性登山者が増加していたので、万国博覧会に合わせて禁制を解禁し、ハイキングコースを整備して登山客の誘致をしてほしかった。近鉄は、観光事業の展開のために、女性の入山地域を拡大してほしいと大峯山寺関係者に働きかけ、地元からも地域振興には禁制区の縮小もやむなしという賛同者を得た。

　第三も観光に関わる問題で、当時の各講社は登拝に際してバスの利用が増えていた。道路の拡張や駐車場整備で清浄大橋までの乗り入れが可能になったが、バスに女性車掌が乗っていたので、女人結界の母公堂か下の茶店で車掌を先に降ろして、目的地の清浄大橋に向かい、Uターンして帰りがけに車掌を拾うという手間をかけていた。車掌は長時間にわたって客の下山を待った。母公堂と清浄大橋の間の道は狭く一車線のために対向車が来るとバックしないといけないのだが、バスを誘導する車掌が不在のままで運転せざるを得ず、危険であり「旅客運送法」違反に当たるとされた[108]。こうした不便な交通状況下で改善が望まれていた。禁制地区の縮小は、植林や観光など地元の生業に関わる実際的な問題であったが、最終的には協議に近鉄の営業部長も出席して、観光化推進へ舵を切る方向で地元の賛同を得た。

⑥観光化と村の変化

　洞川が観光化へと動いた契機は、この地区が昭和四十（一九六五）年三月二十五日に国立公園内に追加編入され、観光への投資に目覚めたことであった。当時の洞川は大峯山の登拝者を相手とする宿坊や旅館の他は多くは林業で暮らしていた。ただし、林業は衰退し、高度経済成長の進行につれて村人は都会に出ていき、過疎化で人手不足が生じて新たな生き方を模索していた。その時に浮かんだのは国立公園というブランドの活用である。洞川は山間地ではあるが、既に国立公園に指定済みの大峯山の山上ケ岳・稲村ケ岳・大普賢岳への登山基地であるだけでなく、五代松鍾乳洞・面不動鍾乳洞があり、付近一帯は吉野杉の産地で、天然林が繁るなど自然資源に恵まれていた。運動は功を奏し、国立公園拡張に成功した。拡張の余勢をかって、好機到来と見なしてさらなる展開を目指したのが禁制地縮小による観光化の促進で、地元での雇用を確保するには観光化が最も有効だと考えられた。地域社会の中に新たな価値を見出し「文化資源」として活用する動きが始まった。

しかし、国立公園に伴って新たに設定される女人禁制の区域の縮小は、簡単には承認されなかった。大峯山寺総会の討議が昭和四十四（一九六九）年十月二十九日に吉野竹林院で開催され、縮小案が議長から提案され、承認を求めようと試みた。この会議では各護持院の住職及び代表役員や地元信徒総代は、信仰だけでなく地元の「産業開発」も必要だとして縮小に賛成したが[109]、役講代表の特別信徒総代は難色を示して態度を保留した[110]。多数の信者を擁する大阪と堺の役講は大きな勢力があり、大峯山に強い愛着心と信仰心を持ち、役行者の草創以来、千三百年維持してきたとされる女人結界の解禁への畏れと戸惑いが大きかった。多くの講元は、「自分の目の黒いうちは」「開放されたら大峯山に来ない」「とにかく変えないでほしい」と主張した。山での修行は信者が「行者さん」と親しみを寄せて

写真3–12　大峯山女人遥拝所から山上ケ岳を望む

呼ぶ、開祖の役行者の行いを踏襲することに意義を見出してきた。女人結界は「役行者の草創時の取り決め」とされ、根本秩序を覆すことへの逡巡があったのである。結局は昭和四十五（一九七〇）年二月六日の協議で、役講は押し切られ、一部開放は承認され、同年五月二日に賑やかな祝典が開催されて新しい禁制区画に移行した。洞川の住人は、生業上での必要性や、観光による地域振興を優先し、女人結界を動かした。女人禁制の緩和は、信仰よりも世俗的な理由が主で、時代の変化が如実に反映されている。

　新しい女人結界となった洞川の清浄大橋の脇には沢山の登拝供養塔が建てられ、その中には三十三度や五十度の記念碑も多い。昭和五十（一九七五）年五月五日には清浄大橋の洞川側に「大峯山女人遥拝所」が新設され、鳥居越しに山上ケ岳を拝むという新たな形式の拝所となった（写真3–12）。旧結界の母公堂は森林の中にあり、大峯山を直接拝むことができなかったが、新しい遥拝所では、鳥居を通して山上ケ岳を遠望できる。女人結界門は、清浄大橋・五番関・阿弥陀森（脇の宿）・レンゲ辻の四ケ所に新たに作り直された。レンゲ辻は、戦後になって稲村《いなむら》ケ岳が「女人大峯」として、女性登山客が増えたので、山上ケ岳に至る途中に女人結界の表示をしたのである。一九六〇年代後半からは「第二波フェミニズム」が始まり、男女の制度の不平等の改善や権利の平等の実現にとどまらず、根源的な思考や意識の変革を求める運動が展開し、学生運動・反戦運動・公民権運動と連動して、昭和四十五（一九七〇）年以後は「ウーマン・リブ」として展開し、[111]後に「第二波フェミニズム」と呼ばれた。洞川へのフェミニズムの影響は、徐々に現れてきた。

⑦「宗教的伝統」か習俗か

現在の四ケ所の結界門の表示には「女人禁制　この霊山大峰山の掟は宗教的傳統に従って女性がこの門より向こうへ登ることを禁止します」とある。英語による女人禁制の警告は、平成四（一九九二）年五月に外国人女性二人が大峯山頂のお花畑に登ってきたので、大峯山寺関係者が慌てて柏木道に下ろし、それ以後に設けられた。文言は「"No Woman Admitted" Regulation of this holly mountain Ominesan prohibits any woman from climbing farther through this gate according to the religious tradition」である（写真3-13）。禁制維持の理由は「宗教的伝統」（religious tradition）の強調で、地元側が結界を維持する共通見解になっている。教団側は「女人結界は修験道の宗教的伝統の一つであったが、時代に即して民衆の信仰的要求に応えてきたのも大きな宗教的伝統である」［役行者千三百年御遠忌記録編纂委員会編　二〇〇三：一〇八］と説明する。ただし、「宗教的」という翻訳語は、西欧の人々に向けての説明用語で、日本の習俗を説明するには不十分である。「宗教」

写真3-13　結界門に立つ「女人禁制」の表示板

（religion）という普遍性を持つ翻訳語は、西欧由来の個人の内面性を重視する定義でプロテスタントの影響も強く、日本人の多くは明治以来、「宗教」の用語に対して、違和感があり否定的な意味合いを認識してきた[112]。日本で長く使われてきた言葉は「信心」であり、宗教や信仰というよりも習俗の中に埋め込まれ、生活体験に根差す実践や観念であった。

日本では神や仏や霊魂との関係性は、内面重視の belief（信念）ではなく、外面性重視の practice（実践）が基本で、慣習や習俗や儀礼として暮らしの中に埋め込まれて生活してきた。言い換えれば、身体化された慣習（customs）の「日常的実践」で、儀礼や禁忌の実践が習俗の中に溶け込み、集団を基礎に維持されてきたのである[113]。日本の民衆の生活を重視する立場に立てば、宗教よりも、信仰という穏やかな表現のほうが好ましいかもしれない[114]。信仰は belief や faith よりも、信頼（reliance）の「信」に近い。人々は不可視のものへの感性と信頼に支えられて生き、日々の暮らしと信仰は一体であった。しかし、信仰の基盤であった農山村での暮らしは急激な都市的生活様式の流入で変貌し、不可視のものへの感性は喪失し、世代から世代へと伝承され継承されてきた慣習や習俗は形骸化した。

女人禁制は「宗教的伝統」ではなく、非日常と日常が交錯する広義の「習俗」に含めて考えるという中立的立場を筆者は維持してきた。女人禁制を支えてきたのは「信心」であり、近代の「宗教」概念とは馴染まない。習俗とは、組織化・明文化されていない制度としての慣習で、「しきたり」とも言い換えられ、生活の中に埋め込まれている[115]。人々の暮らしに定着した規範・信念・表現・実践で、体験的知識に支えられ、伝統よりも広義である。英語の表現で言えば、社会学者サムナーの「フォークウェイズ」に近い［サムナー　二〇〇五］[116]。ただし、ランティスの批判的見解によれば［Lantis 1960：202-216］、「慣習」や「習俗」は、体系的・原理的定義付けが乏しく、「過去」の含意が伴い、現代的現象を表すには不向きであり、慣習の語は意味付けが多様で主観的な用法が多いなどの欠点があるという。ランティスは、習俗に代えて、全体文化の特定の部分を「ヴァナキュラー文化」（vernacular culture）と表現することを提唱した[117]。「土着の」「先住の」「地元の」構造化される言説や行動で、場所や状況に応じて様々に変化する。島村恭則は、ヴァナキュラー（vernacular）とは、覇権、普遍、主流、中心とは全く逆の世界で、民俗（folklore）概念と代替することを提案している［島村二〇二〇a：一九七～二一五］。島村は「自らが「主流」「中心」の立場にあると信じ、自分たちの論理を普遍的だとしておしつけてくるものに対し、それとは異なる位相から、それらを相対化したり、超克したりする知見を生み出そうとするところに、民俗学の最大の特徴がある」［島村　二〇二〇b：二一］と主張する。女人禁制維持派はヴァナキュラーの立場にあって、「周縁」から「中心」に対して異議申し立てを行い、「当事者」の立場から女人禁制の議論に再考を促しているともいえる。

女人禁制に関して、銭谷修は「地元の女の人には大峯山に登ろうという気持は全然ありません」と述べ、地元の女性は山に登らないことは当然と考え、登ろうと試みるのは外部からの訪問者に限られているという。山上ケ岳は、五月三日の戸開式から、九月二十三日の戸閉式までは、山上に修験や僧侶や管理人がいるが、この時期以外は無人なので登っても咎《とが》める者はいない。普通の人は閉山期にあえて登ろうとはしない。当事者側の声に耳を傾けると、女人結界は日々の日常世界に埋め込まれていることがわかる。

⑧近代化の中の女人禁制

ここで視点を少し変えて、明治以来の近代化の過程の中で女人禁制に関してどのような動きが展開してきたかを時代を遡って概観しておきたい。女人禁制と近代との遭遇を幾つかの段階を追って検討する。大峯山の女人禁制へ挑戦は、古くは明治三十五（一九〇二）年に葛城神社の社司の娘のとよが僧侶二人と共に登拝を試みたと言われているが、動機は明らかではない。大正から昭和にかけて女性解放と男女の権利の平等を目指す「女権運動」が新聞や出版物を中心に展開し、その影響は大峯山に及んだ。これは後に「第一波フェミニズム」[118]と呼ばれた制度改革の運動である。昭和三（一九二八）年に、大阪毎日新聞記者の藤井覺猛が本山修験宗の機関誌『修験』二八号に「大峯山と女人の問題」と題して掲載した記事がある。それによれば、当時、一般の風潮として女人禁制の山を問題視し、「封建時代の遺風」「封建遺制」の女人禁制は許されないという議論が巻き起こり、男性にも共鳴する者が増えたという[119]。しかし、藤井は「大峯山は女人禁制の霊山で清浄と神聖を維持してきた」「日本唯一の女人禁制の山として歴史的な重要性を持つ」「禁制を解くと俗化して熱心な信者がこなくなる」といった理由を挙げて、「山の神聖さと尊厳を維持すべきだ」［藤井　一九二八：一〇］と主張した。信仰・歴史・生活の三つが根拠であった。藤井は「女人を不浄なりとして賤視し、女人の登山することによって山の神聖が穢れる」と大きな声で叫ぶと、「今時の新しい女は柳眉を逆立てて憤慨するに違いない」［同：七～八］として穢れを理由に挙げない。「新しい女」とは平塚らいてう等の女性解放の運動家で、近代的自我に目覚め、封建的因習を打破し、新しい女性の地位を獲得しようとした人々で、明治四十四（一九一一）年の『青鞜』の創刊以後に使われ始めた。この記事は、解禁反対の意見に言及した早い時期の論説で、「第一波フェミニズム」の動きが山岳信仰や修験道の実践にも影響を及ぼしていたことがわかる。「大峯山の女人禁制」の問題が本格的に問われたのは昭和に入ってからである。

禁制への抵抗運動が本格化したのは、昭和四（一九二九）年七月十五日に行われた女性の強行登山以後であった。登ったのは大阪府北区梅ケ枝町の岡田松江（当時二十二歳）と同港区大正通一丁目の石渡秀（当時三十九歳）の二名で、柏木の南から新道を経由して登り、午後三時頃に小篠《おざさ》の本堂（当山派修験道の根拠地）に辿りつき、堂守のおじさんに捕まった。山で働いていた樵夫《きこり》たちが駆け集まり「山の祟りが恐ろしいから早く下山してくれ」といい、即刻退去となった。同年七月十七日付の『大阪朝日新聞』は、「女人禁制解かれて初めての婦人登山」「堂守や樵夫が祟りを恐れる、大和の霊山、大峯山征服」との大見出しで二人の小篠本堂前の写真を掲載した。明治五年の女人禁制解禁以来、初めて意識化された禁忌破りであった。昭和初期の段階では、地元では強い信仰心が男女ともに維持されてきたことが断片的な記録から窺える。

ただし、隠れて登ることは多々あったらしく、戦後になって明らかにされたことだが、昭和十二（一九三七）年九月と十一月の二回、山田奈良雄（西宮市）が女性を連れて登ったという［牧田　一九五六：一一二］。あえて開山の季節を避けて登ったというから、やはり後ろめたさはあったようである。

昭和に入ってから、記事にならない幾つかの事例があり、一般には目に触れない強行登山が試みられたようである。その場合に利用される登拝口は、「表山」と呼ばれる吉野や洞川ではなく、「裏山」とされる柏木口を利用して登ったので気づかれないことが多い[120]。地元ではこうした行為を「ぬすっと参り」と称し、女人禁制の解禁ではないという。正式な解禁は「盗人」ではなく、大峯山寺が明確に日時を定めて布告を出すことである。

この時代に起こったことは、女人禁制と近代との遭遇の第一段階であり、「女権運動」への対抗と応答であった。ここで問われたのは、強い民衆の信仰心と、男女平等、男女同権という近代の認識枠組みとの折り合いをどうつけるかであった。

⑨国立公園と女人禁制

戦前において、女人禁制が問題視され、数多くの議論がなされたのは、国立公園の認定が議論されるようになってからであり、外部、特に国という公権力の関与が契機となっていた。昭和七（一九三二）年十月八日に大峯山一帯が国立公園の候補地に決定して以来、一般的には、「公共性」(public-ness) に照らして女人禁制の解禁を求める声が大きくなった。新聞紙上などを通じて様々な議論や論争が昭和七年から繰り広げられて、昭和十一（一九三六）年二月一日の「吉野熊野国立公園」の指定まで約四年間続いた。

解禁論に対して、特に反対意見が強かったのは役講で、女人禁制は役行者以来の伝統であり、女性がいては山岳修行にはならないという意見が多く、地元の地域社会である洞川の支持も強く受けた。

修験教団の立場としては、当時の聖護院の執事長の宮城信雅が解禁反対の意見を本山派修験の機関誌『修験』五七号と五九号に載せている［宮城　一九三一、一九三三］。それによると「大峯山は他の山岳寺院の如く参拝所と云ふよりは、修養、修行の道場であるから、男子のみにて女子を混ぜぬ方がよひ。殊に先達として青年達を誘導し断崖絶壁に荒行をして行くには、女人禁制の、全く下界と異つた環境が望ましい」［宮城　一九三三：三〜四］。女人が混じれば質実剛健の風を保ちがたいという。大峯山は修験道の修行道場として「役行者御開闢《かいびゃく》以来千餘年脈々」と受け継ぎ十万以上の参詣者を得ており、「此山の特色を失ひ信仰心を減退」することになってはいけないと主張した。ここでは穢れの概念は登場せず、理由の第一は役行者以来の伝統であること、第二は山をあくまで男性のみが荒行を行う修行場として確保することが、女人禁制の理由になっていた。教団側は、長く続いてきた大峯山の「修行道場」としての意義を強く強調する。

女人禁制をめぐっては多くの議論が巻き起こった。地元の事情を含めての全体の経緯や賛否それぞれの意見については、国立公園の設立に尽力した岸田日出男（一八九〇〜一九六四）[121]が、『修験』五九号に掲載した「大峯山脈女人登山解禁問題について」［岸田日　一九三三：二〜一七］が詳しい。それによると解禁賛成派の意見は、（1）国立公園は公共の場であり、一部とは言え国民の半分の女性に対して門戸を閉ざすのは不当であり、広くレクリエーションの場として開放する、（2）修行は男性に限らず女性の修行者もいるので開放されるべきである、（3）洞川は大峯山の登山客によって支えられているので、女性にも門戸を開き、多くの登山客や宿泊客を呼び寄せて繁栄できる、（4）裏口の登山口である柏木口で禁制解禁の動きがあり[122]、洞川側が先に開けば機先を制する、という主張である。国民の公共の場を設定する、男女平等の参加など、国立公園の趣旨に則った意見と、経済利益の増大の意見が混在していた。

一方、解禁反対派は、（1）国立公園の中には人が立ち入れない所もあり、長い伝統に支えられた女人禁制を残すことで意義が高まる、（2）女性に修行が必要である点には同意するが、その中に不謹慎な者がいれば山の神聖さが失われてしまう、（3）洞川の場合、解禁で登山客が増加するという見通しは誤りで信者や登山客は減少する、むしろ日本唯一の女人禁制を残せば多くの人が訪れる、（4）裏口の開放の機先を制する戦略というのは姑息《こそく》である、といった趣旨である。総じて、解禁反対派は、大峯山は長い伝統のある修行場で、日本唯一の女人禁制であるという誇りを持っている。ただし、感情的で、伝統の遵守や信仰への愛着に満ちていて論理的な意見とは言いがたい。しかし、収入減少の現状を打開できないという漠然たる不安も払拭できない。他方、講社に属する信者は伝統にこだわり、地元住民は経済的な困窮を引き起こすことへの将来の不安を述べている。

この時は女人禁制と近代との遭遇の第二段階で、国立公園という国の制度が議論の焦点であった。登場したのは「国民国家」（nation state）であり、問われたのは国民が享受する権利の平等性で、「公共性」という新たな枠組みとの葛藤が生じることになった。

⑩大きな転機の到来

昭和十一（一九三六）年は大峯山の女人禁制に関する重要な出来事が起こり、転機の年となった。

同年二月一日には、内務省告示第三三号によって、大峯山一帯は「吉野熊野国立公園」の指定を受けた。この結果、国民の公共の場である大峯山がなぜ女人禁制なのかという主張が起こり、一般からの解禁の要求の動きが高まったのである。これに対し解禁反対論が教団側から唱えられ、宮城信雅が『修験』七八号に「大峯山関係者並に修験道信仰登山者に要望す」という一文を執筆し［宮城　一九三六：二～五］、禁制の維持は、「宗教的伝承」の尊重が基本にあり、女人蔑視や男尊女卑ではないこと、男子の修行道場が自然界に設定されていること、浄土真宗と同じく在家菩薩道であるなど修験道の特徴を述べて、教団の立場を明確化した。阪口親平の報告「大峯山問題に就いての経過報告書」［阪口　一九三六：九～一三］と無記名の「大峯山開否問題と禁制維持決議の経過」［nd.　一九三六：六～八］にも詳しく書かれている。

　この時期、洞川では大きな議論が巻き起こった。『大阪朝日新聞』同年二月九日付では、役講総長と吉野・洞川の代表が会合して女人禁制の開放に動くと報じ、二十四日付では「龍泉寺で洞川区民大会が開かれ、大峯山の女人禁制を解くことを満場一致で決議し、五月八日の開扉から女人に解禁することが決められた」と報じた。『大阪毎日新聞』二月二十五日付では、十一日に洞川大峯館組合が臨時総会を開催して解禁を決し、五月八日の戸開式までに実現するべく奔走するとした。二十四日には龍泉寺に五十名が集まり、「区の繁栄と時代の趨勢に鑑み」「万難を排して女人登山の解禁を断行することを決議した」とある。目的は自動車道路を作り団体誘致をして地域振興を行うことであった。[123] この動きに対して、修験教団は猛烈に反発して、「地元が繁昌するといふ単なる営利本位」だと非難した。二月二十七日に役講は緊急の代表会議を堺市内鳥毛組方で開催し、山上本堂と表裏行場、洞辻《どろつじ》から上は禁制保持を決議した。二十八日には阪口親平など九名の役講代表が奈良県庁に出向き、洞辻から上は禁制を絶対死守する旨を陳情した。本山派修験の総本山である聖護院も協議の結果、「修行道場」としての大峯山の伝承維持を主張し、宮城信雅執事長が三月六日に奈良県庁に出向いて、知事に対して役行者以来の伝統、根本道場の意義、天皇陛下の祈禱所、特殊な霊山、男性の心身鍛錬の場、清浄の地など解禁反対の理由を挙げた長文の具申書を提出した［nd. 一九三六：七］[124]。大峯信仰結社である神変教会京都連合会も、三月七日に代表が県庁に出て、解禁反対の陳情書を提出している。さらに、三月十四日に竹林院に、護持院・地元信徒総代・地方信徒総代・役講代表・吉野山と洞川の区委員が集まって、話し合いがもたれ、関係者が一致団結して永遠に女人禁制を守り抜くことに合意した。この趣旨を三月十九日に奈良県知事に伝え、四月十二日には「大峯山各関係者協議山規」が定められて、女人禁制は公式的な決定事項となったのである。この時の解禁運動は、信徒側である洞川と吉野の地元や、役講から始まったことに意義があった[125]。修験道は昭和十一年以後、「精神修養の霊場」で行う心身鍛錬の修行として正統性を得ていく[126]。昭和十二（一九三七）年八月二十四日に国民精神総動員運動が閣議決定され、九月に運動が開始され、鉄道省・文部省・厚生省が国民の心身鍛錬と日本精神涵養を目的として、徒歩旅行や登山が奨励された。修験道も「総力戦体制」の一翼を担ったのである［鈴木　二〇二〇ａ：三六〜三七］[127]。

昭和十一年の様々の意見交換を通じて、大峯山をめぐる修験教団と、それと共に生きる地域社会である洞川、そして両者の間に立つ講社は、自らの在り方や、信仰と歴史を再確認し、女人禁制の厳守こそが、自らを支える根幹であることを再確認した。「女権運動」と国立公園という外部からの制度的な働きかけは、内部の人々の団結を強固にした[128]。解禁に関しての討議の機運を生み出したことは、洞川という閉ざされた地域社会に対する「公共性」という新たな観点からの異議申し立てでもあった。変動の時代背景は、交通・通信機関の発達や新聞・ラジオなどのメディアによる情報の流入であった。昭和の初めに下市口から洞川までバスが開通し、急速に登拝者や女性を含めた一般人の来山が増え、観光化の促進が図られて、伝統や信仰とのはざまに生きる洞川の矛盾が大きく露呈した。観光化はその後も、洞川の在り方を大きく左右していく。

⑪アメリカ人女性の登山

戦争の時代は女人禁制は全く話題から消滅した。男性主導の軍国主義の時代、「忠君愛国」のスローガンによって、女性は完全に男性の統御の下に置かれた。第二次世界大戦の終了後、人々の意識は大きく変わり、男女平等の立場から、何人かの女性が登山を試みたし、一緒に新聞記者を連れて来て記事を書いてもらうというマスコミの利用も始まった。その経過は、洞川在住の銭谷修が当山派修験の機関誌『神変《じんぺん》』五六九号と六一八号で報告している〔銭谷修　一九五六、一九六二〕。当時の記録と、本人の追憶記〔銭谷修　一九七〇〕と当人からの聞き書きを総合して紹介する[129]。銭谷修は地元の龍泉寺の檀家総代や信徒総代を務め、大峯山の女人禁制に関しての外部取材の窓口になっていて、新聞の切り抜きや関連資料を収集して対応していた。

戦後すぐの昭和二十一（一九四六）年七月十二日に、近畿登山協会設立者で進駐軍（General Headquarters、ＧＨＱ）勤務の松山啓吉が、大峯山の女性への開放を求めて、柏木口から女性教師と女子学生十五人と男性五人、アメリカ女性と女性通訳各一人の総勢二十二人に、報道陣数十名がついて登山を試みるという出来事が起こった。アメリカ人女性は進駐軍の天然資源局所属のペロー（Pero）といい、松山とは柏木（大峯山裏口）で同宿したので、一緒に連れて登ってきた。ペローは女人禁制の山が明日開放されると聞かされ、興味本位でついてきたのだという。下市警察署から洞川に連絡が入って、地元は大騒ぎとなり、何としても阻止ということになり、零時のサイレンを合図に、地区の一軒から一人ずつ総勢三百人が山を越えて柏木側に向かい、午前四時から小篠の宿で待ち構えた。午前九時に小篠で松山の一行と出会って説得に当たった。松山は、日本は戦争に負けて全てが変わり、男女も平等になったので開放すべきだという自由平等の立場からの主張を説いた。洞川の人々は、自由になったことはわかるが、信仰の自由の観点から、大峯山は女性を入れないという千三百年もの伝統を守ってきた山であり、この信仰を崩すわけにはいかないと主張し、洞川千五百人の生活と全国二百万の信者のためにも守る権利があると主張した。女性に対しての説得に切り替えて、山岳修行の意義を説き、女人禁制が女性蔑視や男尊女卑とは無関係であることを、天照大神《あまてらすおおみかみ》の女神崇拝を出して説明した。信者の援助で成り立つ洞川の生活について丹念に説明し、アメリカ人女性に対しても、キリスト教の修道院と同じ機能があるといい、もし解禁されれば宗教的な暴動さえ起こると説いた結果、登山を諦めさせることができた。洞川の人々は感涙にむせび、小篠の行者像と大峯山寺の本尊に感謝の報告をして下山したという。

事件の後、天川村村長の枡谷源造《ますたにげんぞう》、大峯山寺信徒総代の宮田金寿《みやたかねひさ》らが、進駐軍の奈良軍政部へ出向いて、S・ヘンダーソン中佐（Lieutenat Colonel, S. Henderson）の告示を受け取り、八月十一日に、各登山口八ケ所に和文・英文の看板で告示をした。和文には、「女人禁制　大峯山寺ハ千三百年以上女人禁制ノ伝統ヲ確守シ此ノ山ノ信仰ヲ保持シタル事ヲ認メ、我々占領軍ハ日本宗教ノ権利ト伝統ヲ尊重スルモノナリ　奈良県軍政部・神社寺院課　陸軍中佐　S・ヘンダーソン」とあった。ヘンダーソンは醍醐寺を訪問して岡田戒玉門跡の意見を求めた時に、女人禁制は女性の穢れを強調したり女性を軽蔑するのではなく、男性のみの修行の道場なので、女性によって妨げられないようにするのが第一の理由で、千三百年続く信仰と伝統があるのを破ってまで女性が登る必要があるのか、山上ケ岳の役割はトラピスト修道院と同じだと言われて納得した。[130] 進駐軍の言説に対抗するために、「宗教」の概念を持ち出して説得したのである。その後、女人禁制に関しては「宗教的伝統」という理由付けが定着し、日本人に対しても使われるようになった。

当時の日本は、アメリカ軍の占領下にあり、進駐軍のマッカーサー長官の指令で、軍部と財閥を解体し、民主主義体制を確立して、男女平等を実現しようとしていた。宗教政策では、昭和二十（一九四五）年十二月十五日付で進駐軍は日本政府に対して、「神道指令[131]」の覚書を渡して、宗教と政治の分離、特に神道・神社を国家より分離することを指令し、信教の自由を確立しようとした。「国家神道」（State Shintō）という用語は、この指令で初めて使用され、打破すべき目標となった。進駐軍は各地で調査や視察を行い、大峯山の女人禁制も調査課題となったと推定される。結果的には地元は最高権力者の進駐軍から「伝統の遵守」に関しての保証書を得て、自らが守ってきたことに対して正統性が与えられ、危機を潜り抜けた。この出来事を通じて洞川の人々が、女人禁制維持に強い熱意を持っていたことと、解禁に対する危機意識の深刻さを明確に感じ取ることができる。

　戦後は、女人禁制と近代との遭遇の第三段階と言える。それはアメリカの進駐軍による民主化で、軍国主義の排除による新たな政治体制の強要であり、男女平等・男女同権が問われた。大きな政治変動に対して地元の伝統文化との整合性が課題となった。

⑫戦後の強行登山

　昭和二十年代には、女人禁制を破ろうとする試みが相次いだ。第二次世界大戦の直後は民主主義や自由平等の思想、男女平等の理念が流行のように広がり、従来の秩序へ挑戦して禁忌を覆そうとする動きが顕著になった。新聞などマスコミを利用して、女人禁制への挑戦を売名に利用する動きもあり、男性主導で報道陣が女性と共に登ることも起こった。昭和二十一（一九四六）年八月六日に、山上ケ岳と同様に女人禁制を守る後山（岡山県）の奥の院に、津山高等女学校の女子生徒十三人と女性教諭二人に新聞記者が同行して登った[132]。山上ケ岳では、同年八月九日には、『産業経済新聞』婦人部の鏑木きよみが男性記者と四人で柏木から山上ケ岳に登った［木津　一九九三：八七］。

　洞川では昭和二十二（一九四七）年に四国の石鎚山で修行した拝み屋の女性が、霊感を受けて大峯山に登れと告げられたとしてやって来て山に登ろうとしたが、押し問答の末に女性に役行者が憑依して、山を降りるように指示され、一人で納得して山を降りたという出来事があった。昭和二十三（一九四八）年九月には、大阪市飛田の遊郭の女侠客、次郎長鮨の女主人で俗称を女次郎長といった橋本久尾が、禁制破りを目的として、柏木口から登ってきて阻止された[133]。売名か信仰かと問われ、信仰を尊重すると答えたので、話し合いの上で下山に応じた。解禁になった時には、第一号として入山できるという證文を当時の太田辰造洞川区長らの立ち合い人から取り、証拠として区長の家の役行者像を預かり、約束が履行された暁には證文を焼き捨て尊像を返すこととした。この時、山中は大雨となり神仏の祟りと言われた。昭和二十四（一九四九）年には女次郎長と組む予定であった杉田昭竜が女性連れでやってきたが、これも阻止された[134]。

昭和三十一（一九五六）年七月二日には、東京都千代田区三崎町にあった「登山とスキー普及会」会長の山本偖《さとし》（当時四十歳）が、昭和女子大学の学生・石田淑子（当時二十三歳）をはじめ若い女性を連れて洞川に来た。日本人は同年五月九日にヒマーラヤのマナスル峰（Manaslu、標高八一六三メートル）に登頂したが[135]、この遠征に当たっては、地元のサマ（Sama）集落も山頂登拝の禁忌を解いた[136]。時代が変わったのだから、洞川も迷信を捨てて大峯山へのスポーツ登山を認めるようにと要求した。女人禁制は人権無視であり、憲法に保障された自由平等を認めよ、とも主張した。結局は交渉の末に、説得に応じて帰ったが、同年八月二十一日に再度、女性を連れて川上村高原から総勢十六名で登り、洞川からの二百名の登拝者に七合目で阻止されて退却した。その後、この出来事を書いた「登山とスキー普及会」が発行した新聞が飛ぶように売れたので、山本は売名の意図を果たし目的は十分に達成できた。マスコミを使う外部からの攻勢を受けて、洞川も対応を迫られることになり、昭和三十二（一九五七）年頃から村内に禁制解禁の動きも現れてきた[137]。

昭和二十年代から三十年代は、女人禁制と近代との遭遇の第四段階で、スポーツ登山という新しい近代スタイルの出現であった。それまでは山中は、白装束の行衣の行者や修験、講社の修行場であったが、そこに異質の人々が現れて登山がブームになった。西欧由来の運動グッズを身に着け、拝所や山頂では祈願はせず、「山を征服する」ことや歩くこと、景色を鑑賞することに重点を置く人々が登場した。高度経済成長期、昭和三十年代半ばを転機として、山の世界は信仰の世界から娯楽やスポーツの場に変貌したのである。

⑬龍泉寺の女人禁制の解禁

女人禁制に大きな変化が起こり、解禁の動きが広まったのも、昭和三十年代半ばであった。日本が高度経済成長に向かって胎動を始め、都市的生活様式が浸透して、生活の在り方や人間の意識を大きく変え始めた頃である。高度経済成長期は「男の手による社会」（man-made society）ともいわれ、男性中心主義が社会で卓越し、職住分離が進み「専業主婦」が成立した時代である。世の中の価値観の変動に対応する形で女人禁制にも変化が生じた。

洞川内部での大きな転機は、昭和三十五（一九六〇）年に、女人禁制を村内で維持してきた龍泉寺が解禁に踏み切ったことである。龍泉寺は役行者が修行中に洞川で泉を発見し、八大龍王を大峯山の総鎮守に祀って修行場としたとされる根本道場で[138]、山上ケ岳同様に女人禁制であった。明治時代に八大龍王を祀る龍王講を直属の講として組織して登拝講に発展させた。白鳳年間、役行者が大峯山修行の砌《みぎり》、洞川に下り、コンコンと湧き出る泉を発見し、その辺に八大龍王尊を祀って水行をしたのが始まりと伝える。洞口を龍の口、この地を龍王の住む泉として龍泉寺と名付けたとされる（写真3-14）。龍泉寺は明治十九（一八八六）年五月に、護持院の一寺となって山上ケ岳での勢力を確立し、明治四十三（一九一〇）年六月に真言宗醍醐派総本山の三宝院末の当山派修験に統合され、昭和十六（一九四一）年に別格本山となり醍醐寺宗務総長の岡田戒玉（一八九〇～一九六六）が住職に就任した。

写真3-14　龍泉寺の境内にある泉「龍の口」

龍泉寺は、村の檀家寺であるにもかかわらず、村内の女性は女人結界のために石段から境内には入れず、通行する場合は、門前を通らずに迂回路の女人道（裏山の坊の峯）を辿った。女性は先祖供養の法要にも参加することができなかった。戦後、龍泉寺は昭和二十一（一九四六）年三月二十一日の大火で全焼し、庫裏と客殿は復興したが、本殿は再建できなかった。地元檀家と全国の信徒の寄附により、昭和三十五（一九六〇）年五月に新しい本殿が完成した。そこで落慶法要に合わせて境内の女人結界を解くことにした。洞川の人々から多くの援助を得たので、大きな決断ができたのだという。本尊の弥勒菩薩の入仏開眼式を七月八日、本堂落慶法要を七月九日、女人結界を解く「女人解禁式」を七月十日に行った。解禁日は、醍醐寺三宝院門跡で住職の岡田戒玉（当時七〇歳）により本堂前での読経が行われた。法要終了後に、住職が石段前に張られた赤いテープを、長谷部国重の護摩刀で切ると、女子小学生から婦人会まで総出の二百名の女性が石段を登り、本堂で焼香の後に、石段上の「従是不許入女人」の碑文に紅白の綱を掛けて本堂横へ引き据えて、花を置いた。[139] 併せて花火が上がり、くす玉がはじけ、五色の紙が舞い鳩が飛び立って、「祝女人解禁」と書かれた垂れ幕が下がった。新聞、テレビ、ラジオの報道陣が多数見学に来て取材合戦を繰り広げた。上空を飛行機が舞い、「女人解禁、おめでとう」のビラが大峯山上に撒かれた。「女人解禁式」は全くのイベントで、商売繁盛のための観光客誘致が目的で、洞川の知名度は一挙に高まった。信者の篤い信仰心に支えられていた女人禁制はここに至って変質し、観光客用の宣伝手段に流用された。

住職岡田戒玉の心境は複雑で、取材に答えて「女人禁制には大きな矛盾がある。仏心とは大慈悲心という教えから言えば男女の差別はあるべきでない。だが一方、修験道では修行の方法として山林静寂の境を求め、迷いを去るため女人を近づけない宗教の伝統がある。だから解禁の決意を下すのには、多年の思索を要した。開眼供養のときも、弥勒菩薩と対等の立場になってつくづくお姿を眺めた。女人解禁を仏さまは本当に喜びなさるか、喜びなさらぬか…問答したよ。結局、仏教本来の大慈悲心に立って、女人を聖地に入れてあげるのが坊主や寺の本務じゃないかと考えた」「足立　一九六〇：二九」と答えている。この言葉には、信仰と世俗の間に立って深刻に悩み、伝統の維持か修正かを模索した素直な気持ちがよく表れている。村人とも異なり講社とも違う。多様な声の一つである。

龍泉寺の女人解禁は、山上ケ岳へのもう一つの登拝口である吉野の動きへの対抗でもあった。吉野では戦後に、女性信者の維持・獲得を目指して、金峯山修験本宗初代管長の五條覚澄（東南院）が、昭和二十五（一九五〇）年十一月十九日に山上ケ岳の裏行場に倣った一連の行場を、女人行場として蔵王堂の西の地獄谷に開いた［五條　一九七一：七九〜八二］。龍泉寺もこの前例に倣って女性行者を取り込もうとして開放策を練り、落慶法要に合わせて、境内を女性に開放し、併せて、大峯山登拝の一之行場として知られる「蟷螂の岩屋」の女人禁制も解禁となった[140]。山上ケ岳の西方にある稲村ケ岳（写真3―15）も正式に解禁した（図3―2）[141]。これ以後は稲村ケ岳への女性の登拝や登山が盛んになり、龍泉寺は登拝する女性修行者に「稲村ケ岳女人道場修行」という女先達免許状を出すようになった。現在では夫婦で大峯山参詣に洞川にやってきて、夫は山上ケ岳に、妻は稲村ケ岳に登って、下山して一緒に帰るという修行形態も現れた。龍泉寺は女性信者の獲得に力を入れ、昭和三十九（一九六四）年に境内の一部を削って湧水を引き、女性専用のみそぎ場として「龍王の瀧」を完成して行場を整えた。龍泉寺は境内の女人禁制を解禁しただけでなく、時代の先行きを見て、女性行場を整備して龍王講の女性信者を増大させ、男女の平等な行事参加を実現した。積極的に女性の願いに応える体制を整えて、洞川の歴史を大きく変えたのである。

写真3-15　稲村ケ岳

　この時期を女人禁制と近代の遭遇の第五段階としておく。交通機関の発達と情報の流通、特に都市の生活様式の流入で、生活の中に埋め

図3-2　稲村ケ岳と山上ケ岳　『女人禁制』（鈴木正崇、吉川弘文館、2002年）33頁より（一部）

込まれていた信仰をどのように維持していくかが自省的に問われ、女人禁制の一部解禁に舵を切った。外部世界との交流が活発化して多様な人々が訪問し、コミュニケーションが盛んになり、女性への新たな対応が迫られる時代になったのである。第一段階から第五段階まで、①フェミニズム、②国立公園、③民主主義、④スポーツ登山、⑤都市的生活様式など、近代との遭遇が女人禁制を徐々に変貌させてきた。

⑭女人禁制・女人結界を維持する理由

洞川の女人禁制・女人結界に関わる出来事や言説や行動を通して、地元の人々の主張を幾つかに整理することができる。

その第一は信仰と伝統への強い愛着である。大峯山の女人禁制は女性差別や女性蔑視ではなく信仰や伝統に関わる慣行であるという観点である。大峯山は「修行の道場」であり、「女性のいないところで男性だけが修行する精神修養の場所である」という主張が基本にある。[142] 男性の修行には女性がいない環境が必要である。もし、女性の修行の場であれば男子禁制になり、日本の尼寺やキリスト教の女子修道院はその例である。男性女性ともに守るべき戒律がある。「男性は大峯山で修行して、煩悩に由来する欲望や迷いを断ち切り解脱に到ることを目標とするが、その場合には色欲を断つ必要があり、修行場である山への女性の立入りを禁じたのだ」と銭谷修は主張する。この主張は仏教的解釈で、信仰による修行を第一義とし、戒律に根ざす規則の遵守も含む。

第二は女人禁制の維持は地元の洞川の人々よりも講社の信者の意向が強く、その大半が維持を望んでいるということである。銭谷修は、「現在、大峯山の信者さんは何十万もいます。その信者さんのほとんどが、山の開放には反対ですね。「女性に山を開放することは絶対にあかん。そんなことをしたら大峯山も大峯山の宗教も滅亡する」と言っています」と語る。山上ケ岳の大峯山寺は、五つの護持院だけでなく、地元の洞川区と吉野山区、それに大阪と堺の役講を中核とする講社の「阪堺役講《はんかいやくこう》」という三つの勢力の協議によって運営されている。そこに修験三本山がからむ。特に大都市圏を基盤として膨大な信者を抱える「阪堺役講」が大峯山寺の鍵を管理し大きな発言力を持つ。戸開式と戸閉式は役講が毎年交替で担当して鍵で開閉する。[143] 洞川にとっては、信者あっての地元であり、講社の人々は大切な「お客さん」で生活の基盤をなしている。その意向に逆らってまで地元から開放を言い出すことはない。「当事者」の意向を重視する場合は、旅館や土産物屋、山仕事や農業を営む人々、講社の講員として訪れる人々、非日常性と日常性を常に行き来している修験や行者などを考慮する必要がある。それぞれ立場や状況や語りも異なる。「当事者」の多くが山上ケ岳の女人結界の維持を望んでいるとはいうものの、内部は複雑である。

第三は信仰と経済の問題で、大峯山は「信仰の山」であり、女人禁制を解けば「一般の山」になってしまう。観光客は増えるかもしれないが、講社の信者は来なくなり、寺院は行き詰まり、洞川は経済的に疲弊する。観光と信仰をうまく調和させて生きていきたいというのが地元の願いである。大峯山は吉野と洞川が主たる登山口で、明治以降は洞川の勢力が拡大し、地元の経済は開山期の登拝者の旅館への宿泊を頼りにしている。洞川は「大峯館」と呼ばれる十一軒の旧宿坊である旅館が中心で信者があって成り立つ。従来、多くの世帯は山林を利用した林業に携わっていたが、先細りの感があり将来性に乏しい。信仰と観光による収入は生活の糧なのである。ただし、時代とともに信者の価値観も変化し、信仰登山も陰りを見せ、登拝講の講員も老齢化してきた。交通の発達で京都・大阪からの日帰りも増え、宿泊客も減少してきた。修験者も高齢化して山に登れない者も増えてきた。女人禁制に関しても、「勇気ある撤退」が選択肢のうちに入ってきたのである。

第四は日本でただ一ケ所の女人禁制の山を将来にも残したいという強い意志である。唯一という貴重さにこだわり（後山は女人禁制だが知名度は低い）、歴史を守り伝統の維持に誇りを持って生きていこうとする。山上ケ岳は大峯山寺が八合目以上を所有し、行場は境内地なので、女人禁制を支える法的基盤はあり継続できるであろうという。禁制の論理は現在でも徹底している。大峯山寺の解体修理

（一九八三～一九八六年）が行われたが、昭和六十一（一九八六）年五月七日、工事中に資材運搬用ヘリコプターが落ちて作業員の男性が二人死亡した。寺側は墜落地点が女人結界内であったために、遺族の女性の現場での供養や献花の投下を認めなかったという［木津　二〇〇二：二八］。

⑮女性による新たな動き

女性の間にも新しい動きが生まれた。それは女人禁制を許容した上で、独自の修行を行う活動である[144]。きっかけを作ったのは龍泉寺で、昭和三十五（一九六〇）年に境内の禁制を解いただけでなく、稲村ケ岳を「女人大峯」として正式に登拝を承認して行場を拡大した。稲村ケ岳は禁制ではなかったが、昭和三十（一九五五）年に酒井秀子（一九一〇～一九九六）が登拝し、死を覚悟して大日山に登頂し霊体験を得て行者となって活動して、女性の修行場とするきっかけを作った［鈴木正　二〇〇二：六二～六五］。酒井秀子は女人禁制の解禁の扉を開いたともいえる。昭和三十九（一九六四）年に境内に女性専用のみそぎの行場「龍王の瀧」が完成した時、同年八月二十二日の瀧開きには二百人の女性が集まったという。一番乗りは功労者の酒井秀子であった。女性のネットワークの力が伝統を変えたのである。酒井秀子は「八大教」という教団を作って龍泉寺の下で活動し、毎年、女性行者を稲村ケ岳に送り込んだ。

女性行者の組織化には別の動きもあった。洞川の七尾山で、昭和二十七（一九五二）年に山口神《しん》直《ちょく》（一九二八～）。本名山口神酒夫《みきお》）が霊感を得て女人行場として開き、次第に女性信者を集めた。山口は各地の山岳霊場、瑞牆山《みずがきやま》・金峯山・富士山・駒ケ岳で修行し、霊感を得たという。昭和三十八（一九六三）年、洞川に「修験節律根本道場」を設立して活動を活発化した（写真3−16）。「節律」とは女人道場なので、女性が「節操」を律するという意味であり、現在も「女人修験」と名乗る。七尾山の頂上の洞窟は「蛇之倉《じゃのくら》」といい、奥の院として祀る。洞窟には役行者が八大龍王の一つ神光成龍《しんこうせいりゅうしん》神と共に三年間籠もって修行して、人間の邪心を閉じ込めたとされ、そこに、摩《ま》王大霊《おうたいれい》大権現を祀った。教団では血穢や死穢を迷信とし、女性は月経中であっても七尾山に登拝できる。ただし、信者によっては榊や塩を持って登る者もいる。山上ケ岳の女人禁制については、役行者は深い平等意識に基づく信仰心を持って大峯山で修行した。役行者が女性差別で女人禁制にしたのではない。女人禁制は修行において男性が女性を見て起こす心の中の不浄を正すためであり、男性が女性のいない世界を体験しておごりや非力を悟ることだという。従って、女性が修行の場に入ることは本末顚倒であって、神仏の意に背くと考える。女人禁制を受け入れた上で活動する女性主体の新たな動きは、独自のジェンダー解釈を生み出したと言える。

　女性への修行場の開放や修行への参加の拡大は修験教団も取り組んでいる。聖護院が昭和五十六（一九八一）年九月五日に前鬼で行った修験道最極《さいごく》の秘儀「深仙灌頂《じんぜんかんじょう》」（写真3−17）[145]に初めて女性の参加が許された［鈴木正　一九九一：五六〜五八］。この時の参加信者四〇八名のうち、六五名が女性であった。その後も、約二十年ごとに行う「深仙灌頂」には女性の参加が恒例となっており、最近では令和元（二〇一九）年九月に開筵《かいえん》された[146]。教団を構成する講社も老齢化し、講元や先達の跡継ぎがいないことも多い。現在の教団を支えているのは、信仰熱心な女性信者であり、「伝統」を問い直す

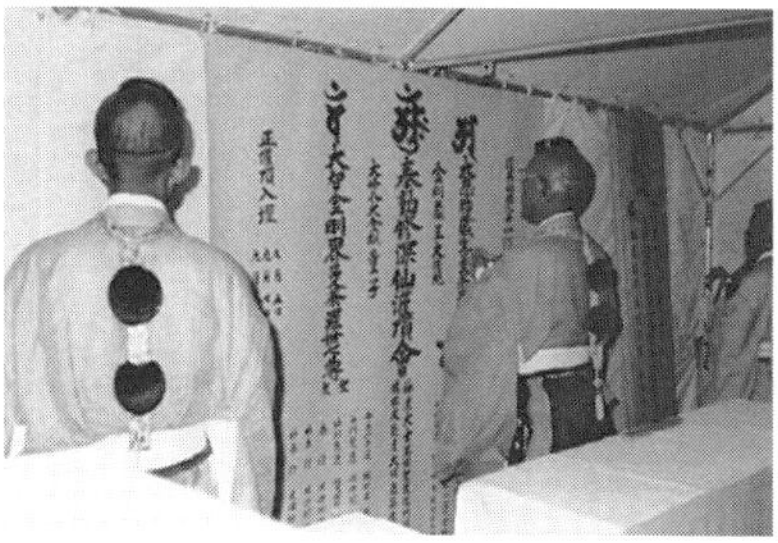

写真3-17　深仙灌頂

写真3-16　修験節律根本道場の陽明門

時が近づいている。

金峯山寺の場合、教師の半数が女性であり、解禁の鍵を握るのは女性である。修験三本山と大峯山護持院は、西暦二千年の役行者御遠忌に女人結界を撤廃する案を検討し、平成八（一九九六）年八月から修験三本山と大峯山寺の護持院五ケ寺の二年以上にわたる協議が続けられた［役行者千三百年御遠忌記録編纂委員会編　二〇〇三：九一〜一三四］。結果的には挫折したが、修験三本山の修験者からは、「大峯山の信仰者の中の女人結界堅持の意識が極めて高く、女性の直接的な信仰の要求も少なかった」「大峯山の信仰は過去、女性は間接的に関わってきたが、今日女性の信仰変化によって、直接的に参加するようになってきた」と、女性の役割を評価する姿勢が生まれた［役行者千三百年御遠忌記録編纂委員会編　二〇〇三：一〇八］。教団の男性中心主義は根深く、ジェンダーの不均衡は大きな課題として浮上した。ジェンダーの視点から考えれば、外部者の暴力的介入による解決ではなく、当事者、特に女性の意識と行動に配慮した決定が望ましい。

⑯女人結界の解禁への外部の働き掛け

女人禁制や女人結界が再検討される時期は、外部の働きかけや社会変化と密接に連動している。主な出来事として、①明治五（一八七二）年の第一回京都博覧会の開催、②昭和七（一九三二）年の国立公園候補地決定、③昭和十一（一九三六）年の国立公園指定、④昭和二十（一九四五）年の太平洋戦争の終戦、⑤昭和三十一（一九五六）年のヒマーラヤのマナスル峰登頂、⑥昭和四十（一九六五）年の国立公園の洞川への拡張、⑦昭和四十五（一九七〇）年の大阪の千里での万国博覧会の開催などがある。特に、昭和四十五年には女人結界の禁制区域を縮小するという大きな出来事が起こった。要因は幾つかあるが万国博覧会に伴う観光客誘致が大きかった。

昭和六十（一九八五）年以降は「第二波フェミニズム」の展開や政府の施策が直接・間接に影響を及ぼすことになった。「男女雇用機会均等法」が同年に制定され[147]、昭和六十一（一九八六）年に施行されて[148]、女性の働き方に関する意識を変えた。女人禁制に関しても、昭和六十二（一九八七）年二月八日に広島県福山市鞆《とも》町の沼名前《ぬなくま》神社で、神事「御弓祭」を取材に来た女性記者が仮設舞台に登ったところ下ろされる事件があった。宮司は「舞台にはみそぎをした男性しかあがれない」（『読売新聞』二月十日付）、「女性にあがられては祭りそのものの意味がなくなってしまいます」「鞆の女たちは少しもおかしいとは言っていません」（『毎日新聞』二月十九日付）と答え、差別や穢れをめぐって様々の意見が寄せられた[149]。

一般の人々の間に女人禁制が強く意識されるきっかけは、平成元（一九八九）年の暮れに、森山真弓内閣官房長官（当時）が、大相撲千秋楽の後の表彰式で、土俵上で内閣総理大臣杯を手渡したいと希望したが、日本相撲協会から遠慮してくれと言われ、「女性が大相撲の土俵に上がれないのはおかしい」と発言して問題化して以来である。その後、平成十二（二〇〇〇）年二月に大阪府知事に就任した太田房江知事が、府知事賞を土俵上で手渡したいと希望したが拒否され、任期中は大阪場所のたびごとに問題提起した。太田房江知事の発言の背景には、平成十一（一九九九）年六月二十三日、「男女共同参画社会基本法」が、男女平等を推進するべく公布・施行されたことが大きい。内閣府男女共同参画局に対して書面による直接の陳情が可能になった。ただし、男女共同参画とは、「ジェンダー平等」（gender equality）の翻訳語で、「男女平等」という用語を避けたい当時の保守政権に配慮して、日本の官僚がつくりだした行政用語である」［上野　二〇一一：四一三］という。[150] ジェンダーという用語は政府が表立って使うことはない。しかし、この前後に、男女同権の意識が高まり、マスコミでも女人禁制に関する批判的記事が多く現れて、一般の認識が広まった。

⑰女人結界の解禁に向けての協議と挫折

女人禁制を是として支持してきた修験教団にあっても、男女同権を是とする時代の状況を考慮し、平成十二（二〇〇〇）年の役行者一千三百年御遠忌という大きな節目に当たって、女人結界を見直す動きを開始した。修験三本山の金峯山寺（金峯山修験本宗）・聖護院（本山修験宗）・醍醐寺（真言宗醍醐派修験）は、「御遠忌連絡会議」を組織して、大峯山寺を維持・運営する護持院の五ケ寺、喜蔵院（本山修験宗）・東南院（金峯山修験本宗）・桜本坊（金峯山修験本宗）・竹林院（単立寺院）・龍泉寺（真言宗醍醐派）と協力合同して「女人結界問題」の本格的な検討に入った［役行者千三百年御遠忌記録編纂委員会編　二〇〇三：九一］。修験教団も護持院も、解禁するならば役行者の御遠忌が時期としては相応しいと考えていたのである。合同は史上初めてである。なお、修験三本山は女人禁制の用語は使用しない。排除の意味が当初から含み込まれ、差別と結び付きやすいからである。連絡会議の第一回協議は、平成八（一九九六）年八月七日に行われ、その後、協議は撤廃を前提に早いペースで進み、第八回協議（平成九年三月二十五日）に女人撤廃確認を護持院が確定した。第十一回協議（平成九年五月二十八日）では、役講の一部の反対はあるものの、撤廃までの日程を調整して、十月三日に記者会見で公表、西暦二〇〇〇年の戸開式の五月三日に解禁とする予定を立てた。第十五回協議（平成九年九月十九日）では、三本山作製の記者会見時に公表する「声明文」や「対外的説明の要点」などの資料を検討して最終決定を行い、その後、異論があれば三本山に通知してもらうことにした。内部では女人結界の撤廃は決定事項であった。

平成九年十月三日、大阪市内のホテルで護持院と役講と地元信徒代表の会議が開かれ、護持院年番の喜蔵院住職の中井義善から、女人結界撤廃の提案が出された。しかし、役講社や信徒代表は反対の意見を次々に出して決着はつかず、午後に喜蔵院で予定していた記者会見は中止となった[151]。ただし、既に情報を得ていた『毎日新聞』は、十月四日付で「奈良・大峰山、一三〇〇年の女人禁制に幕　二〇〇〇年〝山開き〟から[152]」と発表したために、騒ぎはさらに大きくなり、役講や地元から「もう大峯山には登らない」「自分の生きているうちに解禁にしてほしくなかった」などの抗議が護持院などに殺到して、協議は頓挫した[153]。感情論が先に立ち、収拾ができなくなってしまったのである。その後、修験三本山と護持院、寺院側と役講の話し合いがあり、女人禁制のシンポジウムを開催する案も浮上したが、「冷却期間」を置いて協議を継続することにした[154]。ただし、第二十一回協議（平成十年六月二十九日）では溝が埋まらず、女人結界の撤廃は、「白紙撤回」ではなく継続して協議していくことになった。

こうした流動的情勢の中で、協議の全てを御破算にする決定的な出来事があった。平成十一（一九九九）年八月一日の奈良県教職員組合の「男女共生教育研究推進委員会」の教職員十五人と「西大和歩け歩こう会」六人、女性を含む総勢二十一人が、女人結界のレンゲ辻を越えて山上ケ岳に登った［森永　二〇一〇：五八～六〇］。女性差別に抗議してあえて女人結界を突破したのであり、地元側から見れば強行登山であった[155]。途中で「罰あたり」と怒鳴られたり、「ようお参り」と声を掛けられたりして、下山後、待ち構えていた洞川区長の桝谷源逸《ますたにげんいち》（大峯山寺信徒総代）とは、伝統か差別かで口論となった[156]。『共同通信ニュース』（一九九九年十月二十八日付）によれば女性は十三人と伝え[157]、「登頂した森永雅世教諭は「登ってみて結界は人間がつくったものだと確信した。女人禁制を、身近な女性差別として考えてもらう機会になれば」と話している」「喜蔵院の中井教善住職は「教育者が、長い伝統のある禁制を一方的に破ったことに憤りを感じる。信者の中には熱心な女性信者もおり、その人たちに、申し訳ない気持ちだ」と怒りを隠さない」と報道された[158]。奈良県教職員組合の委員長は十一月十八日午後に洞川区を訪問して、「女人禁制は女性差別と思うが、やり方に問題があった」として

写真3-18　山上ケ岳の大峯山寺

正式に謝罪した。洞川の人々や修験からの「伝統が踏みにじられた」という抗議を公にするために、十一月十九日には、大峯山寺の護持院から巽良仁（桜本坊）と五條良知（東南院）の各住職と、地元の信徒総代で桝谷源逸洞川区長が、奈良市内で記者会見し、「自己の主義主張のみを盾にしたもので、信仰者の心を踏みにじる大変遺憾な行為」との非難声明を行った（『読売新聞』〈奈良〉同年十一月二十日付「女性の大峰山登山問題　「信仰心　踏みにじられた」住職ら会見」）。

この強行登山の結果、修験教団や信徒、地元住民や講社などの大きな反発が起こり、女人結界の解禁はほぼ息の根を止められた。多くの関係者が、三年間かけて慎重に議論を重ね「新しい伝統」を打ち立てる構想を練り上げていた努力を無にしたことは、大きな禍根を残した。修験道内部にあった「女人禁制の積極的撤廃論」は消滅したのである。[159]

平成十二（二〇〇〇）年八月二十七日、役行者一千三百年御遠忌は、山上ケ岳山上の大峯山寺（写真3-18）で盛大に執行された。しかし、西暦二千年を期して大峯山寺山上本堂での五月三日の戸開式に男女共に参加し、正式に女人結界を解禁して、男女の合同法要を行うという、二十一世紀の新しい修験道の構築を目指す試みは挫折した。男女共生をうたった「声明文」［役行者千三百年御遠忌記録編纂委員会編　二〇〇二：一〇七］は読み上げられずに終わった。

平成二十三（二〇一一）年から女人禁制に関して「「大峰山女人禁制」の開放を求める会」のメンバーが、聖護院・竹林院・金峯山寺・東南院・喜蔵院などの住職や院主に聞き書きをして意見を聞いている［森永　二〇二〇：六三〜六四］。その中で聖護院の宮城泰年は「一九九九年の女性の強行登山で開きかけた貝の口が閉じてしまった。感情論が先に立っている。私もそのような外圧ともいえる中での開放は間違っていると思う」（二〇一二年八月一日）[160]と述べている。この意見は平成十一（一九九九）年の事件がいかに深刻であったかを伝える。女人結界の解禁に対して強制や強行は無理であり、地元の人々や、多数の講社、教団信徒などの男性と女性の多様な意見を尊重すべきである。[161]信仰を基盤に置いている以上、「男女同権の標榜」や「伝統のやみくもな破棄」はやめてほしいというのが本音であった。[162]修験三本山は、御遠忌の全記録だけでなく、平成八（一九九六）年八月七日から平成十二（二〇〇〇）年九月十四日まで全二十九回の協議の詳細や、その後も継続した修験三本山の記録を公開した［役行者千三百年御遠忌記録編纂委員会編　二〇〇三：九一〜一一二］[163]。真剣な話し合いが行われ、女人結界は撤廃の一歩手前まで行っていたことがわかる。

⑱女人結界の解禁の議論を読み解く

連絡会議の協議での女人結界の解禁に関わる議事を確認していくと、なぜ女人結界を維持してきたのか、撤廃に向かう協議を始めたのはなぜか、教団における女性の在り方、今後の行方など、幾つかの主題を読み解くことができる。協議のうち女人禁制に関わる議事録を抜粋して資料とした（章末表3-2）ので合わせて参照されたい。以下ではその内容を検討する。

第一回協議（平成八年八月七日）は議題に「女人結界問題」を組み込んで検討を開始した。当初から役行者千三百年御遠忌を機会に撤廃することを前提とするという意見が護持院側から出されて積極的に動いたようである。第四回（十月二十九日）は第一回合同会議を兼ね、三本山と護持院との意見交換を通じて現状に関する認識が吐露された。「大峯山の信仰に対する危機感がある。大峯の信仰、修験道の信仰を如何に守り発展継承させていくのか、女人結界を固持するあまり、最も大事なことを忘れるようなことになってはならない」という。信者の落ち込みが大きく将来への不安から撤廃を進めざるを得ない状況だが、撤廃以後も肝心の信心が維持されるかどうか不安が残る。第五回（十一月二十二日）では、女人結界撤廃に対する心理的な抵抗に対して、撤廃を理論化して説得できるかが問われた。第六回（平成九年一月二十二日）では世相を考慮する意見が出て「男女同権の世情を鑑み、大峯山の信仰を継承していくために、御遠忌を機縁として、結界の撤廃を計るべきという期にある」とする。第二波フェミニズムの高まりで、男女平等、ジェンダー平等が世間で声高に議論される情勢を踏まえている。次に世間から非難を浴びている「穢れ」論への応答が求められる。「女人結界はけがれ論からくる女性差別ではないことを理論的に明らかにする」「本件に関するシンポジウムを行い、世に知らしめる」という見解が示された。第七回（三月二十一日）では、世間から非難される「人権」論への応答を検討した。「禁制を人権問題として外部から法的を含めて指摘された時の対応」に関しては、「撤廃は信仰者としての立場であること」を主張するのだという。現状への危機意識→撤廃以外の選択肢の排除→世相の男女同権論を考慮する→穢れと人権という非難への対抗言説の構築→信仰を拠り所とする、という流れである。特に穢れと人権への対応が強く意識されていた。

次は具体的な行動計画の立案で、第八回（三月二十五日）は第二回合同会議を兼ね、撤廃は西暦二千年を目標とし、五月一日に洞川で発表という提案がなされた。撤廃の根拠として、第九回（四月七日）では、女性信者数が資料として提出された。三本山の教師のうち女性は、醍醐寺は三二％、聖護院は二七％、金峯山寺は四九・七％であった。女性信者は熱心であり、将来を支える信者は女性であることを確認し、撤廃へ動く根拠とした。その後は、具体的な撤廃声明を行う日程の策定に入る。第十回（四月十七日）は第三回合同会議を兼ねた。三本山・護持院だけでなく「地元洞川の心情、役講社の観念、信仰と世俗問題との絡み合い」への危惧が浮かび上がった。第十一回（五月二十八日）と第十二回（六月二十日）では日程と撤廃マニュアルの検討、「新しい伝統とはなにか」などの問題が討議され、第十四回（八月二十一日）では撤廃時の公表資料の内容が検討された。第十五回（九月十九日）は第四回合同会議を兼ねて開かれ、撤廃に関する「声明文」の公表は平成九年十月三日とし[164]、二〇〇〇年五月三日に解禁の予定と決める。協議では「結界撤廃に向けて護持院全員の固い決意が披瀝される」。撤廃後の問題に関しては「禁制堅持の信条のもとに深く大峯山に関わってきた過去の先達や先人達の思いを供養するような儀式を行う案」や、広報機関誌で経過報告し、教団内に啓蒙をするなどの活動方針が協議された。女人結界の維持には、亡くなった先達の想いが籠められているのである。

しかし、十月三日の撤廃表明は役講や地元には受け入れられず、十月四日付の毎日新聞の撤廃の報道のスクープは多くの関係者にショックを与えた。十月四日に第十六回の協議を緊急に開き、修験三本山の協議の継続を確認する。第十七回（十月二十一日）では、女人結界論議の公表を受けて、西暦二千年の撤廃に向けての最終討議を行い、護持院への謝罪を行うこと、シンポジウムを開催して「女人結界に関する大衆討議の場を持つ必要がある」という方針を決めた。第十八回（十一月六日）では、護持院と役講社との関わりについて、西暦二千年までは「説得に関しての最大公約数の努力をする」とし、本山は講社に対し聞き取り地固めをすることが合意された。しかし、第十九回（十二月二十六日）で現状報告と問題点の指摘が出され、「十月までは順調であったが、報道後は信徒講社と寺院側に齟齬を来すようになり、現状は失敗であったと認識」「現状は冷却期間が必要である」と総括された。第二十回（平成十年三月二十六日）は、戸開式への対応で、報道によるような撤廃はされていないので、登山口に立てる掲示板にその旨を記すこと、併せて禁制問題は白紙撤回ではないと掲示することを決めた。[165] 第二十一回（六月二十九日）では撤廃は護持院の同意が得られないままで終わる。第二十二回（八月九日）は、女人結界に関しては連絡会の活動は差し控え展覧会開催を優先するとある。第二十三回（十二月十日）では女人結界に関する討議はない。第二十四回（十二月二十五日）では、「女人結界についての質疑答弁を行う」と記されている。以上が大きな流れである。

協議では、「解禁」ではなく「撤廃」という強い言葉で議論され、意志の強固さと真剣さが伝わる。当初の撤廃論は護持院が先行し、次第に修験三本山にまとめ役が移り、新聞のスクープで亀裂が生じて立ち往生する結果となった。鍵を握っていたのは、教団幹部ではなく、地元社会と講社という一般民衆であり、教団のエリートが主導権を握って進め、相互にズレが生じたことが問題点であった。昭和十一（一九三六）年の解禁運動が、洞川の地元の運動に始まり、寺院側の反発で挫折したのとは逆の経過を辿った。また、協議は男性のみで、女性は一切加わらず、男性中心主義は暗黙の前提であった。家父長制は根強いのである。女性信者の意見を取り込めばよかったという反省の弁も聞かれたが、教団の体質を変えることは困難である。金峯山寺の田中利典宗務総長（当時）は「もっと女性のほうから、あるいは女性の信者さんから、女性に限らず信者さんたちからの側から結界を開けるという声が大きければ変わっていた」と述べ、醍醐寺の仲田順和執行長（当時）は、「女性の信者に対する啓蒙、これを無視してきたこと」が問題点だと指摘した［役行者千三百年御遠忌記録編纂委員会編　二〇〇三：一一四、一一六］。

明らかにジェンダーの不均衡が機能不全をもたらしている。ただし、従来はタブー視されてきた女人結界問題を積極的に取り上げて長期の協議を行い、[166]史上初の教団の大同団結を実現し、直面する問題点や課題を明らかにしたこと、女性への対応策や世間への応答を検討し始めたこと、「新しい伝統とはなにか」の議論に踏み込んだことは大きな成果で、自省の作用として重要な意義を持った。修験三本山の大同団結は、御遠忌という機会を与えた修験道の祖師である役行者によってもたらされた。新たな意義を近代において与えられた御遠忌は、大峯山ではジェンダー化を通して広く社会を動かし、歴史や文化を自省的に考える機会を生み出したのである。西暦二千年を区切りとして二十一世紀に向けて新たな修験道を再構築するという試みは挫折したが、今後の協議の方向性は示されたと言える。

⑲世界遺産をめぐる諸問題

女人禁制・女人結界は世界遺産の登録をめぐっても問題視された。世界遺産への登録の動きは、平成十二（二〇〇〇）年十一月に、国の世界遺産暫定リストに「紀伊山地の霊場と参詣道」（Sacred Sites and Pilgrimage Routes in the Kii Mountain Range）を記載することを文化庁が決定して本格化した。平成十三年（二〇〇一）四月に、正式にユネスコ世界遺産暫定リストに「紀伊山地の霊場と参詣道」が記載された。登録に際しては、ユネスコが定義した「文化的景観」の中に「聖なる山」（sacred mountains）の項目があり、「聖なる景観」（sacred landscape）の評価の検討がなされた。同年九月五日から十日まで、和歌山県、文化庁及びユネスコ世界遺産センターの共催により、「アジア・太平洋地域における信仰の山の文化的景観に関する専門家会議（信仰の山会議）」が和歌山市で開催され[167]、地域の多様性が浮き彫りにされた[168]。参加者の一部には「伝統的地域共同体に生きる「信仰の山」を遺産化することには、国家的・国際的には意味があっても地域での受け止め方は異なるだろう。また、山の物的環境が保全できても、共同体に暮らす人々の心の信仰を守ることもその逆もできない」［宗田二〇〇一：八］という意見もあった。平成十四（二〇〇二）年十一月に、国の文化審議会が「紀伊山地の霊場と参詣道」を世界遺産として推薦することについて了承した。

「紀伊山地の霊場と参詣道」の世界遺産の登録が確実視されると、候補地の中に女人禁制の山上ケ岳が含まれるのは「公共性」の高い遺産として相応しくない、女人禁制という男女の不平等性が課されているのは問題だとして反対運動が起こった。この動きに関しては、ユネスコ世界遺産センターの自然遺産・文化的景観担当チーフ（当時）であったメシチルド・ロスラー（Mechtild Rössler）は、大峯山の女人禁制は、先例として男子修道院のあるギリシャのアトス山の女人禁制の事例を挙げて、「地元の「伝統」を尊重すべきであり、禁制が維持されても登録に問題はない」と語った。天川村の遺産登録担当者の意見も「信仰の心が世界に認められて世界遺産に推薦」されたもので、「地域文化」を重視すべきだという意見であった[169]。世界遺産の登録は、大峯山ではかつて国立公園をめぐって引き起こされた「公共性」の問題を再度浮かび上がらせるとともに、日本にとどまらないグローバルな問題に発展した。フェミニズムの運動、女人禁制の解禁を求める開放派は新たな動きを展開した。それが奈良県の市民グループ「「大峰山女人禁制」の開放を求める会」である。平成十五（二〇〇三）年十一月十五日に設立準備会を結成し、十二月四日に第一回世話人会が開催されて、共同代表四人と世話人一五人で構成され、女人禁制は女性差別で人権侵害だとして、開放を求めて署名運動を展開した。署名呼びかけ人二三三人の賛同を得て、平成十六（二〇〇四）年四月には一万二二三四筆の署名を集めた。全国からの署名は四月九日に、内閣男女共同参画局、奈良県庁、修験三本山、大峯山寺護持院、役講、国連教育科学文化機関（ユネスコ）などに文書として提出された［源編　二〇〇五：二五四〜二五六］。

　最終的に「紀伊山地の霊場と参詣道」は、平成十六（二〇〇四）年七月一日に世界遺産に登録された[170]。最後の切り札として登場したのは「伝統」という言説であった。構成遺産の中には、高野山・吉野山・大峯山・熊野山などの山岳信仰の聖地があり、女人禁制を維持する山上ケ岳も含まれている。

登録に際しては「参詣道」という文化要素が評価されたが、[171] 現在も修験が修行する行場や、峯入りを行う「大峯奥駈道」も含まれ、「生きている遺産」(living heritage)となった。

　その後、ユネスコの世界遺産で女人禁制が再度、問題として取り上げられたのは、平成二十九(二〇一七)年に世界遺産に登録された福岡県の沖ノ島である。沖ノ島は、宗像大社の沖津《おきつ》宮《みや》で「神宿る島」として厳しく入島を制限し、通常は男性神職が交代で祭祀と管理を行い、一般信徒の男性は年一回の大祭では、厳しい精進潔斎の後に上陸を許されて参拝することができた。女性は江戸時代初期から大島の北側の海辺に設けられた沖津宮遥拝所《ようはいじょ》から、沖ノ島に鎮座する沖津宮を遥拝することになっていた。沖ノ島は女人禁制の島であることから、審議の過程ではインドの女性委員から女人禁制に関して異議が申し立てられたが、問題は大きくならなかった。平成二十九(二〇一七)年七月九日に、沖ノ島は、「「神宿る島」宗像・沖ノ島と関連遺産群」として登録された。登録後は宗像大社は、神職を除き男性も禁制とした。ただし、沖ノ島は古代の聖域で長い間忘却されていた聖地であり、近代以降、日清戦争や日露戦争など国家間の緊張を契機に、国境防衛の意識が高まって復活した聖地である。[172] 沖ノ島には、聖地であるにもかかわらず監視施設が設けられた。目前で行われた日露戦争でのバルチック艦隊との激戦は、神職によって目撃されている(一九〇五年五月二十七日~二十八日)。毎年の海軍記念日(五月二十七日)には戦死者の慰霊が行われてきた。沖ノ島は忘れられた古代が近代に至って復権し、新たな評価を得て世界遺産になったのである。

　世界遺産により伝統文化の「資源化」が始まった。「遺産化」によって「文化資源」の中に取り込まれた女人禁制は新しい難問である。大峯山は人里に近く容易に登れる聖地として常に緊張状態にあり、沖ノ島は絶海の孤島の聖地として、神職を除き男女共に禁制とし、聖性を保証して文化の保護へと向かう。「文化の資源化」は観光や地域創生と一体となり、従来の伝統文化を活性化させるとともに、商業化を促進する。「文化資源」の活用にあたっては、その資源化の功罪を見極めねばならない。信仰と文化遺産をめぐる新たな課題である。

⑳信仰から伝統へ

女人禁制の維持派が根拠とする言説は、信仰（faith, belief）と伝統（tradition）である。洞川の住民は、信仰と伝統の保持を第一とし、支持勢力で経済的基盤でもある講社の信者が地元と一体となって支えてきた。近年は信仰よりも伝統が維持の根拠とされるようになっているが、そのことも踏まえて言説生成の経緯を検討しておきたい。

洞川の住民は「禁制を解禁すれば、信者と地元は共に精神的に大きな打撃を受け、経済的にも成り立たなくなる」という。寺院側は「禁制は修行場を維持する規則であり、女性を不浄視して排除するのではなく、信仰と伝統に根ざしている」と主張する。信仰の共有と伝統の連続の無謬性（infallibility）への執着がある。ただし、信仰とは何か、伝統とは何かが問われた時、禁制維持は大きく揺らぐことになる。問題は最大の根拠である「伝統」とは何かである。漢文学者の斎藤希史によれば、「伝統」は tradition の翻訳語で、明治時代の英和辞典にはなく、大正時代半ばに現れ、昭和時代に多用されて定着したという［斎藤　二〇一三：一一］[173]。定着には、「連綿と続く伝統」という考え方が昭和時代に強く意識されたことが反映している。伝統の内容は、当事者は長い歴史の中で形成され変わらずに維持されてきたと考えているが、詳細に検討すれば不変とは言えない。微妙な形で変わり続けているのが伝統である。伝えるべき伝統とは何かを取捨選択して時代に対応することが迫られている。地元の人々が主張する伝統という概念には、歴史的に累積してきたある種の偏向が潜んでいる。伝統が、説明できないものを説明しようとする非歴史的概念になると思考を停止させてしまう。

女人禁制の慣行は、近代と遭遇して初めて意識化されて、江戸時代とは全く異なる文脈に置かれて意味内容も変化した。法然が女性の霊場への参詣の禁に同情し[174]、道元が女人結界を「邪風」と批判[175]していた時代とは全く状況が異なる。日本の多くの山は、明治以前は信仰の対象で、女人禁制が維持されてきた。地元では、行者・修験者・僧侶・講などの男性が主体となり、一千年以上にわたって、精進潔斎による登拝と、女人禁制の禁忌を守り続けてきたと説明する。明治五（一八七二）年の女人結界の解禁の布告にもかかわらず、大峯山の山上ケ岳だけは伝統に基づいて結界を維持してきた誇りを持つ。講社による信仰登山は明治以降も衰えを見せず、交通機関の発達とともに隆盛に向かい[176]、戦後も昭和三十年代までは山に登る時には白装束でないと場違いと感ずることが多かった。各講社と旧宿坊は相互依存関係を維持し、地元の経済も保証されてきた。山に対する神聖さや畏怖の念が急速に消滅するのは、戦争に負けて、祈願を続けてきた神仏への信仰に揺らぎが生じたこと、民主主義を基本に男女同権、基本的人権などの近代言説が広く行きわたったことの影響が大きい。大きな変動要因は、戦後のスポーツ登山ブームで[177]、講の信仰登山にとって代わり、山の神聖性の変貌を推し進めた。

近代言説の流通の中で、信仰に関わる「禁忌」（taboo）は、「禁止」（prohibition）や「忌避」（avoidance）、さらには「排除」（exclusion）や「差別」（discrimination）に読み替えられて社会問題となった。境界は差別に結び付けられやすい。いわゆる女人禁制は山や聖地や寺社に関わる多くの禁忌の一つであったが、女性を焦点化したジェンダーの不均衡性ゆえに、近代化の進行とともに「禁制」が非難の対象として強く意識されるようになったのである。大峯山の女人禁制は生活の中に「埋め込まれて」（embedded）いたが、明治以降、博覧会の開催、国立公園の指定、国家体制の変革、近代登山ブーム、観光化、世界遺産への登録など外部からの働きかけで顕在化・意識化され、揺さぶられ、見直しを要請されてきた。昭和三十年代以降の高度経済成長期には、都市人口が増加して、第一次産業中心の農山漁村は急速に変貌して、家族旅行・団体旅行・スポーツ登山など都市的生活様式が地元に流入し、村からの出稼ぎも始まり、人々の価値観が変わった。近年は観光産業が地元の日常生活を支え、登山客や観光客の誘致、温泉キャンペーンや「行者まつり」などのイベント開催等で信仰の保持との葛藤は大きくなっている。時代の変化を受けて、女人禁制を維持する言説を「信仰」以外の言説に求めるために、「伝統」の概念が浮上してきた。生活の中に埋め込まれていた名付け得ぬものを発見し、近代への対抗言説としたのである。しかし、「伝統とは何か」の説明は難しく、人権思想やフェミニズムの立場からの批判への応答が要請され、答えられない問いが累積してきている。

㉑維持派と開放派

洞川の女人結界をめぐって維持派と開放派の対立は現在も続く。その位置付けを今後の課題を提示しつつ、簡単に整理してまとめておく。大峯山麓の洞川、講社、修験教団、護持院などが女人禁制を維持する理由の根源には、修験道の根本道場という誇りがある。日本で唯一の女人禁制の山として、[178] 女性の聖域内への立ち入りは、地元と教団共に生理的レベルの不快感として内面化されている。山上ケ岳の洞川側の現在の結界門の手前の橋に、「清浄大橋」の名が残る通り、山中を清浄とする浄穢観の意識が残る。一方、修験三本山（金峯山寺・聖護院・醍醐寺）は禁制の解禁を検討してきたが、「女人結界問題」と称して「女人禁制」とはしていない。これは戦略的とも言えるし、教団側の認識の基本とも言える。従来は気づかれていなかったが、「結界」と「禁制」には微妙な差異があり、使われる文脈や時代に応じて意味内容が変化する。正確に言えば、「女人結界」にこだわる維持派と「女人禁制」に反対する開放派の対立であり、境界をめぐって相互に認識の差異が生じている。

開放派の主張は明確である。従来、地元や地元が「暗黙知」（tacit knowledge）としてきた女人禁制に異議申し立てを行い、「女人禁制は女性差別であり、男女不平等で男女共同参画理念に反する」「男尊女卑の遺制である」「家父長制の呪縛から逃れていない」「結界の先の道も税金で維持される公道であり開放すべきである」等の主張をしている。男女の人権を尊重し、女性差別がない社会を目指すという主張は、説得力を持つ。確かに、女人禁制は男女関係に関わる権力作用の不均等性を埋め込んでいて、男性中心主義の教団や、その恵みを受けた地元の地域社会では気づかなかった「暗黙知」を白日のもとに晒した。

女人禁制をフェミニズムの立場から批判する動きは、世の中の動きに伴って勢力を増してきた。日本でも一九六〇年代以降に展開した「第二派フェミニズム」の影響が広まり、開放派の個別の反対運動として組織化・集団化され、維持派との対立が明確になっていった。開放派の中心になってきた源淳子は、フェミニズムの立場から仏教の女性差別に関して問題提起をした先駆者であり［源　一九九六］、大峯山の女人禁制への反対運動もその流れの中にある［源　二〇一一］。世の中の男女共同参画の動きもあり、修験三本山と大峯山護持院も対応を考え、役行者千三百年御遠忌（西暦二〇〇〇年）をよい区切りと考えて、平成八年（一九九六）から解禁の検討に入り協議を重ねた。解禁一歩手前までいったが難航し、役講や地元との交渉を継続して行っていた。しかし、平成十一（一九九九）年八月一日に奈良県教職員組合の女性を含む男女二十一人が山上ケ岳へ強行登山を行ったことをきっかけに、全ては振出しに戻った。修験道内部にあった「女人禁制の積極的撤廃論」は消滅した。世界遺産登録後の平成十七（二〇〇五）年十一月三日に、女性差別に抗議した「「大峰山に登ろう」実行委員会」の女性三人が強行登山を行い、事態は一層悪化して解禁は遠のいた。事態を打開するには「ジェンダー秩序」を新たに組み替える必要がある。

大峯山の女人禁制は、様々の近代の出来事との遭遇によって幾つかの段階を経て変化してきた。それは伝統の変化と連動し、伝統の問い直しにもつながる。前近代に基礎を置く伝統の概念は、近代との対抗関係を通して対抗言説として浮かび上がり、近代とは何かという問いかけを生み出す。「近代」の定義は困難だが、西欧近代を基準にすれば、年代としてはフランス革命（一七八九年）から第二次世界大戦の終結（一九四五年）までの多様で複雑な変化の総体ということができよう。特徴は、国民国家、工業化、産業化、自由、民主主義、平和など様々で、多岐にわたる。[179] ただし、西欧近代は普遍とは言えず、世界各地で「複数の近代」を生み出してきた。日本は「西欧化」を進めたが、西欧近代に忠実ではなく、独自の近代を構築して発展してきた。そして、近代の進行に伴って対抗言説としての「伝統」の言説と実践が徐々に「発見」され、その過程で多くの「創られた伝統」も構築された。伝統は先人の慣行や観念を忠実に模倣していくにとどまらず、時代に合わせて創意工夫を施して継承・発展していく動態的なものである。

　維持派と開放派の主張は平行線を辿るが、伝統を根拠にする維持派の見解が焦点になる。説明しえない伝統にこだわる維持派は、常に受け身で曖昧な受け答えになりがちである。相互の対話には、開放派が持ち出す「憲法」や「実定法」ではなく、地元で伝承されてきた「慣習法」や「習俗」の理解が肝心で、前近代と近代の調整と調和が問われる。女人禁制には歴史的背景があり、近代的な発想の押し付けでは問題は解決しない。

　開放派は人権や差別の言説で禁制を徹底的に批判するが、近代の言説で前近代の慣行を解釈し、信仰や修行を世俗の次元の男女平等の論理で議論して文脈を混同している。近代の立場を根拠として前近代の状況を判断することは、歴史を歪める危険性がある。山上ケ岳への「登山道」を日常生活の道と連続させ「同質」と捉えるのが開放派で、長い歴史を有する「登拝道」であり、結界から先は「異質」と捉えるのが維持派である。一般の登山はスポーツシューズで服装も自由だが、講社や修行者は地下足袋で白装束が好ましい。「登拝道」は普通の道とは質的に異なる。昭和三十年代までは山に登ることは登拝の修行であり、不動明王の朱印や梵字を押した白装束をまとい、金剛杖をつき、数珠を腕に着け、「六根清浄」の掛け声をかけ、拝所では勤行や祈りを捧げて登った。大峯山では修験は祖師の役行者と同じ修行をしていると観念する。通常の登山者は肩身の狭い思いをして登っていたが、登山ブームで事態は逆転した。

双方の立場は全く異なる。冷静になって考えれば、百五十年余りの明治以来の近現代の言説が、五百年後、千年後の世界でも普遍性を持つという保証はない。人権擁護派が暗黙裡に発信する普遍主義のメッセージは維持派を頑なにする。人権と伝統の対立は続く。相互がそれぞれの本質主義の主張をぶつけ合い解決を見出すことができない。他方、維持派にも弱みはある。地元の意見や主張に基づけば、女人禁制は修験道の祖師とされる役行者以来の千三百年の伝統や信仰に基づく慣行であり、霊場の維持のために禁制の存続を主張するが、歴史史料では実証できない。根拠とする信仰や伝統、さらに宗教という概念は近代になって創出され構築されたものである。伝統は微妙に変わりながら維持されてきた。近代以降に構築された「創られた伝統」も徐々に民衆の間に浸透してきた。「女人禁制は女性差別である」「大峯山の女人禁制は千三百年続く伝統である」という二つの言説は、共に近代が創り出した言説であり、答えは一つではない。維持派と開放派は、共に本質主義を自省し、相互の交渉（negotiation）で第三の言説と実践を構築することが望まれる。

㉒当事者の立場と意見

女人禁制は将来も維持されていくかどうかはわからない。しかし、信者や地元の人々の心を踏みにじる行動や思想の押し付けは避けるべきである。

世界遺産の登録が行われた翌年、平成十七（二〇〇五）年十一月三日に「『大峰山に登ろう』実行委員会」（代表：伊田広之）の女性メンバー三十五人が、女人禁制に抗議して山上ケ岳登山を企画し、当日、午前九時五十分頃、女人結界門の所に集まった。事前に情報を得た洞川の地元からは百人が集結し、うち三十名が女性であった。洞川区長の桝谷源逸（当時五十九歳）は「女人禁制は女性差別ではなく先人たちが守ってきた伝統。住民は行者の世話で生活してきた。寺や地元の合意ができるまで待ってほしい」と理解を求め、[180]「先人から受け継いだ伝統や生活がある。地元の心情を理解してほしい」と登山中止を求めた。[181]メンバーも要求に応じたが、質問状を手渡し今後も話し合いを継続することになった。しかし、「午後〇時半ごろ、三人が結界門をくぐって山に入った。その一人は「問題提起をしたかった」と説明した」という。[182]「住民側は「我々は山の伝統を守らなければならず、心情をわかってほしい」と理解を求め、地元に住む女性も「お願いです。登らないで下さい」と訴えた。…区長は「我々の立場、心情を理解していただけたものと思っている。数人が山に入られたのは非常に残念」と複雑な表情だった」。[183]地元の女性の中には涙ぐんでいる人もいたという。他方で、実行委員会のメンバーの中には、なぜこれほど禁制を守るのか疑問に感じた人もいたというが、登山を前提に、一方的に差別解消を図ろうとすれば地元側の反発は当然である。記事の中でも、地元の人の印象的な発言は、女性の会の洞川支部長の角谷トミ子（当時七十歳）による「女人禁制は住民が必死で守ってきた伝統。女性差別なら、私たちがまず反対する」[184]という意見である。両者は全くの平行線であった。

にもかかわらず交渉の直後に、女性メンバー三人が登山を強行した。この行為に対し寺院、地元住民、報道機関が批判を行い、「結界」の維持派と「禁制」の開放派の溝は一層深まった。フェミニズムに対する感情的な「反発」を引き起こすことは、双方にとってマイナスである[185]。大峯山登拝の信者に支えられている洞川の「生活権」や、地元の「生活世界」への理解なしに、登山を強行する姿勢は好ましくない。講社に依存して生活してきた洞川の旅館組合の存在は大きい。地元の人々は、講社が「役講の取り決めに「女人禁制を守るべし」という一文がある[186]」と主張すれば、従わざるを得ない。単なる理念で押し通すだけでは問題は解決しない。

この出来事の翌年、平成十八（二〇〇六）八月には、「「大峰山女人禁制」の開放を求める会」が、聖護院の宮城泰年門跡に提案して、本山修験宗の本山である聖護院で、女性信徒との意見交換会が実現した。宮城泰年は昭和四十年代から解禁を提案してきた修験者である。小林奈央子の報告に詳しいが［小林　二〇一六：六二～六三］、大峯山奥駈修行を何度も経験した女性行者は、抗議に現れた人たちは「弁の立つ人ばっかりで、ワーッと言われたら何が何だかわからんようになった」、「なぜ「女人禁制」開放に積極的にならないのかと問われたことで混乱し、「泣けてきた」と話していた」という。泣き出してしまった女性行者と「「大峰山女人禁制」の開放を求める会」の対話は成立しなかった。女性たちの「涙」は、外部からの強制や暴力に対しての身体の記憶による拒否反応なのであろう。

一方、修験教団の本山修験宗の宗務総長など解禁を進める男性の幹部は、「なぜ自分たちの人権にかかわることなのに意識が低いのか」と嘆き落胆したという。小林は女性同士なら分かり合えるという男性側の固定観念に問題があるとし、女性であるか否かを問わず「各人の信心に関わる問題」だと指摘している。筆者は現場に立ち会ったわけではないので何とも言い難いが、仏教系の教団が持つ男性主体の閉鎖的な体質、開放を求める側の一枚岩のような強硬的な体質が激しく衝突していて、解決の糸口さえつかめない。「女性の連帯」（sisterhood）への幻想も問題である。当事者主権の尊重を掲げようとしても、ここまで縺れると途方に暮れてしまう。対話の機会は遠のいたと言える。フェミニズムと教団と信者の各々の立場は理解できるが、膠着状態の打開は難しい。修行が人生の一部に埋め込まれていて日常と非日常の往復体験を常に繰り返して生きている女性達の心情への理解が求められる。ここにこそジェンダーの視点による思考が活かされるべきである。

平成十八（二〇〇六）年以降、平成三十（二〇一八）年の大相撲舞鶴巡業での「相撲の女人禁制」の問題が起こるまで、「大峯山の女人禁制」に関しては休止状態となった。

㉓相撲の女人禁制と大峯山

大峯山の女人禁制をめぐっては現状維持が続いてきた。新たな動きは、平成三十（二〇一八）年四月四日に舞鶴の相撲春巡業で、市長が挨拶中に発作を起こし、咄嗟に女性が土俵に上がったことに対して、「女性は土俵から下りて下さい」のアナウンスが流れたことをきっかけに「土俵の女人禁制」をめぐって議論が沸騰したことである。この出来事によって女人禁制の事例がマスコミによって広範に提示され、拡大解釈を伴って「女人禁制」探しと糾弾が始まった。大峯山の山上ケ岳の女人結界が大きく取り上げられて、マスコミの多くが取材のために現地に殺到した。インターネットに洞川の女人結界門が映像として掲載され、時代遅れの「女人禁制」として非難が巻き起こった。

「「大峰山女人禁制」の開放を求める会」（共同代表：畑三千代・源淳子）は、抗議活動を開始した。ホームページと畑三千代の報告を要約すると以下の通りである［畑　二〇二〇：七〜八］。四月六日付で、日本相撲協会・八角信芳理事長宛に、抗議声明を発表し、四月七日には日本相撲協会に対して、「科学的根拠がない女性蔑視の「女人禁制」を根本から見直すこと」を求めて、抗議文を送付した。四月十五日付で公益財団法人の日本相撲協会を所管する内閣府に「差別的な体質・運営の見直しと合理的根拠のない「女人禁制」を直ちに廃止する」指導の要請文を送付した。同日付で日本相撲協会、修験三本山（醍醐寺・聖護院・金峯山寺）、護持院（喜蔵院・竹林院・東南院・櫻本坊・龍泉寺）に公開質問状を送付した。返事は本山一寺院を除いて全て返答があり、「「女人禁制」は女性差別ではない」と書かれていて、日本相撲協会からの返事には四月二十八日付の八角信芳理事長談話が添付されていた。

「「大峰山女人禁制」の開放を求める会」は、その後もシンポジウムや研究会、見学会などを積極的に開催し、「男女共同参画」の実現を目指して抗議活動を継続している[187]。ただし、「土俵の女人禁制」と大峯山の女人禁制は、歴史的経緯が異なり文脈や状況も全く違う。都市の真ん中で多くの観客の眼に晒される土俵の「表彰式」と、洞川から大峯山に至る修行の登拝口の女人結界門を、女人禁制として現代の視点で同一に論じることには無理がある。マスコミ関係者も「土俵の女人禁制」の問題が起こった時に、洞川に取材に押し寄せた。当然のことだが取材は拒否された。また、日本各地の女人禁制の場所を探し歩いて記事にする新聞記者やルポライターも出現し、地元では、相撲とは違うのに迷惑だという苦言も多く聞かれた。

相撲の騒動がひと段落ついた翌年の『朝日新聞』奈良全県版令和元（二〇一九）年七月二日付朝刊には、地元に取材した記事が掲載されている。[188] 女人結界に関して地元には、「無数の先人達が、壱千年あまりの時をかけて、宗教的伝統として作り上げてきた」「信徒や地元の人々と共に信仰を守り伝えてきた女性達によっても伝承されてきました」などの意見がある。寺院側の意見としては、護持院の一つ吉野の東南院の住職、五條良知《ごじょうりょうち》（当時五十五歳）は、「女性をけがれとは思わない。それを理由に禁制が始まったわけでもない。信仰の形を守ってきた人がいる。その形を大事にするだけ」と答え、「女人禁制がある理由は信者の皆さんに考え続けてほしい」と話している。[189] 一方、同じく護持院で洞川の龍泉寺の住職、岡田悦雄（当時四十七歳）は「女性の前では強がる男性は多い。男性が素の自分をさらけ出せる修行の場は守りたい」「山上ケ岳で修行したい女性の信仰者の声が集まれば、議論する機会は設けるべきだ」と話す。禁制維持の理由は、信仰・伝統・修行・伝承・生活など様々で、寺院・信者・講社・旧宿坊・村の住民などの多様な声や見方がある。[190]

女人結界は近代の言説では簡単に解くことのできない生活の中の記憶から成り立っている。特に地元には「山上さんのお蔭で生きていける」という人も多く、山への強い愛着がある。差別のみで解釈できない複雑な人間の心情に寄り添うこと、そして地元の女性の声に耳を傾けるべきである。女性の意見は意外に柔軟である。しかし、度重なる強行登山によって傷つけられた地元の人々の意識は深刻であり、当事者性への配慮が望まれる。山上ケ岳を日々暮らしのどこかに意識して生活している人々にとって、外部からの信仰を持たない人々による越境行為は、耐えられない苦しみとなる場合もある。

㉔遺産化と資源化

女人結界・女人禁制に関して、令和二（二〇二〇）年には新たな動きが加わった。それは日本遺産の認定である。同年六月十九日、高野町（和歌山県）が、河内長野市（大阪府）、宇陀市（奈良県）、九度山町（和歌山）と連携して申請していた「女性とともに今に息づく女人高野――時を超え、時に合わせて見守り続ける癒しの聖地――」が日本遺産に認定された。[191] 高野町では高野山の不動坂口女人堂・女人道・槇尾道・町石道《ちょういしみち》・お竹地蔵尊、高野町以外では「女人高野」の慈尊院（乳型の絵馬も含む。九度山町）、宀一《べんいち》山室生寺（宇陀市）、天野山金剛寺（河内長野市）が構成文化財とされた。[192]「女人高野」を主題として、高野山関連の女人結界・女人禁制に関わる場所や習俗が歴史遺産として評価され、「文化資源」として活用する「資源化」に向けて歩み出した。

日本遺産は、文化庁が二〇一五年から始めた認定制度で、二〇二〇年に予定されていた東京オリンピックまでに百件程度を選んで、インバウンド（訪日外国人客）をはじめとする観光の拡大に結び付けて、地域活性化を目指した。[193] 日本遺産とは、「地域の歴史的魅力や特色を通じて我が国の文化・伝統を語るストーリー」を文化庁が認定するもので、「ストーリーを語る上で欠かせない魅力溢れる有形や無形の様々な文化財群を、地域が主体となって総合的に整備・活用し、国内だけでなく海外へも戦略的に発信していくことにより、地域の活性化を図ることを目的としています」とある。従来の文化財は「点」としての保存・活用に重きを置いてきたが、日本遺産は点在する文化財を「面」として把握し、ストーリーとして発信することを特色とし、有形だけでなく無形も含む。認定されると三年間、ガイダンス施設などの環境整備に年間で上限五千万円の補助が受けられる。その後は自治体の自立的取り組みが求められる。[194] 二〇二〇年度が最終年で総計百四件になった。

高野町のホームページは、日本遺産とは、「文化財や伝統文化を通じた地域の活性化を図るため、歴史的経緯やその地域特有の世代を超えて受け継がれている伝承、風習などを踏まえたストーリーの下に有形・無形の文化財をパッケージ化し、これらの活用を図る中で情報発信や人材育成、環境整備などを効果的に進めていく地域を支援するために文化庁が認定する制度。認定されると活性化の取り組みに対し財政支援等が受けられる」と説明する。[195] しかし、二〇二〇年二月以降の新型コロナウイルス（COVID—19）の感染拡大によって、日本遺産に期待した観光化の目論見は大きく外れ、今後の行方は不透明になった。[196] ブランドとしては残り続けるが、ポストコロナ時代に見合った活用の在り方が問われる。

日本遺産では、ストーリーが重視される。女人高野の語りは、「高野山は、近代まで「女人結界」が定められ、山内への女性たちの参拝は、叶わなかった。そんな時代にあっても女性たちの、身内の冥福を祈る声、明日の安らぎを願う声を聴いていた、「女人高野」と呼ばれるお寺があった。優美な曲線を描くお堂の屋根、静かに願いを聴いている柔和なお顔の仏像、四季の移ろいを映す周囲の樹々、これらが調和した空間を『名所図会』は見事に実写し表現した。そこに描かれた「女人高野」は時を超え、時に合わせて女性とともに息づき、訪れる女性たちを癒し続けている[197]」とされる。この説明はかなり異様である。男性視点で「女人高野」がロマンチックに美化され、『紀伊国名所図会』に描かれた女人堂や女人道は、[198]ジェンダー化された「女人高野」の言説とは文脈が異なるにもかかわらず、「女性の癒しの聖地」として一体化され美化されて現代に蘇ることになった。

「癒し」は一九九〇年以降のキーワードの再利用である。日本遺産のストーリーでは、女人結界や女人禁制をめぐる言説が大きく読み替えられ、伝統維持や女性差別とは別次元の第三の言説が登場し、歴史遺産として肯定的に解釈される。そもそも「女人高野」の学術的研究はほとんどないので解釈の自由度は高い。[199]「女人高野」の現代風のストーリーは日本遺産認定のためにプロのライターに依頼して作成された。女人禁制にもかかわらず、けなげな女性たちは熱心に「女人高野」や女人堂で祈りを捧げていたというロマンチックな物語が創り上げられた。あくまでも女性は、男性の庇護の下に置かれて柔順に従う存在として描き出され、ジェンダー化された言説の恣意性が浮かび上がる。本当に現代の言説でいう「癒し」の場なのだろうか。ストーリーは、学術的な検討は経ておらず、文化の流用（appropriation）による創造である。「女人高野」のストーリーは、日本遺産として認定された以上、新たな言説と表象の根拠として広まり、インターネットを通じて拡散し、[200]いつの間にか定説化する可能性もある。地域の歴史を再認識させてその魅力を内外に伝える意義は大きいが、歴史の内実の十分な検討を経ない活用や乱用は問題である。「女人高野」は、重複する世界遺産「紀伊山地の霊場と参詣道」との相乗効果を生み出す可能性が高い。ただし、日本遺産の知名度は一般には高くはなく、観光化による地域活性化の効果の持続は不確定である。

現在、世界中で遺産の指定や登録が氾濫している。「遺産」や「文化財」は、伝統を評価する言説で、維持保存の意識も高まるなど、歓迎すべき点もあるが、最終的には「文化資源」として利用され、観光化の加速を促し、観光公害をもたらして、効果は減殺される。しかも、文化遺産の「文化」は、「高文化」(high culture)として認知され、価値付けによって生活文化・民衆文化との差異化や格差を生み出していく。ただし、ポストコロナ時代の長期にわたる社会混乱は、文化と経済の連関を自省的に問い直す機会をもたらし、遺産化に対しても大転換を迫ることになった。

14　女人禁制の行方とジェンダー

山岳信仰とジェンダーをめぐる問題の中核には、伝統という概念や慣行がある。しかし、伝統の概念自体が近代の創出なのである。伝統は伝えるに値するものか、本当に伝えるべき伝統を見失ってはいないかを自問しつつ、伝統を取捨選択していくことも大事であろう。伝統は民衆が維持してきた文化の想像力や創造性、多面的なものの見方を提示して人々に誇りや自信を与える一方で、女人禁制のように性役割や行動の規範を規制し、差別を維持・強化する役割を果たすこともある。ジェンダー言説の規制的実践とも言える。こうした伝統の持つ両義性を考慮しつつ、政治や社会や経済の変動の中で揺れ動く伝統への問い掛けを通じて、男女の在り方や生き方を問うという課題が残されている。

近代では人権の意識が一般化して男女平等が強調され、女性が不当に差別・冷遇・蔑視・排除・抑圧される慣行や制度への批判が高まった。日本でも「男女雇用機会均等法」(一九八六年施行。二〇二〇年六月一日から改正法が施行）と「男女共同参画社会基本法」（一九九九年施行）に基づき、会社など職場での労働での男女の雇用や社会参加の不平等の改善が試みられ、大きな影響を与えてきたが、従来の制度・慣行・思考が残り続けているという批判も多い。ただし、会社組織においては、不十分とはいえ法制改革による意識変革がある程度の成果を上げてきた。他方、山を生業や信仰の場として生きてきた洞川のような山村では、男女共同参画という都市の論理を持ち込んでも反発に終わり、先には進まない。人権の内容や概念は時代と社会によって変わる。重要なのは我々の意識と行動である。

女人禁制の言説は、地元や寺院では積極的に使わず、女人結界が優先される。外部者は女人禁制という言葉に過剰に反応し、拡大解釈に進むものも多い。しかし、外部者は男子禁制には言及しないなど、禁制を不均等に取捨選択している。女装と男装の意味合いが違うのと同様に、男性から女性を、女性から男性を見る方向性の違いが、微妙な差異を作り出している。外部と内部のものの見方は大きく食い違う。外部者は、内部者の立場を尊重し、双方向的で柔軟な対応により第三の言説を生み出すことが求められる。他者の中に自己が映し出される。

女人禁制の言説や実践には、男性中心主義によるジェンダー規範が内面化され、性役割や権力配分の不均衡が固定化して継続してきた。現代社会の動きに対応するには、女人禁制に関わる「規則」「教義」「組織」に関してジェンダーの視点を入れた再考が求められよう。女人禁制を維持してきた当事者は多様で複雑である。修験教団、護持院、教団の信徒、講社、地域社会の人々、個々の行者など、異なる歴史、思想、組織、体験を持つ。大峯山の女人禁制に関わる地域社会は吉野山と洞川であるが、双方共に異なる。女人禁制に関与する社会関係には、地域社会の血縁・地縁の凝集性（cohesion）、講社という任意結社（voluntary association）、教団という信仰の組織（organization）等がある。特に、講社の中核にある「阪堺役講」は強固な団結力を持ち、多くの「枝講」に分かれ、総講員数も数百名を越える大規模な講である［宮家　一九九九：一一四九］［天田　二〇一九：五四〜六四］。地域社会・講社・教団などを支える価値や認識の中核には山の存在があるが、生活の場、信仰の場、修行の場、観光の場、資源の場など、見方や位置付けが異なる。女人禁制には様々な要因が絡み合い、関与する者の立場が重層化し複雑化して捻れ錯綜している。多様な「行為主体性」を担う人々のパフォーマティヴィティ（performativity）を解きほぐす鍵を握るのは地元の地域社会であり、土地の自然や文化や歴史が育んできた生活者の暮らしによる体験知を現代社会の動きに合わせていかに調整していくかが問われる。

「行為主体」として注目されるのは女性である。特に修験教団では将来を支えると思われる女性信者の積極的関与は必須である。地元の地域社会における女性のネットワークのエンパワーメント（empowerment）、地域の内部と外部を繫ぐ情報化の活用などの新しい方策が重要性を増している。[201]

ジェンダーに関しては、性自認（gender identity）の多様化の波も押し寄せてきた。大峯山の女人禁制の反対運動への性同一性障害者の参加は、性の多様性の尊重の流れの中にある。近年は、性的少数者（sexual minority）であるＬＧＢＴ[202]への差別解消への関心も高まり、西欧近代の男女二分法と異性愛を前提とするジェンダーの枠組みは揺らぎを見せている。[203]性のカテゴリーは排他的な男と女ではなく、連続性を持ち、曖昧で流動性と多義性の関係の上に成り立っている。川橋範子は「ジェンダーの視点は一元化された「女性の視点」と同義ではなく、それは重層的な差別と抑圧の経験に応答する視点を意味しているのである」〔川橋　二〇一九：一九〕と述べている。近年はジェンダーの観点から仏教を見直す試みも進んできており、女人禁制はその中核となる課題である[204]。

女人禁制という差異化による負の作用やイデオロギー効果は今後も続くと予想されるが、最終的な選択や判断は当事者に委ねられており、外部者ではない。地元の洞川では過疎化、少子高齢化、講社の減少、教団の衰退、信仰の希薄化など不安定要因は多く、女人禁制の再考の時期は近づいているのかもしれない[205]。

註

1　「単なる社会・文化的な性差を意味する概念ではなく、社会の中の不公正や不均衡を顕在化し、権力関係を指し示す視角」〔川橋　二〇一二：一八〕とも定義した。

2　ジェーン・スコットに対しては、フェミニズム活動の主体の普遍的な「女」が実在としては否定され、身体が直面する具体的問題、実感・経験がかき消されるという批判がある〔荻野　二〇〇二：一五～一七〕。スコットの立場はポスト構造主義で、言説中心の考察が基本である。記号が最初にあり、意味内容が後に構築されるという考え方をジェンダーに適用した。

3　制度改革や女性参政権などを求めた第一波フェミニズムに対し、意識や認識の在り方を含めて広く変革を求めて一九六〇年代後半以降に展開した第二波フェミニズムを念頭に置く。

4　竹村和子はフェミニズムを、女性の立場で「階級や人種や民族などを含む社会の権力関係の布置」を再考する運動で、一九九〇年以降、論点を出産・身体・セクシュアリティなどの考察に広げたとする［竹村　二〇〇〇：四六］。フェミニズムは多岐にわたる［江原・金井編　一九九七］。

5　フェミニズムは、当初は、女性解放論、男女同権論と訳された。女性学の創出期は一九七〇年代末から一九八〇年代前半、フェミニズム理論の導入期は一九八〇年代半ばから一九八〇年代末、ジェンダー研究の創出期は一九九〇年代だという［江原　二〇〇〇：一四］。日本でのジェンダー概念の普及は、江原由美子他『ジェンダーの社会学』（新曜社、一九八九年）以降で、前近代にジェンダーを充当するI・イリイチの独特の使用法を乗り越えて以後である。研究の加速化には、一九七五年の国連による国際女性年（International Women's Year）の第一回世界会議とそれ以後の「国連女性の十年」、北京での一九九五年九月開催の第四回世界女性会議で採択された「北京宣言」と「行動綱領」の影響がある。「ジェンダー平等」を方針の中核とした世界的な動きは、グローバル・フェミニズムと呼ばれる。

6　『宗教研究』三九五号（二〇一九年）は「ジェンダーとセクシュアリティ」特集を組んだ。

7　山岳信仰や修験道の研究は、男性主体で行われてきた。上野千鶴子は、フェミニズム人類学の立場から、研究者自身の男性中心主義と、対象社会に前提されている男性中心主義という二重のバイアスを乗り越え、女性の真の力の発見、両性の平等な社会の実現を目指すことを強調したが［上野　一九八六：五～七］、この視点は山岳信仰研究にも適用できる。

8　猪瀬優理がまとめたジェンダーと宗教に関しての研究動向［猪瀬　二〇一八］は、今後の課題を考える上で示唆的である。

9　「伝統の捏造」「伝統の発明」とも訳せる。invention の意味は多義的である。

10　「五障」は女性は罪業のゆえに、死後に、梵天王、帝釈天、魔王、転輪聖王、仏になれないとする。初見は元慶七（八八三）年である［平　一九九二：四〇九］。「三従」とは「女性は幼時には父母に、結婚しては夫に、老年には子に従う」ことで、初見は神亀四（七二八）年、次いで貞観元（八五九）年で、『源氏物語』にも現れる。

11　禁制の創始者は、比叡山では最澄、高野山では空海、大峯山では役行者とされる。

12　聖護院、金峯山寺、醍醐寺の三本山で構成される緩やかなまとまりである。

13　戸隠山の比丘尼石は結界を越えた尼が石に変えられたと伝え、近くに女人堂跡も残る。立山では、若狭小浜の止宇呂の尼が山に登ると同伴の童女と壮女は美女杉と禿杉に化し、止宇呂の尼は姥石になったとする（寺島良安『和漢三才図会』一七一二年）。白山では融《とおる》の婆《うば》と同伴の美女が婆石と美女石になったという（『白山遊覧図記』一七八五年）。美濃の石徹白では開山の泰澄の母が登ろうとして母御《ははご》石《いし》になったと伝える［広瀬　一九七一：一二七～一二八］。津軽の岩木山には山の神の安寿姫を慕って訪ねてきた乳母が石に化した姥石がある（佐藤彌六編『津軽のしるべ』今泉書店、一九〇〇年）。

14　奈良県洞川には母公《ははこ》堂《どう》、岡山県後山には母護《ははご》堂《どう》があり、役行者と母との対面の場所と伝える。醍醐寺は上醍醐への登拝路に女人堂（成身院）、立山は芦峅寺の布橋の対岸の媼堂が女人堂、戸隠山は中社の上手に女人結界碑と女人堂跡、日光山は中禅寺道の途上に女人堂跡と巫女石が残る。女人禁制は鳥海山矢島口は二合目木境、木曽御嶽山黒沢口は八合目、羽黒山の荒澤寺は入口に女人禁制碑が建ち、迂回する女人道があった。武州御嶽山は大嶽山頂手前の「おの子連供養塔」が女人結界と伝え、相模大山の蓑毛道にも女人禁制碑が残る。

15　尼僧に関する寺院の規範は別途設定されたが、山岳登拝は一般女性と同じ扱いであった。

16　日本最初の博覧会は、明治四（一八七一）年に京都の西本願寺で行われた。京都府と民間が合同協力して京都博覧会社が創立されて、第一回京都博覧会が開催された。

17　当時、高野山と比叡山が女人禁制の代表とされた。高野山は空海が『二十五箇条御遺告』で女人禁制を定めて以来、維持してきたと説かれていた［鷲尾・神亀　一九三三：二三一、二三三］。

18　明治五年以後は僧尼の身分の解体を目指し、明治五年四月二十五日の肉食蓄髪勝手令、同年八月十七日僧官廃止、同年八月三十日願い出なき寺社創建の禁止、同年九月十四日僧尼の苗字の令、同年九月十五日の修験宗廃止令、同年十一月八日無檀・無住の寺院の廃止、同年十一月九日僧侶托鉢の禁止、明治六年正月十九日僧侶位階廃止で特権身分は消滅した。吉田家・白川家の執奏停止、陰陽師廃止、穢多・非人の称の廃止、六十六部廃止、虚無僧廃止、神事舞大夫廃止、乞胸廃止、梓巫・市子廃止など一連の身分解体の施策であった。

19 慶應四年九月八日に明治元年に改元した。

20 原文「今般王政復古、旧弊御一洗被為在候ニ付、諸国大小ノ神社ニ於テ、僧形ニテ別当或ハ社僧抔ト相唱ヘ候輩ハ、復飾被仰出候、若シ復飾ノ儀無余儀差支有之分ハ、可申出候、仍此段可相心得候事、但、別当社僧ノ輩、復飾ノ上ハ、是迄ノ僧位僧官返上勿論ニ候、官位ノ儀ハ追テ御沙汰可被為在候間、当今ノ処、衣服ハ浄衣ニテ勤仕可致候事、右ノ通相心得、致復飾候面面ハ、当局ヘ届出可申者也」。

21 原文「一、中古以来、某権現或ハ牛頭天王之類、其外仏語ヲ以、神号ニ相称候神社不少候、何レモ其神社之由緒委細ニ書付、早々可申出候事。但、勅祭之神社　御宸翰、勅額等有之候向ハ、是又可伺出、其上ニテ、御沙汰可有之候、其余之社ハ裁判、鎮台、領主、支配頭等ヘ可申出候事。一、仏像ヲ以神体ト致候神社ハ、以来相改可申候事、附、本地抔ト唱ヘ、仏像ヲ社前ニ掛、或ハ鰐口、梵鐘、仏具等之類差置候分ハ、早々取除キ可申事、右之通被　仰出候事」。

22 神仏判然令は通常はこの二つの布告の総称であるが、三月二十八日の布告のみをいう場合もある。神仏分離令は俗称で、慶應四（一九六八）年当時は使用されず、明治四十年代からである。

23 「神仏分離」の文献での初見は修多羅亮延「神仏分離と神官僧侶」『仏教史学』二巻二号（一九一二年）である。明治初期の法令は「神仏混淆」を「神仏判然」にする意図で出されたが、廃仏毀釈を引き起こした。神仏混淆の状況を、明治時代後期には「神仏習合」と表現し、「神仏分離」を行ったという言説に変化した。「神仏習合」は辻善之助が普及させた学術用語で、初見は足立栗園『近世神佛習合辨』（一九〇一年）である［鈴木正　二〇一八a：一五〇］。神仏分離は、「神仏習合」と同様に神社神道の確立後に、明治中期以降に遡及的に創出された概念であった［鈴木正　二〇一八c：三三九］。

24 神仏分離をめぐる状況の分析については［圭室　一九七七］［安丸　一九七九］などを参照。

25 原文「今般諸国大之小神社ニオイテ神佛混淆之儀ハ御廃止ニ相成候ニ付社僧之輩ハ還俗上、神主社人等之稱號ニ相傳、神道ヲ以勤仕可候」で、「神仏習合」の文言はない［鈴木正　二〇一八a］。「神仏分離」は使用されず、命令は「判然」であった。また、「排仏」であっても「廃仏」ではない。「排除」（exclusion）が「廃止」（aboli-

tion）へと転化して「廃仏」に至ったのであり、寺院や仏像の大量破壊は政府の意図せざる結果であった。「排仏論」に関しては［クラウタウ　二〇一二：一九一～一九六］を参照。

26　原文「修験宗ノ儀、自今被レ廃止、本山当山羽黒派共従来ノ本寺所轄ノ儘、天台真言ノ両本山へ帰入被二仰付一候條、各地方官ニ於テ此旨相心得、管内寺院へ可二相達一候事。但、将来営生ノ目的等無レ之ヲ以帰俗出願ノ向ハ始レ末其状一ノ上、教部省へ可二申出一候事」［文部省宗教局編　一九二一：九〇］。

27　「修験宗廃止令」は明治三（一八七〇）年六月二十九日に太政官が修験は仏徒（仏教徒）と見なすという見解を踏まえて出された。政府は仏教を天台宗・真言宗・浄土宗・臨済宗・真宗・日蓮宗・時宗の七つの総本山の下に統括させ、修験道は天台宗・真言宗に組み込まれた［林　二〇〇一］。

28　修験の概数は［中山　一九八四（一九三〇）：四二六］に基づく。

29　山上の壇上伽藍の周囲に生活世界が形成された高野山の地域性が色濃く表れている。

30　教団側は「女人禁制」の用語を使わず、「女人結界」を多用し、対外的にも「女人結界問題」として対応をとってきた。

31　役行者は金峯山上で金剛蔵王権現を感得したという伝承があり、現在も山上ケ岳山頂に、出現したとされる湧出岩が残る。ただし、各地の山を役行者が開いたとか修行したという伝説は、鎌倉時代中期に役行者が修験道の開祖に祀り上げられてから成立したと推定される［鈴木正　二〇一八b：三一三］。

32　「千三百年」の用法の初見は、昭和二十一（一九四六）年のアメリカ人女性の登山に際して、ヘンダーソン中佐が醍醐寺を訪れた時に、岡田戒玉門跡より「一千三百年の信仰と伝統」があると聞いて納得し、登山口の八ケ所に「女人禁制」の日本語と英語の立て札を建てた時かと思われる［nd. 一九五六：三］。戦前までは「役行者御開闢以来千餘年脈々」［宮城　一九三三：六］という表現であった。

33　『日本霊異記』上巻第二十八話によれば、役優婆塞は各地で修行後に、大宝元（七〇一）年に仙人になって空に飛び去ったと記し、没年は確実ではない。山上ケ岳との繋がりは、『今昔物語集』巻十一第三話・第四話では、金峯山の蔵王菩薩は役優婆塞が祈り出したとあり、寛治六（一〇九二）年の金峯山の山上ケ岳への白河上皇の御幸に際しては、修験練行の和尚が埋経の地を「役行者行道之跡」として辿る儀礼が行われていた（大江匡房「江記」逸文）。『私聚百因縁集』（正嘉元〈一二五七〉年）は「山臥ノ行道ノ源ヲ尋レバ、皆役行者ノ始テ振舞シヨリ起レリ」と役行者は「山臥の行道」の創始者と記す。役行者が修験道の開祖とされるのはこの頃からである［鈴木正 二〇一八b：三一―三、鈴木正 二〇一九：九～一〇］。

34 『血盆経』の資料で年代が明らかな最古のものは、『長辨《じょうべん》私案抄』（深大寺長辨《じょうべん》による諷誦集）所収の井田雅楽助亡母三十三回忌の諷誦文《ふじゅもん》で、『血盆経』三巻書写とあり、正長二（一四二九）年二月の日付が記されている［高達 一九九二：七］。

35 最古本は滋賀県近江八幡市の長命寺の塔頭「穀屋寺」で尼僧が勧進に使ったと思われる十六世紀頃の絵図である。

36 最古本は富山市梅沢町の来迎寺蔵本で十七～十八世紀とされる。『白山曼荼羅』はこれよりも古いと考えられている。

37 寛永八（一六三一）年に『せっきょうかるかや』の正本（説経節の読み物としての台本）が成立した。

38 山上の萱堂谷の密厳院、山麓の学文路《かむろ》の西光寺がともに苅萱堂と呼ばれている。

39 『門葉記』所引の建久五（一一九四）年八月十六日無動寺大乗院供養願文の「抑當山者、為㆓大師之誓願㆒、嫌㆓女人之攀躋㆒」を根拠とする。

40 樹木・石・湧水等を祀るだけでなく山の霊、山の神、賽の神、観音・地蔵・薬師も祀る。

41 日光山を天應二（七八二）年に開山したとされる勝道《しょうどう》上人は、空海の顕彰碑文「沙門《しゃもん》勝道、山水《さんずい》を歴《へ》て玄珠《げんじゅ》を瑩《みが》くの碑」が『性霊集』（承和二〈八三五〉年）に収録され、実在説もあるが決定的ではない。

42 「生活様式」は、文化人類学がよく使用する文化の定義の概念で、文化には優劣はなく、相対的であるという観点で使用されてきた。

43 ハビトゥスは、マルセル・モースが身体技法を論じた時に導入した概念で、ピエール・ブルデューの戦略的な使用で普及した［ブルデュー 二〇〇一］。

44 ハビトゥスは、元々はキリスト教神学史の鍵語の一つで、聖体拝領すると人体内に住み着き習性（habitus）となるという意味で、習性や慣習という訳だけでなく、何かの行動を起こす「備え」の意味もあるという［関　二〇〇八：iii］。

45　木曽御嶽山は覚明や普寛によって「軽精進」が導入される前は七十五日であった。

46　初山（六月二十七日〜三十日）、七日道（七月一日〜七日）、間の山（七月八日〜十二日）、盆山（七月十三日から七月十五日）、仕舞山（七月十六日〜十七日）であった（斎藤月岑『東都歳時記』天保九〈一八三八〉年）。新暦の施行で一ケ月遅れとなり、現在の山開きも日本橋「お花講」が鍵番で七月二十七日早朝に登拝門を開ける。

47　元は旧暦四月八日から九月八日、明治六〈一八七三〉年以後、新暦五月八日から九月二十七日となった。現在も盆山と称する八月一日から八月十五日は講社を中心に登拝者が多い。

48　本事例は、［瀬川　一九八〇］による。瀬川清子は貴重な民俗事例を数多く報告している。

49　酒の醸造は、近世中期頃に禁忌が成立したという［脇田　二〇〇五：一〜一四］。史料や絵画などからの判断である。

50　高度の技が必要とされるので神聖な行為とされ、精進潔斎をして穢れを忌む。名刀を打とうとする時は、独特の作法がある。墓場から骨を拾ってきて祀る、棺桶を燃やすとされ、死穢をあえて逆手に利用して神聖性を保つ。

51　鉄道運転手、消防士、鵜飼の女性忌避の事例もある［松村　二〇〇三：一〇五〜一八九］。炭鉱は女性の入坑は可であったが、ヤマの神の信仰が篤かった。女神で気性が激しく縮れ髪で醜いとされ、女性が髪の毛を坑内で梳くと嫉妬し、腹を立てて落盤を起こすと信じられていた。月経の時は休止、産後は八日間入れなかった［森崎　一九七七：一七二〜一七三］。

52　東海村にプルトニウム加工工場ができた時に、朝日新聞科学部の女性記者・大熊由紀子が立ち入りを拒否された。「刀工だって神聖な仕事場には女性を入れない。あれと同じことです」「いったんカマに火を入れたら、発電所の女子従業員でも入れないんです」と言われ、押し問答の末に中に入ったが、「女を感じさせないように、スラックスをはいて上から下まで黒ずくめの服装で行きました」と報告している（「原発から刀鍛冶まで――土俵以外にもこんなにある女人禁制の〝聖地〟」『週刊朝日』一九七八年六月九日号、一五〇頁）。

53 石垣島の宮良、小浜島、西表島古見、新城島上地で旧暦六月の壬の日に行われる。
54 外務省が恒例のゴルフコンペの小金井カントリー倶楽部での開催に当たり、参加予定者であった森山真弓外務政務次官の参加を断った。「土日と祝日の女性のプレーはご遠慮頂くことになっている」というのが理由であった。昭和十二（一九三七）年設立の名門でイギリスの社交クラブの思想を継続していたのである（『読売新聞』一九八五年五月二十六日付）。
55 長野県塩尻市の塩嶺トンネルでは、昭和五十一（一九七六）年九月二十二日は地元住民約千六百名が事業認定をめぐって訴訟を起こした現場検証の日で、原告弁護団に土生《はぶ》照子という女性弁護士がいたが入坑を拒否され、最終的には地裁裁判長の命令で中に入った。青函トンネル（工事一九八三〜一九八八年）は、本坑貫通式（一九八五年三月）後の十一月に女性視察会を行って入坑が許された。一九八七年に秋田県阿仁町の戸鳥内トンネル起工式の安全祈願祭で、女性記者の入坑が拒否された（『毎日新聞』同年二月十九日付）。同年大津市内畑トンネル貫通式で「山の神が怒って事故を招く」として女性議員が出席を断られた（『朝日新聞』同年一月二十四日付）。一九九一年の山形県南陽市内のトンネル貫通式では、慣例を破って女性記者四人が坑内に入った。二〇〇一年八月二十五日、群馬県榛名町の安棒トンネルの現場見学会で、女性が入ると山の神が嫉妬するとの理由で入坑を拒否された（『毎日新聞』同年八月二十八日付）。儀礼や禁忌、様々の出来事は、［松村　二〇〇三：七六〜一〇四］に詳しい。
56 トンネルの禁忌は、近世では金や銀を採掘する鉱山、近代では炭鉱でも守られていた。
57 馬・牛・羊・豚・驢馬・犬・鶏などの雌は一切持ち込み禁止である。
58 『朝日新聞』二〇〇四年一月九日付「「女人禁制」譲らぬ聖地」の記事がある。
59 堂内ではポーヤ（poya）の日（満月や新月の日）のウポーサタ（uposatha）の行事で戒律を確認し合い、懺悔も行っている。施設がない場合は、川中の大きな岩なども利用する。
60 本殿への女性の出入りは自由だが、僧侶の日常の生活の場である僧院のパンサラ（pansara）では制限され、基本的に食事の提供であるダーナ（dana）、つまり布施に限られる。
61 スリランカ仏教の実態については、一九八〇年代初期の記録と考察を参照されたい［鈴木正　一九九六］。

62 二〇一九年七月のブータン東部のメラでの現地調査に基づく。

63 上流社会の社交クラブは入会基準が厳しかった。特にアメリカのメンズクラブが厳格で、白人名門富裕階級の男性をメンバーにして女性を入れなかったが、女権拡張運動や公民権運動の高まりで、一九八〇年代半ば以降は門戸開放が進み、ほぼ平等になった。

64 オーストリアは一九八二年に女性差別撤廃条約の締結国となり、ウィーン・フィルハーモニー管弦楽団に女性採用を働きかけた。団長は当初は「伝統」だとして拒否してきたが、補助金を打ち切るとか、公演をボイコットするなどの圧力がかかって門戸を開いたのが実情であった。「女人禁制「ウィーン・フィル」に圧力」『読売新聞』一九九七年二月二七日付。

65 聖地の概要、特に禁制の由来については、[Sekar 1992：39] を参照されたい。

66 巡礼は十一月十五日から十二月二十六日頃までのマンダラ・プージャー Mandala pūja と、一月十五日頃のマカラ・ヴィラック Makara vilakku が頂点である。四十一日間のブラタ（vratham）で精進潔斎する。

67 Sabarimala：Indian women make history by entering temple, 2. January, 2019 BBC.
https://www.bbc.com/news/world-asia-india-46733750（2020/2/27 最終閲覧）。
Sabarimala：India's Kerala paralysed amid protests over temple entry, 3 January, 20 BBC.
https://www.bbc.com/news/world-asia-india-46744142（2020/2/25 最終閲覧）。
「女人禁制」の寺で参拝巡り暴動、五千八百人逮捕、インド、最高裁の違憲判決と保守的信者が衝突、『ナショナル・ジオグラフィック』2019/01/10。
https://natgeo.nikkeibp.co.jp/atcl/news/19/011000024/（2020/2/25 最終閲覧）。

68 一九五七年には不可触民のヒンドゥー寺院への立ち入りも全面的に許可された。

69 女性たちの中には大規模な「待つ準備がある（ready to wait）」キャンペーンを展開する人々もいたという。参拝が可能になる年齢まで待つことを選ぶことで、信仰にまつわる「伝統」を尊重する立場である。松尾瑞穂は、「平等を求める市民社会の論理と「伝統」の相克は、女人禁制をめぐって、大いなる論争を引き起こしているのである」と指摘する。日本との共通性もある。「揺れる女人禁制――インド」『みんぱくe-news』二〇一九年三月一日。

https://www.minpaku.ac.jp/museum/enews/213（2020/10/25 最終閲覧）。

70　They Entered a Forbidden Hindu Temple in the Name of Women's Rights in India. Now They're in Hiding, by Rohini Mohan, January, 9, 2019, BBC.

https://time.com/longform/bindu-kanakadurga-women-hinduism-india/（2020/2/25 最終閲覧）。

71　Women in Shani Shingnapur temple: A brief history of entry laws and how times are changing Alok Prasanna Kumar April 12, 2016 First Post.

https://www.firstpost.com/india/women-in-shani-shingnapur-brief-history-of-temple-entry-laws-and-how-times-are-changing-2723582.html（2020/12/25 最終閲覧）。

「インドの寺院――4世紀続いた女人禁制の因習がついに破られる」（2017/02/20 Global Voices）。二〇一五年十一月二十八日に一人の女性が祈禱のために内部に入り、村人が追い出した。その後、男女同権活動家のトゥルプティ・デサイ（Trupti Desai）に率いられた社会活動家組織ブフマタ・ランラギニ・ブリゲード（Bhumata Ranragini Brigade）の活動家たちも拒否された。この問題は四月一日にムンバイーの高等法院に提訴され判決で違法とされ、二〇一六年四月八日に女性が寺院内に入って四世紀にわたる伝統に終止符を打った。禁制を続けたヴェール村のマスコバ寺院でも四月十三日に女性が内部に入った。ムンバイーのムスリムのハッジ・アリー聖廟（Haji Ali Dargah）も女性の入場を禁じてきたが、最高裁判所は十月二十四日に違法判決を下し、一ケ月後に女性が中に入って禁制は解かれた。

https://jp.globalvoices.org/2017/02/20/44037/（2020/9/30 最終閲覧）。

72　江嶋修作は「生活者があるカテゴリーの人々に対して、忌避・排除する行為の総体をいう。①行為主体が意識的か無意識的かは問わない、②カテゴリーが実在のものか架空のものかは問わない、③行為客体が個人か集団かは問わない」と定義する［江嶋　一九九三：五一二］。三橋修は、平等とは何かという問題を含め、定義の難しさを指摘している［三橋修　一九九二］。

73　男女共同参画社会とは、「男女が、社会の対等な構成員として、自らの意思によって社会のあらゆる分野における活動に参画する機会が確保され、もって男女が均等に政治的、経済的、社会的及び文化的利益を享受することができ、かつ、共に責任を担うべき社会」（男女共同参画社会基本法第二条一）である。

http://www.gender.go.jp/about_danjo/society/index.html（2020/1/30 最終閲覧）。

74　平成六（一九九四）年六月二十四日、内閣総理大臣官房（総理府の大臣官房）に男女共同参画室を設置し、平成十三（二〇〇一）年一月六日に内閣府の設置に伴い、男女共同参画室を男女共同参画局に改組した。

75　法務省ホームページ　http://www.moj.go.jp/JINKEN/kadai.html（2020/1/30 最終閲覧）。

76　人権には複雑な歴史がある。フランスでは、十八世紀には、男女は自然権に基づき平等であり、女性が社会的に劣位に置かれるのは社会の諸制度に基づくという考えが広まった。フランス革命（一七八九年）が起こり、社会運動に展開し制度改革が進んだ。現代の「人権」概念は、フランス革命の「人権宣言」（Déclaration des Droits de l'Homme et du Citoyen）に由来する。当時の人権は「男」（homme）と「市民」（citoyen）の権利で、女性と労働者は排除され、権利の享受には「文明化」（civiliser）が前提であった。その後、女性運動家の働きで人権は男女平等に認められていく。人権思想は、誰でも「文明化」されれば「市民」になれるが、同時に排除と序列化の帝国主義の負の論理も生み出した［西川　一九九二］［上野　一九九八：二六〜二八］。西欧と日本は異なる。個人の権利や人権を論じる場合も、一般社会の日常生活と「宗教とジェンダー」では文脈が異なる。正確に言えば個人や集団の信仰の世界に関わる諸問題、人権と信心の調整は未完の課題である。

77　フェミニズムは、二〇〇〇年代にはバックラッシュ（Backlash 揺り戻し、反動）と呼ばれる過激な反対運動を受けた。バックラッシュはアメリカでの用法である。当時の状況に関しては［上野　二〇一一：二五一〜三三九］に詳しい。反フェミニズムの動きは地元にも情報として伝わった。

78　瀬地山角は、社会学の家父長制の概念を使って、男性の女性に対する優位を、権力と役割配分から見直す試みを、東アジア各地の比較研究として展開している。フェミニズムの家父長制という分析概念と、前近代家父長制・近代家父長制という歴史実態との混同が生じている。家父長制には翻訳語の問題がある。社会学はpartriarchalism、文化人類学はpartriarchyを家父長制と訳し、内容や概念が異なるものが同じ翻訳語になった［瀬地山 一九九六：一二～二一］。文化人類学は十九世紀に家父長制を導入した。これは母権から父権へというバッハオーフェン（Johann Jakob Bachofen）の学説に基づく。しかし、母権説が否定されて、人類学者は家父長制の概念を使用しなくなった。

79 川橋範子による仏教寺院の女性の実態、特に「寺族」の位置付けの研究は、修験や講の中での女性の在り方を考える上でも示唆的である［川橋 二〇一二］。修験は明治以前より基本は妻帯の在家者であり、仏教宗派とは異なるが、男性中心主義の差別・階層・排除の構造は共通する。

80 聖護院は昭和二十一（一九四六）年に天台宗より離脱して「修験宗」を設立し、昭和五十七（一九八二）年に「本山修験宗」に改称した。吉野山では蔵王堂を中心として昭和二十三（一九四八）年二月一日に大峯山修験宗を設立し、昭和二十七（一九五二）年に金峯山修験本宗と改名した。醍醐寺は真言宗醍醐派である。

81 資料は、洞川での聞き書き、行者や山上講の聞き書き、教団誌などで収集した。先行研究は［伊東 一九八八a・b］［木津 一九九三］［Lindsey 2015］がある。調査報告は［県文化財保存課編 一九七五、一九七六］［天川村村史編集委員会編 一九八一］［岸田定 一九九三］を参照した。

82 「太政類典」第一編第一三三［辻・村上・鷲尾編 一九二九：一一一五］。

83 大峯山や羽黒山と並ぶ修験道の三大霊山の一つであった英彦山は、明治元（一八六八）年に座主が還俗して神社の宮司となり神祇官直支配に改められ、布告に対応できなかった。

84 「社寺取調類纂」四七七［辻・村上・鷲尾編 一九二九：六四］。

85 神仏分離以前は、山下《さんげ》権現、山上《さんじょう》権現と呼ばれていた。

86 山下蔵王堂の巨大な蔵王権現像は前方に幕を張り、鏡を金峯神社の御霊代《みたましろ》とし幣束をたてて祀った。

87 小篠の役行者像と理源大師聖宝像はその後、醍醐寺に移動した。

88 資料は［岸田定 一九七五、一九七六、一九九三］［銭谷武 一九九七］と聞き書きによる。

89　洞川の集落に限定すると、二十六戸、七十二人（男性三十六人、女性三十六人）であった（二〇一九年四月現在）。

90　関東アクセントで、関西圏ではここしかない。

91　奥駈道の釈迦ケ岳南東の下北山村には、前鬼・後鬼の子供、五鬼熊・五鬼童・五鬼上・五鬼継、五鬼助の子孫が、各々、行者坊・不動坊・中ノ坊・森本坊・小仲坊として住んでいた。現在は小仲坊の五鬼助義之のみが残る［宮家　一九八八：四三八〜四四七］。

92　弥山の北西山麓の坪内の天河大辨財天社の社家も前鬼・後鬼の子孫といい、節分前日は鬼の宿と称して、先祖とされる鬼を迎え、二月三日の節分の豆撒きで「鬼は内、福は内」と叫ぶ。吉野総社、吉野熊野本宮と呼ばれ、大峯修験道の要の場所とされた。

93　紀州藩に仕えた本草学者の畔田《くろだ》翠山《すいざん》（源伴存、一七九二〜一八五九）の『和州吉野郡名山図志』（別名、『吉野《よしの》群《ぐん》山記《ざんき》』。江戸時代後期）には由来が詳しく書かれている。それによれば、「前鬼後鬼と云はいつれそと尋ねけるに、前鬼と申ハ奥前鬼山ニ在、後鬼と云ハ洞川の者共也、古ハ後鬼六人斗しに次第に血脈他家より継替りて家はあれども祈禱をつとむる事なし」［文化財保存課編　一九七五：九二］とある。六人が洞川の草分け筋であったと記す。その後、オトナと呼ばれて村の運営を担ったとされるが、現在は受け継がれていない。

94　原文は「五拾弐軒本百姓、拾七軒水呑百姓、弐拾五件明家」［岸田定　一九七五：六］。衣食住の実態についても同書が詳しい。

95　「公儀へ指上《さしあぐ》る明細帳」［岸田定　一九九三：九］。

96　現在は、嶺霧露会《ねむろかい》という組織を作っていて山案内兼強力を務める。

97　旅館桝源の古い顧客の泉州尾崎の末代講は宝永年間（一七〇四〜一七一一）の成立とされる。

98　近松門左衛門『女殺油地獄』に浪花の油屋仲間の山上講の話が描かれている。井原西鶴の『好色一代男』巻二には、山上ケ岳の「西の覗き」の修行が記され、洞川は「泥川」として登場している。

99　畔田翠山『和州吉野郡名山図志』によれば、「此地ニ而陀羅尼助ちて黄皮を濃く煎じ膏のことくなし竹皮にのへて諸方に出て売る…此薬ハ往古役行者百草を取シ薬となし世を渡るへしと後鬼之者（洞川ニ在）教へ置玉ひし薬方也」［文化財保存課編　一九七五：九二］とある。陀羅尼は元来は呪文の意味で祈禱と一体化した薬であった。

100 吉野山・高野山・當麻寺でも製造していたという。『紀伊続風土記』（天保十〈一八三九〉年）「高野山」「産物」の項を参照されたい。

101 洞川に自動車が初めて入ったのは大正六（一九一七）年、蛇峠を越えて走ることになったのは大正十四（一九二五）年頃だという［岸田定　一九九三：五〇］。

102 下山後に精進落としと称して女性と性交渉を持つ慣行もあり、若者を御筆おろしで一人前にするとされた。遊郭は大正年間（一九一二〜一九二六）から始まり、昭和三十二（一九五七）年の売春禁止法成立後も姿を変えて残った。同様の習俗は日本各地にあり、江戸・東京の場合は、大山詣りの後に江の島で精進落としを行った。

103 奈良市の市民グループのフルコト社が、二〇一三年二月に奈良県立図書情報館で開催された洞川の紹介展示に基づいて冊子にまとめ［生駒　二〇一三］、その後も情報発信に努めている［生駒・橋田　二〇一七］。

104 http://www.vill.tenkawa.nara.jp/office/wp-content/uploads/2018/10/dda70bd9ccb8bf7ecc843210457 4202c.pdf（2020/2/20 最終閲覧）。

105 母は後鬼の案内で、役行者の生地の葛城山の麓の茅原から、役行者が修行をしている山上ケ岳に一番近い洞川の蛇ノ谷まで来たが、谷を渡ろうとすると、一匹の大蛇が行く手を阻んで渡れない。このことを役行者は前鬼から知り、危険な山に入るより庵を建てて住んでもらうことにした。洞川の人に頼んで建ててもらった。役行者は母を思う心から、母が後を追わないように「結界門」を建てたという。洞川の人々は、これは差別ではなく、役行者が母を思うやさしい心の現れだという［天川村・天川を学ぶ会編　二〇〇七：二四］。

106 昭和五十（一九七五）年には橋の手前に「大峯山女人遥拝所」が作られて山の遥拝が可能になった。

107 稲村ケ岳からの道には、レンゲ辻に女人結界門が設けられた。

108 銭谷修からの聞き書き「このままにしてほしい」［木津　一九九三：六四〜七〇］（引用）にも同様の記述がある。銭谷修は、古い新聞記事を集めており、変化の経緯を個人的に詳しく説明してくれた。

109　会議には近鉄天王寺駅の営業局営業課長も出席し、観光化が急務とされる事情があった。

110　「揺らぐ女人禁制の法灯、大峯山系禁制区域縮小を地元信徒が講社に要望」『大和タイムス』一九六九年十月三十一日付。

111　始まりは、昭和四十五（一九七〇）年十月二十一日の国際反戦デーにおける「ぐるーぷ・闘う女」による女性だけのデモで、この時に日本のリブ宣言（マニフェスト）とされる田中美津の「便所からの解放」がビラに書かれた。男にとっては女は母性のやさしさ＝母か、性欲処理機＝便所かを問う。「ウーマン・リブ」（Women's liberation movement）の名称を名乗るのは後のことである。

112　始祖がいて教義が説かれ教団として組織化されたキリスト教、特にプロテスタントがモデルであり、一神教の発想に馴染まない日本人にとっては、「新宗教」を想起させ、「怖い」「騙される」といった感情的な反発があり、「宗教」への違和感を増幅する。「新宗教」の多くが、日常生活に溶け込んでいる先祖崇拝や地域の祭り、仏壇や神棚を否定することにも原因がある。宗教概念の日本への受容に関しては、［磯前　二〇〇三］を参照されたい。

113　「宗教」は英語の religion で、belief や faith は、「信念」や「信仰」と訳されてきた。キリスト教、特に近代のプロテスタントの影響が強い「宗教」という翻訳語を、日本の集団的な祭りや儀礼へ適用することには違和感がある。宗教概念の日本への定着は、［磯前　二〇〇三］で検討されている。

114　「信仰」も翻訳語であり、原語は faith あるいは belief である。神仏や霊魂に関わる practice は、日本語では「祈り」「祭り」「祈禱」「祈願」「参詣」「参拝」など多様な言葉で表現される。

115　「生活様式」（way of life）とも言い換えられるが、日本では「文化」（culture）の定義にも使われているので混乱する可能性がある。

116　サムナーは、人々が共有する様式を folkways とし、その特徴を mores（モーレス）と表現して、「良き習慣」を国民国家形成の基本的習俗として設定した［関　二〇〇八：ii］。基本は近代化論である。

117　vernacular に近い英語表現には、native や indigenous がある。

118　「第一波フェミニズム」は、英米で一八六〇～一八八〇年代に始まり、一九二〇年代に終息した。男女の平等を求め、参政権の要求や女性解放に向かう運動で、女性の制度的な権利の獲得を目指し、女性参政権を勝ち取った。男女の人権の平等も説いた。日本での代表者は平塚らいてうで、青鞜社を設立し雑誌『青鞜』（一九一一～一九一六）を拠点に、女性の能力の全面開花を求め、女性解放運動を展開した。「第二波フェミニズム」は、一九五〇年代後半にアメリカで始まり一九七〇年代前半に最盛期を迎えた運動で、性差別的な制度だけでなく、制度を支える思想を批判し、個人の認識の変革も試みた。全分野の男性中心主義を廃し、日常的な性差別撤廃を要求し、家父長制批判へと展開した［竹村　二〇〇〇：一〇～一七］。一九七〇年代初頭はウーマン・リブとも呼ばれ、日本では田中美津が名高い。一九八〇年代の終わりにはバックラッシュと呼ばれるフェミニズム批判が生まれた。一九九〇年代以降は男女平等にとどまらず、人種や階層を超えた女性の多様性を重視する運動が生まれて「第三波フェミニズム」と呼ばれ、二〇〇〇年代以降は、ネット社会でのSNSによる大衆文化が展開し、この動きを「第四波フェミニズム」とする考え方もある［小林東　二〇一二］。

119　原文は「近時女権運動がやかましくなつたに伴ひ、苟も日本の国内において、男子のみに解放して女子に解放しないいはゆる女人禁制の山が現存してゐるなど實にけしからぬ、男の登れる山であれば女が登つたつて差支のあるはづがない、女人禁制などいふことは封建時代の遺風で、今日の時代においてはゆるされるべきことではないといふやうな意見が女人にの間にやかましく叫ばれだしたと同時に、男の間にもこれに共鳴するものが相當にあるやうになつた」［藤井　一九二八：五］とある。

120　山上ケ岳への登拝道は吉野と洞川のみであったが、昭和に入って柏木からの道ができ、山葵谷《わさびだに》からも新道ができた。その結果、吉野・洞川を「表山」、柏木・山葵谷を「裏山」と称することになった［岸田日　一九三三：一三～一四］。

121　昭和二（一九二七）年に吉野国立公園期成会を設立して幹事となり、県公園課に身を置きながら「吉野熊野国立公園」の設立に尽力した。笹谷良造との共著『吉野群山』（一九三六年）を刊行した。昭和十四（一九三九）年、醍醐寺三宝院より権大先達に補され、昭和十五（一九四〇）年に聖護院門跡より参仕大先達に補される。

122　柏木は裏山として、吉野や洞川よりも利用者が少なかったので、課金の先手を打って、状況を逆転して、登山者を振り向けて経済振興を図ろうとした。

123 『大阪朝日新聞』一月二十五日付。洞川から洞辻へ、天川村川合・大塔村坂本を経て高野山に至る自動車道路の計画も打ち出された。[木津　二〇〇二：六二～六六] に原文掲載。

124 具申書には「天皇陛下宝祚無窮国威宣揚萬民康寧ヲ祈願シテ入峰修行ヲ致居候ノミナラズ全国ニ散在セル本院所属ノ幾十萬ノ信者ニ対シテモ同様入峰修行ヲ奨励シテ今日ニ及ビ候此間大峰山ハ古来ノ伝承ヲ維持シ女人禁制ノ特殊ノ霊山トシテ幾多ノ光輝アル歴史ヲ残シ剛健質実ナル修験道ノ教風ト霊妙神秘ナル大自然ノ環境トニヨリ身心修練上ニモ貢献スル處少ナカラズト被存候…修験道ニ於テハ女人ヲ蔑視スルガ如キ教義ハ毛頭無之女人ノ修道ニハ他ニ道場モ有之、大峰山ハ男性修道ノ道場トシテ今日ニ及ビタルモノニテ御承知ノ通リ大峰山ハ高野山等ト其趣ヲ異ニシ険難ノ行場清浄ノ雰囲気ヲ以テ特色トセルモノニテ若シ女人ニ解放セシカ霊山ノ特色ヲ失フノミナラズ従来ノ剛健ナル男子ノ修道ニモ精神ノ弛緩ヲ生ズルニ到ル事ト存候…」とある [nd. 一九三六：七]。具申書は、二・二六事件の直後に出され、その影響もあって大峯山は男子の心身鍛錬の修行道場と強調している。軍隊の体力鍛錬と修験道の連動は、これ以後に強まる。昭和十二（一九三七）年七月七日に盧溝橋事件が起こり、日中戦争（支那事変）に突入した。これ以後、総動員体制に入る。

125 平成八（一九九六）年に修験三本山や護持院が解禁を提議し、最終的には地元や役講からの反対で頓挫したのとは真逆であった。

126 日本の近代化の過程で学校教育に導入された男女の集団登山の影響が大きい。

127 修験道は、軍隊の心身鍛錬・質実剛健と共通すると評価された。修験道は「民族的宗教」とされ学術的研究も始まり、和歌森太郎『修験道史研究』（弘文堂、一九四三）、村上俊雄『修験道の発達』（畝傍書房、一九四三）が刊行された [鈴木正　二〇二〇a：三五～四〇]。

128 一説では、貴族院の岡部長景子爵を含む国立公園視察団が山上ケ岳を視察中に、御来光に感激してこの山の伝統である女人禁制を生かすことに決定したのだという。

129 銭谷修は多くの人の取材を受けており、[木津　一九九三] にも「このままにしてほしい」という題名で引用されている［銭谷修　一九九三：八六〜一〇一］。

130 醍醐寺の機関誌『神変』五六八号の無記名記事［nd. 一九五六：三］による。銭谷修も同時期に「千三百年の伝統の山」と述べている［銭谷修　一九五六：四］。

131 正確には「国家神道・神社神道ニ対スル政府ノ保証・支援・保全・監督及ビ弘布ノ廃止ニ関スル件」といい、いわゆる「国家神道」の用語が初めて使われた。

132 『朝日新聞』一九四六年八月九日付。

133 大正七（一九一八）年十二月二十七日に開業した遊郭である。

134 昭和二十四（一九四九）年八月九日には、照明講の女信者など十五名が登頂したともいう。

135 昭和三十一（一九五六）年五月九日、第三次隊の今西壽雄とギャルツェン・ノルブ（Gyalzen Norbu）が登頂した。第一次隊は昭和二十八（一九五三）年、第二次隊は昭和二十九（一九五四）年に出発した。第二次隊の時にサマ集落は登頂に反対し、別の峰に向かった。

136 マナスルとは「精霊の山」の意味で、聖山であった。

137 昭和三十二（一九五七）年には洞川に「大峯山女人解禁規成同盟会」が発足した。当時、洞川区内の人々に女人禁制について賛否を問うと、当時四百戸のうち三百四十戸が解禁賛成派だったという調査資料もある［足立　一九六〇：三一］。旅館街は反対が多かった。

138 理源大師聖宝の再興と伝え、本尊は弥勒菩薩である。境内にはオイトシボという石があり、持ち上げることで吉凶判断する。別名ナデ石という。民間信仰との接点を持つ寺で、元々は優婆塞が住持にいたという。

139 先頭は女次郎長こと橋本久尾（当時五十六歳）、二番目は奈良の女山伏の吉川妙智（六十一歳）、三番目は和歌山市光明院の吉沢妙泉尼公（七十三歳）で、いずれも熱心な信者であった。女次郎長は同年一月に亡くなった大田区長の未亡人の初枝（六十三歳）に役行者像を十二年ぶりに見せたが、完全な解禁までは渡さないと言って持ち帰ったという。

140 伝承では役行者没後二百年、二匹の大蛇が棲息して登拝者を悩ませていたのを宇多天皇の命を受けた理源大師聖宝が来て雄を退治したが、雌は山中に逃げたとされる。蟷螂の岩屋は上下に二ケ所、九つの穴がある。九穴の洞は蔵王権現として拝む。

141　稲村ケ岳は禁制区域ではなかったようだが、女性が登ることはなかった。昭和十五（一九四〇）年四月二十三日には奈良県教育界の大物であった奥村鶴松が桜井高等女学校生徒を連れて登った［岩科　一九六八：三〇］。

142　昭和の初め頃からこの主張が登場している。『修験』に載った記事では、「大峯山は高野山や比叡山と違ひ、単なる参詣所でなく、修行の道場を兼ねて霊山であるから、女人が登つては修行の邪魔になるといふこと、いま一つは山が険しいから女人の登山に適しないといふこと、この二点である」［藤井　一九二八：六］という。前者はともかく後者の意見は現在も主張されるが、説得力に乏しい。「女人大峯」と呼ばれる稲村ケ岳のほうが、山上ケ岳よりも険しくて厳しい。女性がエベレストに登る時代にあってこうした主張は説得力がない。

143　「阪堺役講」は山上ケ岳の大峯山寺、箕面の瀧安寺、生駒山の千光寺の三ケ寺の戸開け、戸締めを行っている。いずれも役行者ゆかりの寺である。大峯山寺の運営に誇りをもってあたっている「旦那衆」で、毎年交代で鍵を預かり、山上本堂の戸開式の後に、本堂の戸の錠を開け、戸閉式で施錠する。

144　女性の活動は、［鈴木　二〇〇二：五七〜七四］［伊東　一九八八ａ・ｂ］［Lindsey 2015, 2016］を参照。

145　開祖役行者が箕面山の瀧窟で龍樹菩薩より伝授された奥義を、大宝元（七〇一）年大峯山の深仙（胎蔵界中台八葉院）で弟子義学に伝えたことに始まるとされ、千三百年以上、本山派修験の頭領の聖護院に師資相承で伝えられてきた秘儀とされる。

146　聖護院は令和元（二〇一九）年に二十一年ぶりに「深仙灌頂」を九月六・七日と、九月七・八日の二組に分けて開筵した。宮城泰年門主の代で五十二回目の開壇とされる。

147　昭和六十（一九八五）年に国連女性差別撤廃条約の批准を前にして駆け込みで成立した。

148　職場での雇用労働の男女の差別を禁止し、募集・採用・昇給・昇進・教育訓練・定年・退職・解雇などの面で男女平等に扱うことを定めた法律で、一九九九年に一部が改正された。施行当初、各種差別禁止の項目の多くは努力規定だったが、この改正で禁止規定となった。

149 鞆の神事をめぐる考察は、［井桁　一九九四：一四五～一四七］に詳しい。

150 「性別に偏りのない社会システムの構築」をうたうが、これはジェンダー・フリーのことで、政府はこの言葉を禁句にしたかったようである。

151 ［木津　二〇〇二：一一～一三］に報告されている。関係者からも個人的に話を聞いた。

152 『奈良新聞』一九九七年十月四日付も「大峰山「女人禁制」廃止か」と報道した。

153 洞川の龍泉寺の岡田悦雄住職は、当時の状況について「女人禁制を解くという記者会見をするところまでいったんです。龍泉寺としては合意をしました、というときに、信徒さんたちと洞川の地元の人たちが「なんちゅうことをするんだ！」と大騒ぎになって。ひっくり返ったんですよ」［生駒・橋田　二〇一七：七六］と、平成二十八（二〇一六）年十二月二日のインタビューで語っている。

154 平成九（一九九七）年十一月十日付で、大峯山寺阪堺役講の各組長、各信徒総代、役講年番事務長などから提案撤回の「要望書」が大峯山護持院宛てに出された。『行者新聞』十二月十四日付では、護持院年番喜蔵院からの回答書が出されて、役講社各位と共に意見交換の場を持ち円満に解決したいとの意向が示されたという。

155 正規のルートである清浄大橋から登らず、あえてレンゲ辻からのルートを選んだのは後ろめたさによるものかもしれない。

156 「女性一〇人大峰入山　排除の境界線、人間がつくったもの」『奈良新聞』一九九九年十月二十日付。実際には十三人であった。罵声や諌めや口論については、当事者の報告［森永　二〇二〇：五八～六〇］には記載されていない。『週刊仏教タイムス』（一九九九年十二月二日付）は、女装して何度も登山した「西大和歩け歩こう会」の男性の案内で登ったと伝える。この男性は、抗議のために平成八（一九九六）年に最初の女装登山を行った。他方、女装というやり方への一般人の反発も起こった。

157 『共同通信ニュース』同年十月二十八日付「女性十三人、禁制の大峯山に　強行登山」。
http://www.kotobuki-p.co.jp/topx/news2.htm（2020/10/28 最終閲覧）。
最初に明るみに出たのは『朝日新聞』（大阪）一九九九年十月二十一日付「女性教職員ら、〃強行登山〃女人禁制の奈良「大峰山」）である。森永雅世教諭は「性差別の慣習を見直す」ためにとった行動であり、「山上ケ岳は国民全体のものである国立公園内にあり、そこで守るべき神聖さは、女性が排除されなければならない神聖さではないと思う。教育現場でどう取り組むかを考え、地元の人たちとの話し合いも続けたい」と話していた。

158　前掲、『共同通信ニュース』同年十月二十八日付。

159　宮城泰年をはじめとして、昭和四十年代から柔らかく解禁を説いてきた人々もいたが、強制登山によって沈黙を強いられ、修験三本山と護持院の関係も悪化してしまった。

160　「大峰山女人禁制」の開放を求める会HP。活動報告「宮城泰年さん（本山修験宗管長・聖護院門主）との話し合い」。
http://www.on-kaiho.com/action/diary/index.html（2020/10/28 最終閲覧）。
聞き書きは［森永　二〇二〇：六四］に再録されたが、「感情論…」以下の部分は削除されている。

161　聞き取りでの「宗教者である当事者から先に手をあげて、信仰の場から問題に立ち向かうようにしなければ汚点を残す」［森永　二〇二〇：六四］という自省的な意見は重要である。ただし、修験三本山や護持院の幹部の意見だけでなく、広く民衆の声に耳を傾けるべきである。

162　修験教団の対外的な説明では、「過去における女人結界撤廃の要求は女性の信仰上の要求は少なく、男女同権の標榜や、やみくもな伝統の破棄を目的とするなど主に信仰外の面で行われたものであった」としており、信仰や伝統へのこだわりが強い［役行者千三百年御遠忌記録編纂委員会編　二〇〇三：一〇八］。

163　座談会「御遠忌合同協議の総括——女人結界について——」でも詳細な経緯が語られている［役行者千三百年御遠忌記録編纂委員会編　二〇〇三：一一三〜一一四］。

164　声明文は後日公開された［役行者千三百年御遠忌記録編纂委員会編　二〇〇三：一〇七］。併せて資料として対外的説明の要点が公表されている。現実上の側面として、①撤廃後は女性の入山に対応して、山の整備を進める。②撤廃決定を期に、新しい時代に相応しい信仰の高揚に努める。③その方策として護持院と三本山との連帯による御遠忌合同法要の計画や、修験道の展覧会開催など協議が進んでいる。④女性の入山の結果、男女両性の存在により山の規律が乱れることのないよう、一層の綱紀粛正を計り、霊山の尊厳が損なわれないよう努める、とある〔役行者千三百年御遠忌記録編纂委員会編　二〇〇三：一一一〕。

165　新聞報道では「開放」方針を白紙撤回と伝えられた。「賛成・反対で揺れる女人禁制　奈良・山上ケ岳、「開放」方針を撤回」（『朝日新聞』一九九八年四月十九日付）によれば、「反発を受けて寺側は開放方針を白紙撤回。さらに地元の要望を受け入れ、五月三日の山開きに向けて「大峯山寺」の名で「今まで通り女人禁制」とする看板を、十八日午後、登山口に立てた。五ケ寺の一つ、喜蔵院の中井教善住職は「寺、地元、信徒の三者で時間をかけてじっくり話し合いをして結論を出したい」と話している」とある。

166　千三百年御遠忌の報告の座談会では反省点が語られている。田中利典は「「結界」問題自体がタブーだったことが大きい。論議をすることもはばかるような話であって、話をする以上は、開ける方法論を先決問題とせざるを得なかった」、仲田順和は「社会の流ればかりに気を取られてしまって、肝心な信仰の内側ということには全然目を向けなかったということが一番大きな反省点だと思うんです」〔役行者千三百年御遠忌記録編纂委員会編　二〇〇三：一一五、一一六〕と述べている。

167　Conference：UNESCO Thematic Expert Meeting on Asia-Pacific Sacred Mountains, Wakayama City, Japan https：//unesdoc.unesco.org/ark：/48223/pf0000147038（2020/2/25 最終閲覧）。

168　会議の原語の sacred「聖」は日本語では「信仰」に置き換えられた。「信仰」に対応する英語は belief や faith で、religion を前提として、個人の内面性を重視するために日本への適用には馴染まない。「聖」の概念は、二十世紀初頭に「宗教」の定義をするために導入された聖と俗の二元論に基づいており（デュルケーム『宗教生活の原初形態』一九一二年、オットー『聖なるもの』一九一七年、エリアーデ『聖と俗』一九五九年等）、聖と俗の相互の隔絶性が前提で、質の異なる非連続が想定されている。しかし、日本の山岳信仰に聖俗論を適用するには問題が多い〔鈴木正　二〇一九b〕。

169　当時の関係者の世界遺産に関する意見は、〔森永　二〇二〇：六一〕を参照されたい。

170　平成十四（二〇〇二）年十二月十九日に、「大峯奥駈道」は国史跡に指定された。

171　参詣道に関しては「サンティアゴ・デ・コンポステーラの巡礼路」が既に世界遺産に登録され（スペイン国内は一九九三年、フランス国内は一九九八年）、東西の比較という観点から評価されたことが大きかった。

172　一般の信者に参拝が許されていた例大祭の五月二十七日は、明治三十八（一九〇五）年のこの日、日露戦争の日本海海戦で東郷平八郎が率いる日本海軍聯合艦隊が、ロシアのバルチック艦隊を撃滅し、歴史的な大勝利を収めた日であった。戦場は沖ノ島の西方の海上であり、明治三十九（一九〇六）年以来、この日は宗像大社沖津宮の例大祭となり、国土防衛を祈り、戦争で亡くなった人々を慰霊してきた。海軍記念日は第二次大戦後に進駐軍の命令で廃止されたが、宗像大社では例大祭として残り続けてきた。世界遺産登録に当たり、五月二十七日の例大祭を中止したことは、国際問題となることを未然に防いだ英断であった。

173　斎藤希史によれば、明治から大正の英和辞典ではtraditionの訳語は、「口伝」「伝説」「交付」「引渡し」などが一般的で、大辞典には「慣習」「因習」はあるが「伝統」はない。「伝えること」「伝えられるもの」が語義の中心だという。昭和になって「守るべき価値のあるものを強調するために、伝承や伝説を超えたものとして「伝統」が登場した」と説明している。

174　『無量寿経釈』では、高野山・比叡山・東大寺・崇福寺・上醍醐などの霊場への女人結界について批判的に論じている［西口　一九八七：一二〇〜一二一］。

175　『正法眼蔵』「礼拝得髄」では、女性の罪業を否定し、女人結界を批判した［石川　一九九〇］。その後、道元は永平寺では出家中心主義に転換していくと見解を変えた。

176　講社の登拝は、学校登山に姿を変えて維持されることにもなった。林間学校も盛んになったが、男子は山上ケ岳、女子は稲村ケ岳に登ることに関しては、女人禁制の大峯山を林間学校にするのはおかしいという意見も寄せられた（『毎日新聞』大阪版、一九九二年九月十一日付）。

177　明治以降、一般の男女が信仰目的でなく山に登る時代が到来したが、戦前の登山はエリートの趣味人か富裕層に限定されていた。

178　「美作の後山も女人禁制を維持しているが、有名ではないので、大峯山が日本唯一」という言い方が流通している。細かく見ていけば石鎚山等、期間限定で女人禁制を維持する山もある。

179 近代化論は多岐にわたる。テンニエスのゲマインシャフトからゲゼルシャフトへという古典的定義がある。パーソンズは五組のパターン変数を設定した。個別主義対普遍主義、属性主義対業績主義、無限定性対限定性、感情性対感情中立性、集合体志向対個人志向であり、前者が後者に移行することを近代化と考えた。

180 「性同一性障害者：女人禁制の奈良・大峰山の入山、地元に求める」『毎日新聞』大阪版、二〇〇五年十一月四日付。

181 「女人禁制の大峰山で女性ら三人が登山強行」『朝日新聞』二〇〇五年十一月四日付。

182 前掲、「女人禁制の大峰山で女性ら三人が登山強行」。強制登山については、開放派の記録［森永　二〇〇〇：六七～六八］には言及がない。

183 「大峰山登山口にらみ合い　団体と地元　女人禁制議論物別れ」『読売新聞』奈良版、二〇〇五年十一月四日付。

184 「天川村・大峰山：伝統？　差別？　ギャップ大きく　「女人禁制」入山巡る話し合い」『毎日新聞』奈良版、二〇〇五年十一月四日付。文責：栗栖健。

185 開放派の中の強硬派は、女人禁制を守るのは前近代の因習と考え「遅れた人々」を近代の知に目覚めさせようという啓蒙主義が忍び込んでいる。特に教育界の関係者に顕著である。

186 ［役行者千三百年御遠忌記録編纂委員会編　二〇〇三：一二五］。修験三本山もこの取り決めは知らないという。

187 活動は、ＨＰ（http://www.on-kaiho.com/index2.html）やFacebookで紹介されている。

188 「男女共同参画二〇年③「大峯山女人禁制」（文責：照井琢見）」『朝日新聞』奈良版、二〇一九年七月二日付。ネットでは、「なぜ続く？　大峯山女人禁制　反対の市民、守る住職」。
https://www.asahi.com/articles/ASM642PQ0M64PFIB001.html（2020/2/25最終閲覧）。

189 前掲、「男女共同参画二〇年③「大峯山女人禁制」」。

190 この時の取材記事で、「「大峰山女人禁制」の開放を求める会」の共同代表、源淳子（当時七十一歳）は、「宗教的慣習となると、多くの人が女性差別と言わずに認めてしまう」と述べ、他方で、「聞き取りに行くと、地元の方は女性を見下していないと感じた」として、「地元の女性にも禁制を守りたいと話す人がいた」と認めている。ただし、基本姿勢は差別への一元化で、「女人禁制があることを知らない人もいる。禁制が女性差別だという視点を持つ人が増えてほしい」と述べている。前掲、「男女共同参画二〇年③「大峯山女人禁制」」。

191 「令和二年度「日本遺産」の認定結果の発表」文化庁、二〇二〇年六月十九日。
https://www.bunka.go.jp/koho_hodo_oshirase/hodohappyo/92323501.html（2020/7/1 最終閲覧）。
近接する地域に展開する日本遺産「葛城修験——里人とともに守り伝える修験道はじまりの地——」も同時認定であった。

192 「「女人高野」が令和二年度「日本遺産」に認定されました」高野町、二〇二〇年六月一九日。
https://www.town.koya.wakayama.jp/event/13362.html（2021/1/3 最終閲覧）。

193 「日本遺産（Japan Heritage）について」文化庁。
https://www.bunka.go.jp/seisaku/bunkazai/nihon_isan/index.html（2021/1/10 最終閲覧）。

194 国は近年、文化財の活用を重視し、観光振興と連携させる姿勢を強めており、日本遺産もその一つである。平成三十一（二〇一九）年四月に改正文化財保護法が施行され、市町村に独自の文化財活用計画の策定を促した。令和二（二〇二〇）年五月には文化観光推進法が施行され、博物館などの文化施設を拠点に、多言語対応や交通手段の改善への支援を強化した。少子高齢化や過疎化が進み、文化財保護の担い手が不足し、財源も減少している。日本遺産は活用を主軸にした政策の目玉である。

195 前掲、「日本遺産（Japan Heritage）について」文化庁。

196 感染拡大の二月から六月にかけての状況は［鈴木正　二〇二〇ｂ］を参照。

197 「令和二年度「日本遺産」認定概要」文化庁、二〇二〇年六月十九日。
https://www.bunka.go.jp/koho_hodo_oshirase/hodohappyo/pdf/92323501_03.pdf（2021/1/3 最終閲覧）。

198 『紀伊国名所図会』には「不動坂口女人堂」「大門」前の女人堂、女人道の「轆轤峠」の絵が掲載されている。国立国会図書館デジタルコレクションで閲覧可能である。

199 学術論文は［ファウラー　一九七九］が先駆的で、［牛山　二〇一九］の報告くらいしかない。

200 ホームページには、「文化庁の支援を受けながら、連携自治体と協力して広域観光での誘客、町内外での普及啓発などを行い、地域の活性化を図っていく」とある。

201 新しい試みとして、奈良市の市民グループのフルコト社の生駒あさみが積極的に洞川について情報発信をしている［生駒　二〇一三］［生駒・橋田　二〇一七］。協力者は女性たちが中心である。

202 Lesbian／Gay／Bisexual／Transgender の略号で、ジェンダー・アイデンティティ（性自認）の多様性を示す。

203 ただし、同一カテゴリーに入れるのは無理で、ジェンダーの併論にも批判的見解が多い。
「第三の性」としてトランスジェンダーのヒジュラ（Hijra）にも注目が集まった。北インドの芸能民でインドではカーストに類似した扱いがなされ、社会階層に組み込まれているが［ナンダ　一九九九］、インドの文脈を越えた普遍化は難しい。ただし、男と女の二分法に呪縛された西欧的思考への批判的な視座を提供する。

204 ジェンダーと宗教に関わる研究の新しい動きとして、令和二（二〇二〇）年四月一日に龍谷大学に、「ジェンダーと宗教研究センター」が開設され、同年十一月六日に創設記念シンポジウム「誰一人として取り残さない――ジェンダーと宗教の視点から――」が開催された。平成二十七（二〇一五）九月の国連サミットで採択された「持続可能な開発のための二〇三〇アジェンダ」で、よりよい世界を目指す国際目標として「持続可能な開発目標（SDGs）」が策定され、十七の目標と百六十九の達成基準が定められ、地球上の「誰一人取り残さない」ことが誓われている。SDGsの掲げる目標の一つにジェンダー平等の実現があり、貧困、教育、平和、不平等の問題など全ての目標に関わってくる。龍谷大学では、これを仏教の慈悲の精神に通じるとして、仏教とSDGsを繋いだ「仏教SDGs」の実現へ向けて動き出した。全日本仏教会も、同年八月二十五日に「現代社会における仏教の平等性とは――女性の視点から考える――」を開催した（『全仏』六四七号、二〇二〇年一〇月）。姿を変えたグローバル・フェミニズムと言えるのかもしれない。今後の行方が注目される。

205 令和二（二〇二〇）年二月以降の新型コロナウイルス感染拡大による社会的混乱はさらに大きな打撃を加えた。
「名誉ある撤退」を決断する時がいつかやってくるようにも思われる。

表3−1　近代女人禁制関係年表（大峯山を主とする）

和暦（西暦）	出来事
慶應四（一八六八）年	三月十七日、神祇事務局布達一六五号で神社兼帯の僧侶や修験に復飾（還俗）を命じ、多くは還俗して神職となる。 三月二十八日、太政官布告一九六号で権現や牛頭天王などの神仏混淆の神名をやめることや、神社の御神体の仏像・仏具の撤去が命じられた。「神仏判然令」である。廃仏毀釈が始まる。 九月八日、詔により明治元年に改元。一世一元となる。
明治五（一八七二）年	三月二十七日、太政官布告九八号で女人結界の解禁。第一回京都博覧会（三月十日〜五月三十日）の外国人観覧客への対応であった。比叡山の解禁以後、各地の霊山に拡がった。
明治六（一八七三）年	九月十五日、太政官布告二七三号で修験宗廃止される。 蔵王堂は山上ケ岳の女人結界の解禁を検討したが、地元、特に洞川側の反対で中止となる。
明治七（一八七四）年	六月二十四日、通達で山上蔵王堂を吉野の金峯神社の奥宮とし神鏡を祀る。
明治八（一八七五）年	四月二十九日、吉野と洞川は、小篠の仏堂を山上ケ岳のお花畑に移転して行者堂とし、旧山上蔵王堂の秘密の役行者像と蔵王権現像を安置する。
明治十一（一八七八）年	山上ケ岳の結界を宗規で確定し、愛染、母公堂、阿弥陀ケ森とする。
明治十九（一八八六）年	五月、金峯神社の奥宮は山上本堂として寺院に復帰。山上ケ岳は吉野と洞川の共有となる。口宮は山下蔵王堂に戻る。
明治二十二（一八八九）年	吉野の一山の称号が、新たに金峯山寺として承認された。
明治三十五（一九〇二）年	葛城神社の社司の娘とよが、僧侶二人と共に登拝を試みる。

昭和三（一九二八）年	大阪毎日新聞記者の藤井覺猛が「大峯山と女人の問題」を『修験』二八号に掲載して女人禁制の維持を主張した。当時の解禁論への反論であった。
昭和四（一九二九）年	七月十五日、大阪府北区梅ケ枝町の二人の女性が、柏木から小篠に登り、本堂にたどりついて堂守に捕まり、即刻退去させられた。
昭和六（一九三一）年	五月十四日、「八嶋役講」が護持院と地元信徒総代（吉野山と洞川の代表）との間で覚書を取り交わす。各役講一名ずつを信徒総代として山上本堂を運営し、戸開式と戸閉式は役講の受け持ちで本堂の鍵を管理する。
昭和七（一九三二）年	十月八日、大峯山一帯が国立公園の候補地に決定する。解禁論高まる。 聖護院執事長の宮城信雅が解禁反対論「国立公園の指定と大峯山の信仰」を『修験』五七号に掲載する。
昭和八（一九三三）年	宮城信雅が『修験』五九号に反対論の続編「信仰上より見たる大峯山女人解禁の問題」を掲載。同号には岸田日出男の報告「大峯山脈女人登山解禁問題に就て」も掲載する。
昭和十一（一九三六）年	二月一日、内務省告示第三三号で、大峯山一帯は「吉野熊野国立公園」の指定を受ける。地域振興のための女人禁制の解禁の運動が始まる。 二月十一日、洞川大峯館組合が臨時総会を開催し、五月八日の戸開式までに女人禁制の解禁を実現するべく奔走することを決議した。 二月二十四日、洞川区民大会を開催。地域振興のために女人禁制の解禁を決議し、五月八日戸開式を期して解禁を断行することを決めた。 二月二十七日、役講が緊急の会議を開催し、解禁反対を決議する。 二月二十八日、役講の代表九名が奈良県庁に出向き洞辻から上は禁制の維持を陳情する。 三月六日、聖護院の宮城信雅執事長が奈良県庁で知事に解禁反対の具申書を提出する。 三月七日、神変教会京都連合会代表が県庁に解禁反対の陳情書を提出する。 三月十四日、竹林院に、護持院・地元信徒総代・地方信徒総代・役講代表・吉野と洞川の

	区委員が集まり、一致団結して永遠に女人禁制を守ることに合意する。 三月十九日、大峯山寺代表らが護持院等の決議を奈良県知事に伝える。 四月十二日、大峯山各関係者が協議して山規を定め、女人禁制を公式的な決定事項とする。 機関誌『修験』七八号に宮城信雅が解禁反対の総括として「大峯山関係者並に修験道信仰登山者に要望す」を掲載。坂口親平の「大峯山問題に就ての経過報告書」、無記名の「大峯山開否問題と禁制維持決議の経過」掲載する。
昭和十五（一九四〇）年	四月三日、奥村鶴松が桜井高等女学校生徒を連れて稲村ケ岳に登る。
昭和十七（一九四二）年	五月、文部省の仲裁で、山上蔵王堂の寺名を大峯山寺と改称し、天台・真言の両属寺院として決着。護持院、吉野山・洞川の地元住人、役講、三者の共同管理という複雑な状況が出現して現在に至る。
昭和二十（一九四五）年	八月十五日、日本の敗戦となる。進駐軍による占領統治開始される。
昭和二十一（一九四六）年	七月十二日、進駐軍勤務の松山啓吉が女性十五人と男性五人、アメリカ女性と女性通訳各一人の総勢二十二人を連れて登山する。報道陣が数十名参加した。洞川からは三百人が出て小篠で阻止して説得して下山させた。事件後、村長や信徒総代が進駐軍奈良軍政部へ出向する。S・ヘンダーソン中佐の告示を受け取り、登山口に看板を立てて日文英文で公示する。 八月六日、女人禁制を守る後山（現・岡山県美作市）に津山高等女学校の女子生徒十三人と女性教諭二人に新聞記者が同行し奥の院に登った。 八月九日、『産業経済新聞』婦人部の鏑木きよみが男性記者と四人で柏木から山上ケ岳に登った。
昭和二十二（一九四七）年	四国の拝み屋と称する女性が、洞川から登山を試みる。役行者が憑依して、山を降りるように指示して、一人で納得して山を降りる。

昭和二十三（一九四八）年	九月、大阪市飛田の遊郭の女侠客、次郎長䲭の女主人で俗称女次郎長の橋本久尾が禁制破りを目的に登ってきて阻止。信仰を尊重して下山した。
昭和二十四（一九四九）年	女次郎長と組んで登山する予定であった杉田昭竜が女性連れでやってきたが阻止された。
昭和二十五（一九五〇）年	十一月十九日、吉野の東南院の住職で金峯山修験本宗初代管長の五條覚澄が山上ケ岳の裏行場に倣って蔵王堂の西の地獄谷に女人行場を開く。
昭和三十一（一九五六）年	七月二日、「登山とスキー普及会」会長の山本偦《さとし》が、二人の若い女性と共に洞川に来て、スポーツ登山の容認を要求。交渉の末、説得に応じる。ヒマーラヤのマナスル峰日本人登山（一九五六年五月九日）の影響が及ぶ。
昭和三十五（一九六〇）年	七月十日、洞川の龍泉寺は、女性行者の意向を考慮して、境内の女人禁制を解禁した。山上ケ岳の西側の稲村ケ岳に登拝する女性修行者に対して、「稲村ケ岳女人道場修行」という女先達免許状を出す。
昭和三十九（一九六四）年	龍泉寺が女性行者のために、境内に龍王の瀧を造る。
昭和四十（一九六五）年	三月二十五日、洞川、国立公園に編入され、女人禁制区を縮小する動きが開始された。
昭和四十四（一九六九）年	十月二十九日、吉野竹林院での大峯山寺総会の討議で、護持院や地元の信徒総代は一部開放に賛成する。役講の特別信徒総代は態度を留保する。
昭和四十五（一九七〇）年	二月六日、役講が押し切られて禁制地区の一部開放は承認する。 五月二日、女人結界は吉野側が五番関まで十二キロ、洞川側が清浄大橋まで二キロ後退して、女人禁制の区域は縮小した。大阪の千里で開催された万国博覧会（三月十五日〜九月十三日）の影響も及ぶ。
昭和五十（一九七五）年	五月五日、清浄大橋の袂に、山上ケ岳の遥拝所が造られる。
昭和五十六（一九八一）年	九月五日、聖護院の深仙灌頂で初めて女性の入壇が許された。
昭和五十八（一九八三）年	大峯山寺の解体修理開始する（〜一九八六年）。
昭和五十九（一九八四）年	山上ケ岳の遺跡調査始まる。奈良時代後期の護摩遺跡が見つかった。山頂祭祀遺跡であ

	る。併せて金銅菩薩坐像と金銅阿弥陀如来坐像（十世紀）が出土し、宇多上皇の奉納かと推定されている。
昭和六十一（一九八六）年	五月七日、大峯山寺の工事中に、資材運搬用ヘリコプターが落ちて作業員の男性が二人死亡した。寺側は墜落地点が女人結界内であったために遺族の女性の現場での供養、献花の投下を認めなかった。
平成四（一九九二）年	五月、外国人女性二人が大峯山頂のお花畑に登り、大峯山寺関係者が柏木道に下ろす。英文での注意書きの標識が結界に立てられる。
平成五（一九九三）年	村営の洞川温泉が営業開始する。
平成六（一九九四）年	十一月、吉野山で開催された第十五回日本山岳修験学会で、女人禁制に関して女性を穢れとみる差別思想だという研究発表が行われた。
平成八（一九九六）年	八月七日、役行者一千三百年御遠忌を期して、女人結界の撤廃に関して、修験三本山（金峯山寺・聖護院・醍醐寺）が大峯山護持院五ケ寺と合同団結して検討を開始した。第一回協議を開催する。 十月二十九日、大峯山信仰の危機を確認し、行動の開始を確認する。
平成九（一九九七）年	八月二十一日、女人結界撤廃資料私案の最終検討を行う。「声明文」は平成九年十月三日付で、二〇〇〇年五月三日戸開式を解禁日にする予定とした。 九月十九日、結界撤廃に向けての日程を決定した。十月三日のマスコミ発表の予定を決めた。ただし、役講からの異議は残り、調整が続いた。 十月三日、大阪市内のホテルで、護持院と役講が会議を開催し、護持院の女人結界撤廃の提案に対して、役講からの反対が多く頓挫した。 十月四日、毎日新聞が、女人禁制撤廃を朝刊で報道し、役講や地元の反発を招いた。
平成十（一九九八）年	三月二十六日、戸開式への対応として、掲示板で、女人結界は維持されており、撤廃に関しては継続して討議する旨、表示することを決定した。

平成十一（一九九九）年	六月二十三日、男女共同参画社会基本法が公布・施行される。 八月一日、奈良県教職員組合の女性十三人を含む総勢二十一人が、レンゲ辻の女人結界を越えて山上本堂に到達した。地元は強行登山と見なし、護持院・地元・役講が一斉に反発した。 十一月十八日、奈良県教職員組合は、「女人禁制は女性差別と思うが、やり方に問題があった」と正式謝罪した。大峯山側は「信仰者の心を踏みにじる、大変遺憾な行為」として非難した。
平成十二（二〇〇〇）年	八月二十七日、役行者一千三百年御遠忌。大峯山寺で修験三本山合同法要をいとなむ。 十一月、国の世界遺産暫定リストに「紀伊山地の霊場と参詣道」を記載することを文化庁が決定する。
平成十三（二〇〇一）年	四月、ユネスコ世界遺産暫定リストに「紀伊山地の霊場と参詣道」が記載される。 九月、和歌山県、文化庁及びユネスコ世界遺産センターの共催により、「アジア・太平洋地域における信仰の山の文化的景観に関する専門家会議（信仰の山会議）」を和歌山県内で開催する（九月五日~十日）。
平成十四（二〇〇二）年	十一月、国の文化審議会が「紀伊山地の霊場と参詣道」を世界遺産として推薦することについて了承する。
平成十五（二〇〇三）年	十一月十五日、世界遺産登録に反対する「「大峰山女人禁制」の開放を求める会」設立準備会結成。十二月四日に第一回世話人会。会名を正式名とし共同代表四人を含む十五名の世話人が全国で署名活動を開始する。
平成十六（二〇〇四）年	四月九日、内閣府に一万二二三四筆の禁制の開放を求める署名が提出される。 七月一日、「紀伊山地の霊場と参詣道」がユネスコの世界遺産に登録される。和歌山県・奈良県・三重県の霊場（吉野・大峰、熊野山、高野山）と参詣道（熊野参詣道、大峯奥駈道、高野参詣道）が登録対象である。

平成十七（二〇〇五）年	十一月三日、「「大峰山に登ろう」実行委員会」のメンバー三十五人が、大峯山登山を目指して洞川を訪れ、寺院側に質問書を提出し、地元に解禁を求めたが不調に終わる。直後に問題提起のためとして女性メンバー三人が登山を強行し、寺院側、地元住民、報道機関が批判を行った。女人結界の維持派と開放派の溝が深まる。
平成十八（二〇〇六）年	八月、聖護院（本山修験宗）で「「大峰山女人禁制」の開放を求める会」と女性行者との意見交換会が開催される。
平成二十（二〇〇八）年	四月、洞川温泉の新源泉浴場がオープンする。
平成二十八（二〇一六）年	十月二十四日、世界遺産に追加登録が行われた（中辺路・大辺路・高野山の一部）。
平成三十（二〇一八）年	四月四日、舞鶴の大相撲巡業中に市長が土俵上で挨拶中に倒れ、女性が救命活動のために土俵に上がって治療を施した時に、「土俵を下りて」のアナウンスが流れ、「土俵の女人禁制」への批判が起こった。 四月六日、「「大峰山女人禁制」の開放を求める会」が、日本相撲協会・八角信芳理事長宛に、抗議声明を発表。七日に抗議文を送付する。 四月十五日、「「大峰山女人禁制」の開放を求める会」が内閣府に女人禁制に関する要望書を送付し、「大峰山」関係者（修験三本山・護持院）に公開質問状を送付する。 十月二十八日、「「大峰山女人禁制」の開放を求める会」が洞川フィールドワークを行う。
令和元（二〇一九）年	六月三十日、「なら男女共同参画週間イベント二〇一九」開催。奈良県女性センターで「「大峰山女人禁制」の開放を求める会」主催で、「二〇一八年洞川フィールドワーク」参加者とのトーク・ディスカッションを行う。
令和二（二〇二〇）年	六月十九日、「女性とともに今に息づく女人高野――時を超え、時に合わせて見守り続ける癒しの聖地――」が日本遺産に認定される。

表3-2　女人結界の解禁をめぐる修験三本山と護持院の協議

回	日付	内容
第一回	平成八（一九九六）年八月七日	議題に「女人結界問題」を組み込んで検討を開始した。
第二回	八月二十三日	「女人結界」問題を重点協議した。撤廃に関して護持院から西暦二〇〇〇年五月一日の案が提示された（座談会による）。
第三回	九月二十四日	女人結界撤廃に関して修験三本山の進捗状況の報告と今後の対応を協議した。
第四回	十月二十九日	第一回合同会議。「大峯山の信仰に対する危機感がある。大峯の信仰、修験道の信仰を如何に守り発展継承させていくのか、女人結界を固持する余り、最も大事なことを忘れるようなことになってはならない」との提案に関し、修験三本山と護持院の意見交換が行われ、再度の協議を持つことになった。
第五回	十一月二十二日	女人結界撤廃に対する心理的な抵抗についての対応、撤廃に向けての理論化の作業の必要性を確認した。
第六回	平成九（一九九七）年一月二十二日	「男女同権の世情を鑑み、大峯山の信仰を継承していくために、御遠忌を機縁として、結界の撤廃を計るべきという期にある」「女人結界はけがれ論からくる女性差別ではないことを理論的に明らかにする」「本件に関するシンポジウムを行い、世に知らしめる」という見解が示された。
第七回	三月二十一日	「禁制を人権問題として外部から法的を含めて指摘された時の対応」「撤廃は信仰者としての立場であること」を協議した。
第八回	三月二十五日	第二回合同会議。女人結界撤廃は西暦二〇〇〇年を目標とする。予定は四月二十九日に役講からの決意表明として発表、五月一日に洞川で、定例の戸開式の

		打ち合わせの場で記者発表という提案がなされた。
第九回	四月七日	修験三本山の男女教師数が報告された、そのうち女教師の比率は、醍醐寺は三二%、聖護院は二七%、金峯山寺は四九・七%であった。龍泉寺より、天川村村長の急死で日程の延期の申し入れがあり、護持院は撤廃発表を十二月とした。
第十回	四月十七日	第三回合同会議。公式発表の日程を白紙に戻し、改めて日時を検討する。五月十一日の村長選挙を勘案して混乱を避けるためであった。修験三本山と護持院の開放の意志は固いが、「地元洞川の心情、役講社の観念、信仰と世俗問題との絡み合い」などそれぞれの理解への危惧が浮かび上がった。
第十一回	五月二十八日	結界撤廃に向けての日程を決定した。六月中に総代会の意向を聞く場を設ける。九月二十九日に両区（吉野・洞川）総代に正式発表、十月二日役講に正式発表、十月三日マスコミ発表である。五月一日の大峯山会議では、役講は結界を守る立場で、両区総代も説明を後日にと希望した。吉野山総区長は結界撤廃を提起し、役講が反発して会議が騒然となった。対応の見直しが迫られた。
第十二回	六月二十日	撤廃マニュアル私案の検討・対外的説明の要点に関して協議した。女性の間接的関わりの事例の検討、女性の信仰上の要求、結界認識の変遷、「新しい伝統とはなにか」などの問題が討議された。
第十三回	七月二十五日	撤廃に関して修験三本山の各管長から、それぞれ開放に向けて前向きに動くことを趣旨とする意見が述べられた。
第十四回	八月二十一日	撤廃資料私案の最終検討が行われた。「対外的説明の要点に関する協議」「役講や信者への説得内容」「宣言以後の指針」「撤廃に向けての活動の注意点」「資料作成上の所感」「声明文」の内容を協議して資料最終案を作成した。「声明文」は平成九年十月三日付で解禁の公式発表で公表される予定とした。

第十五回	九月十九日	第四回合同会議。資料案を受理する。九月十二日に吉野山区総代に意見を聴取し、撤廃に賛意を示した。予定は、二十一日に役講と会合、二十五日に大峯山両区詰め総代と納所の意見を聴取、二十九日両区総代に撤廃を発表。十月三日、午前十時に大阪市内で役講を招集して女人結界撤廃を発表し、午後四時に喜蔵院でマスコミ関係者を集めて公式発表とし、西暦二〇〇〇年五月三日の戸開式に撤廃することにした。協議では「結界撤廃に向けて護持院全員の固い決意が披歴される」。撤廃後の問題に関しては「禁制堅持の信条のもとに深く大峯山に関わってきた過去の先達や先人達の思いを供養するような儀式を行う案」や、広報機関誌で経過報告し、教団内に啓蒙をするなどの活動方針が協議された。
第十六回	十月四日	十月四日付で毎日新聞が女人結界撤廃の動きをスクープしたので、緊急に会合を開き、三山の協議の継続を確認する。
第十七回	十月二十一日	女人結界論議が公表されたので、現状を二〇〇〇年撤廃に向けての最終討議とする。今後の協議を進める上で、「連絡会の方から今回の報道に関する謝罪を、護持院に対して行う必要がある」「出来るだけ早い時期にシンポジウムの開催など、女人結界に関する大衆討議の場を持つ必要がある」を今後の方針として示した。
第十八回	十一月六日	今後の護持院と役講との関わりについて協議した。第五回合同会議。シンポジウムを年内可能な範囲で開催することを希望し、「二〇〇〇年までは説得に関しての最大公約数の努力をする」とし、本山は講社に対し、聞き取りを行い、地固めをする。
第十九回	十二月二十六日	現状報告と問題点の指摘が出された。「十月までは順調であったが、報道後は信徒講社と寺院側に齟齬を来すようになり、現状は失敗であったと認識」「冷

		却期間が必要である」とされた。
第二十回	平成十（一九九八）年三月二十六日	戸開式への対応として、「マスコミ報道によって、世間は撤廃されたと誤解することが危惧される。登山口にその旨の掲示板作成、役講社を硬化させない文面で、しかし、禁制問題について白紙撤回したわけではない内容で掲示する事に協力して述べるにとどめる」こととする。
第二十一回	六月二十九日	護持院は六月十一日に会議を開いて討議したが、結界撤廃は二ケ寺、継続して話し合いは三ケ寺と意見が割れて総意がまとまらなかった。今後も護持院や役講社との討議を継続する。
第二十二回	八月九日	女人結界に関しては連絡会の活動は差し控え、展覧会開催を優先する。
第二十三回	十二月十日	女人結界に関する討議はない。
第二十四回	十二月二十五日	女人結界についての質疑答弁を行う。

参考文献

■第一章　相撲と女人禁制

天野文雄　一九九五『翁猿楽研究』大阪：和泉書院。
生沼芳弘・了海　諭・山本恵弥里他　二〇〇七「大相撲における女人禁制の研究（七）平成一九年（二〇〇七）九月東京場所の観客意識調査」『東海大学紀要　体育学部』第三七号、五五～六一頁。
岩田慶治　一九八四『カミと神――アニミズム宇宙の旅――』東京：講談社［講談社学術文庫］、一九八九。
内館牧子　二〇〇六『女はなぜ土俵にあがれないのか』東京：幻冬舎［幻冬舎新書］。
内山幹生　二〇一三「日本相撲司の成立――吉田司家の権威形成過程――」『熊本史学』第九七号、四一～八四頁
遠藤泰夫　二〇〇四『女大関　若緑』東京：朝日新聞社。
岡本雅享　二〇一九『千家尊福と出雲信仰』東京：筑摩書房［ちくま新書］。
雄松比良彦　一九七五『女相撲史論――江戸時代女相撲史論　その従来流布説の批判と再構成の試論――』京都：京都謫仙居。
風見　明　二〇〇二『相撲、国技となる』東京：大修館書店。
金田英子　一九九三「女相撲――もう一つの大相撲――」寒川恒夫編『相撲の宇宙論――呪力をはなつ力士たち――』東京：平凡社、一〇九～一四〇頁。
亀井好恵　二〇一二『女相撲民俗誌――越境する芸能――』東京：慶友社。
木村庄之助　一九八〇ａ「二十二代木村庄之助一代記〈第十四回〉」泉林八（筆記）」『大相撲』一九八〇年一月九州場所総決算号、東京：読売新聞社。ＨＰで公開。
http://www.syounosuke.net/gallery/book_01.html（2019/7/10 最終閲覧）。
木村庄之助　一九八〇ｂ「二十二代木村庄之助一代記〈第十六回〉」泉林八（筆記）」『大相撲』一九八〇年五

月春場所総決算号、東京：読売新聞社。
木村清九郎編　一八八四『今古實録相撲大全』上巻・下巻、東京：栄泉社。
五来　重編　一九八三『修験道史料集［Ⅰ］（東日本篇）』（山岳宗教史研究叢書　一七）東京：名著出版。
斎藤希史　二〇一三「翻訳語事情［tradition→伝統］」『読売新聞』二〇一三年二月一八日付。
酒井忠正　一九五六『日本相撲史』上巻、東京：大日本相撲協会、ベースボール・マガジン社発売。
酒井忠正　一九六四『日本相撲史』中巻、東京：大日本相撲協会、ベースボール・マガジン社発売。
鈴木正崇　二〇〇二『女人禁制』東京：吉川弘文館。
鈴木正崇　二〇一五「アニミズムの地平――岩田慶治の方法を越えて――」鈴木正崇編『森羅万象のささやき――民俗宗教研究の諸相――』東京：風響社、九三一～九四八頁。
鈴木正崇　二〇一八「〈穢れ〉と女人禁制」『宗教民俗研究』第二七号、一〇二～一二八頁。
鈴木正崇　二〇一九a「相撲と女人禁制」『宗教研究』第九二号別冊、三〇二～三〇三頁。
鈴木正崇　二〇一九b「相撲と女人禁制をめぐって問われていること」『中外日報』第二八四六八号（三月二二日付「論」）京都：中外日報社、七頁。
胎中千鶴　二〇一九『叱られ、愛され、大相撲!!――「国技」と「興行」の一〇〇年史――』東京：講談社［講談社選書メチエ］。
高埜利彦　一九八九『近世日本の国家権力と宗教』東京：東京大学出版会。
中川智子（談）二〇二〇「なぜ土俵の上で挨拶できないのか――宝塚市長のケース――」源淳子編『いつまで続く「女人禁制」――排除と差別の日本社会をたどる――』大阪：解放出版社、二一～三二頁。
新田一郎　一九九四『相撲の歴史』東京：山川出版社（講談社学術文庫、二〇一〇）。
日本相撲協会博物館運営委員監修　一九七五～一九八一『近世日本相撲史』全五巻（一九七五、一九七七、一九七八、一九七九、一九八一）東京：ベースボール・マガジン社。
日本相撲協会編　一九九六『大相撲』東京：小学館。

日本相撲協会広報部・相撲博物館編　二〇〇五『財団法人日本相撲協会設立　大相撲八十年史』東京：日本相撲協会。
根間弘海　二〇一一『大相撲行司の世界』東京：吉川弘文館。
畑　三千代　二〇二〇「土俵の女人禁制」源淳子編『いつまで続く「女人禁制」――排除と差別の日本社会をたどる――』大阪：解放出版社、三～二〇頁。
林　三博　二〇一〇「日本精神主義の盛衰――戦前日本における捩れた思想言語の条件――」『ソシオロゴス』第三四号、四三～六四頁。
藤生安太郎　一九三八『四股を踏んで国策へ』東京：大日本清風会。
藤里　晃　二〇二〇「大相撲の女人禁制・考」一般社団法人和歌山人権研究所編『女人禁制　伝統と信仰』京都：阿吽社、五三～一二五頁。
藤島秀光　一九四一『力士時代の思い出』私家版。
ブルデュー、ピエール　二〇〇一『実践感覚』一・二（今村仁司他訳、新装版）東京：みすず書房（Bourdieu, Pierre, *Le Sens Pratique*, Paris: Éditions de Minuit. 1980.）。
ホブズボウム、エリック　&　レンジャー、テレンス編　一九九二『創られた伝統』（前川啓治・梶原景昭他訳）東京：紀伊國屋書店（Eric Hobsbawm and Terence Ranger, eds., *The Invention of tradition*, Cambridge: Cambridge University Press. 1983.）。
源　淳子編　二〇二〇『いつまで続く「女人禁制」――排除と差別の日本社会をたどる――』大阪：解放出版社。
宮本徳蔵　一九八五『力士漂泊――相撲のアルケオロジー――』東京：小沢書店（再刊、筑摩書房［ちくま学芸文庫］、一九九四。講談社［講談社学術文庫］、二〇〇九）。
山田知子　一九九六『相撲の民俗史』東京：東京書籍。
吉崎祥司・稲野一彦　二〇〇八「相撲における『女人禁制の伝統』について」『北海道教育大学紀要』人文科

学・社会科学編、第五九巻第一号、七一～八六頁。
吉田長善編　一九六七『ちから草――十九代吉田追風百五十年祭記念――』熊本：吉田司家。

■第二章　穢れと女人禁制

赤坂憲雄　一九九一『山の精神史――柳田国男の発生――』東京：小学館。
阿部謹也　一九八七『中世賤民の宇宙――ヨーロッパ原点への旅――』東京：筑摩書房。
阿部年晴・綾部真雄・新屋重彦編　二〇〇七『辺境のアジア――〈ケガレ〉が問いかけるもの――』東京：明石書店。
阿部泰郎　一九八九「女人禁制と推参」大隅和雄・西口順子編『シリーズ女性と仏教　四　巫と女神』東京：平凡社、一五三～二四〇頁。
網野善彦　一九九四『中世の非人と遊女』東京：明石書店（再刊、講談社［講談社学術文庫］、二〇〇五）。
石川力山　一九九〇「道元の〈女身不成仏論〉について――十二巻本『正法眼蔵』の性格をめぐる覚書――」『駒澤大学禅研究所年報』第一号、八八～一二三頁。
伊藤喜良　一九九三『中世の王権と権威』京都：思文閣出版。
井之口章次　一九六五『日本の葬式』東京：早川書房（再刊、筑摩選書、一九七七、筑摩書房［ちくま学芸文庫］、二〇〇二）。
岩本　裕　一九八九『仏教の内相と外相』京都：同朋舎（再刊、『岩本裕著作集』第二巻、京都：同朋舎）。
牛山佳幸　一九九〇『古代中世寺院組織の研究』東京：吉川弘文館。
牛山佳幸　一九九六「「女人禁制」再論」『山岳修験』第一七号、日本山岳修験学会、一～一一頁。
牛山佳幸　二〇〇二「鎌倉時代の「女人禁制文書」についての考察」『鎌倉遺文研究』第九号、三七～五六頁。
牛山佳幸　二〇〇五『「女人禁制」の成立事情と歴史的意義をめぐる再検討』科学研究費補助金研究成果報告書。

牛山佳幸　二〇〇八「女人禁制・女人結界」金子幸子・黒田弘子・菅野則子・義江明子編『日本女性史大辞典』東京：吉川弘文館、五五七～五五八頁。
牛山佳幸　二〇一五「日本宗教史における「女人禁制」の位置」『第三六回日本山岳修験学会　高尾山大会予稿集』（於：八王子文化会館）。
牛山佳幸　二〇一六「山岳霊場における女人禁制とその特質――女人堂と比丘尼石の検討を中心に――」科学研究費補助金研究成果報告書。
牛山佳幸　二〇一九「いわゆる『女人高野』の起源と諸類型」『第四〇回日本山岳修験学会　山寺立石寺大会予稿集』（於：山形大学）。
役行者千三百年御遠忌記録編集委員会編　二〇〇三『新時代に向けた修験三本山の軌跡』東京：国書刊行会。
大山喬平　一九七八『日本中世農村史の研究』東京：岩波書店。
岡田重精　一九八二『古代の斎忌――日本人の基層信仰――』東京：国書刊行会。
岡田真水（真美子）　二〇一九「女性の出家と成仏について」那須英勝・本多彩・碧海寿広編『現代日本の仏教と女性――文化の越境とジェンダー――』京都：法藏館、二五～五六頁。
折口信夫　一九七二「古代研究　民俗学篇二」（一九三〇）『折口信夫全集』第三巻、東京：中央公論社。
片岡耕平　二〇一四『日本中世の穢と秩序意識』東京：吉川弘文館。
勝浦令子　一九九五『女の信心――妻が出家した時代――』東京：平凡社。
勝浦令子　二〇〇六「七・八世紀将来中国医書の道教系産穢認識とその影響――神祇令散斎条古記『生産婦女不見之類』の再検討――」『史論』第五九号、東京女子大学、一～二九頁。
勝浦令子　二〇〇七「日本古代における外来信仰系産穢認識の影響――本草書と密教経典の検討を中心に――」『史論』第六〇号、東京女子大学、二八～四五頁。
勝浦令子　二〇〇九「女性と穢れ観」『佛教史學研究』第五一巻第二号、佛教史学会、一～二〇頁。
川内教彰　二〇一六「『血盆経』受容の思想的背景をめぐって」『佛教大学　仏教学部論集』第一〇〇号、一五～三六頁。
菊地　仁　一九八八「説経苅萱と高野巻」『伝承文学研究』第三一号、伝承文学研究会、二三～三五頁。
木津　譲　一九九三『女人禁制――現代　穢れ・清め考――』大阪：解放出版社。
木下浩良　二〇二〇「高野山の女人禁制について」和歌山県人権研究所編『女人禁制　伝統と信仰』京都：阿吽社、二五～五二頁。
工藤泰子　二〇〇八「明治初期京都の博覧会と観光」『京都光華女子大学研究紀要』第四六号、七七～一〇〇頁。
黒田俊雄　一九七五『日本中世の国家と宗教』東京：岩波書店。
高達奈緒美　一九九二a「越中立山における血盆経信仰　Ⅰ」『富山県立山博物館調査研究報告書Ⅰ』富山県［立山博物館］、一～二七頁。
高達奈緒美　一九九二b「越中立山における血盆経信仰　Ⅱ」『富山県立山博物館調査研究報告書Ⅱ』富山県［立山博物館］、一～三八頁。
高達奈緒美　一九九七「血盆経信仰霊場としての立山」『山岳修験』第二〇号、日本山岳修験学会、七五～八五頁。
小谷汪之　一九九九『穢れと規範――賤民差別の歴史的文脈――』東京：明石書店。
小林奈央子　二〇一八「女人禁制」大谷栄一・菊地暁・永岡崇編『日本宗教史のキーワード――近代主義を超えて――』東京：慶應義塾大学出版会、二〇二～二〇八頁。
五来　重　一九七五『増補　高野聖』東京：角川書店。
五来　重編　一九八四『山岳宗教史研究叢書　一八　修験道史料集（Ⅱ）西日本篇』、東京：名著出版。
坂田友宏　二〇一九「大山の年中行事と信仰」坂田友宏編『大山と三徳――その信仰と行事――』米子：今井出版、一三五～一六八頁。
坂本　要　二〇一九『民間念仏信仰の研究』京都：法藏館。

櫻井徳太郎・谷川健一・坪井洋文・宮田登・波平恵美子　一九八四『ハレ・ケ・ケガレ　共同討議』東京：青土社。
櫻井徳太郎　一九七四「結衆の原点——民俗学から追跡した小地域共同体構成のパラダイム——」鶴見和子・市井三郎編『思想の冒険——社会と変化の新しいパラダイム——』東京：筑摩書房（後に「共同体の結衆原理」として『結衆の原点——共同体の崩壊と再生——』東京：弘文堂、一九八五、三～五六頁に再録）。
櫻井徳太郎　一九七七「初期仏教の受容とシャマニズム」『日本のシャマニズム』下巻　東京：吉川弘文館。
佐藤弘夫　二〇〇〇『アマテラスの変貌——中世神仏交渉史の視座——』京都：法藏館（再刊、法藏館文庫、二〇二〇）
佐藤弘夫　二〇二〇『偽書の精神史——神仏・異界と交感する中世——』東京：講談社。
島津良子　二〇一七「女人禁制の解除過程——境内地から地域社会へ——」『比較家族史研究』第三一号、比較家族史学会、二六～四二頁。
新谷尚紀　一九八七『ケガレからカミへ』東京：木耳社。
末木文美士　二〇一五『草木成仏の思想——安然と日本人の自然観——』東京：サンガ。
菅谷文則　一九九五「大峯山寺の発掘」『山岳修験』第一六号、日本山岳修験学会、四八～六二頁。
鈴木則子編　二〇一四『歴史における周縁と共生——女性・穢れ・衛生——』京都：思文閣出版。
鈴木正崇　一九九六『スリランカの宗教と社会——文化人類学的考察——』東京：春秋社。
鈴木正崇　二〇〇二『女人禁制』東京：吉川弘文館。
鈴木正崇　二〇〇七「山岳信仰とジェンダー」『山岳修験』別冊［ＩＡＨＲ特集］、日本山岳修験学会、三九～五四頁。
鈴木正崇　二〇一四「循環する時間」民俗学辞典編集委員会編『民俗学辞典』東京：丸善出版、一六～一七頁。

鈴木正崇　二〇一五『山岳信仰――日本文化の根底を探る――』東京：中央公論新社［中公新書］。
鈴木正崇　二〇一八ａ「明治維新と修験道」『宗教研究』第三九二号、日本宗教学会、一三一～一五七頁。
鈴木正崇　二〇一八ｂ「山岳信仰と仏教――開山の思想を中心に――」『現代思想』第四六巻第六号（総特集仏教を考える）東京：青土社、三一一～三二二頁。
鈴木正崇　二〇一八ｃ「神仏習合」大谷栄一・菊地暁・永岡崇編『日本宗教史のキーワード――近代主義を超えて――』東京：慶應義塾大学出版会、三三八～三四三頁。
スワミエ、ミシェル「血盆経の資料的研究」『道教研究』第一号、東京：昭森社、一〇九～一六六頁。
関口　健　二〇一七『法印様の民俗誌――東北地方の旧修験系宗教者――』東京：岩田書院。
関根康正　一九九五『ケガレの人類学――南インド・ハリジャンの生活世界――』東京：東京大学出版会。
銭谷　修　一九七〇「大峯山女人禁制問題追憶記」『神変』第七二四号、醍醐寺、三七～四四頁。
銭谷　修　一九九三「このままにしてほしい」木津譲『女人禁制――現代穢れ・清め考――』大阪：解放出版社、八六～一〇一頁（引用）。
添田町教育委員会編　二〇一六『英彦山総合報告書［本文編］』（添田町文化財調査報告書第一〇集）添田町教育委員会。
薗田香融　一九五七「古代仏教における山林修行とその意義――特に自然智宗をめぐって――」『南都仏教』第四号、四五～六〇頁（後に『平安佛教の研究』京都：法藏館、一九八一に所収）。
平　雅行　一九九二『日本中世の社会と仏教』東京：塙書房。
高木三郎　二〇〇六「高等女学校における立山登山の歴史」『研究紀要』第一三号、富山県［立山博物館］、六七～七九頁。
高谷辰生　一九六八「古代仏教の一形態――僧侶の山林修行の形成過程――」『京都女子大学人文論叢』第一六号、六二～一〇九頁（後に「古代の吉野と山林修行」宮家準編『御嶽信仰』東京：雄山閣、一九八五に抄録）。

高取正男　一九七九『神道の成立』東京：平凡社。
高埜利彦編　二〇〇〇『シリーズ近世の身分的周縁　一　民間に生きる宗教者』東京：吉川弘文館。
ダグラス、メアリ　一九八五『汚穢と禁忌』（塚本利明訳）東京：思潮社（再刊、筑摩書房［ちくま学芸文庫］、二〇〇九）（Douglas, Mary, *Purity and Danger: An Analysis of the Concepts of Pollution and Taboo*, London: Rout Ledge & Paul. 1966）。
竹谷靭負　二〇一一『富士山と女人禁制』東京：岩田書院。
デュモン、ルイ　二〇〇一『ホモ・ヒエラルキクス――カースト体系とその意味――』（田中雅一・渡辺公三訳）東京：みすず書房（Dumont, Louis, *Homo Hierarchicus: Le Systéme des Castes et ses Implications*, Paris: Gallimard. 1979）。
時枝　務　二〇一六『山岳宗教遺跡の研究』東京：岩田書院。
時枝　務　二〇一八『山岳霊場の考古学的研究』東京：雄山閣。
時枝　務・長谷川賢二・林　淳編　二〇一五『修験道史入門』東京：岩田書院。
徳永誓子　二〇〇一「修験道成立の史的前提」『史林』第八四巻第一号、史学研究会、九七～一二三頁。
徳永誓子　二〇〇三「修験道史研究の視角」『新しい歴史学のために』第二五二号、京都民科歴史部会一～九頁。
豊島　修　二〇〇〇「熊野三山の庵主・本願寺院と願職比丘尼――新宮神倉本願妙心寺文書の一、二の検討をふまえて――」『大谷學報』第八〇巻第一号、大谷大学、一～一七頁。
ナウマン、ネリー　一九九四『山の神』（野村伸一・檜枝陽一郎訳）東京：言叢社（Naumann, Nelly. *Yama no Kami: Die Japanische Berggottheit*, Reprinted from Asian folklore studies, vol. XXIII-2. 1964.）。
奈良山岳遺跡研究会　二〇〇三『大峰山岳信仰遺跡の調査研究』由良大和古代文化研究協会。
長野　覚　一九八七『英彦山修験道の歴史地理学的研究』東京：名著出版。
波平恵美子　一九八四『ケガレの構造』東京：青土社。

波平恵美子　一九八五『ケガレ』東京：東京堂出版（再刊、講談社［講談社学術文庫］、二〇〇九）。
波平恵美子　二〇〇四「ケガレ――ハレとケとの関係――」小松和彦・田中雅一・谷泰・原毅彦・渡辺公三編『文化人類学文献事典』東京：弘文堂。
中山太郎　一九三〇『日本巫女史』東京：大岡山書店（再刊、東京：パルトス社、一九八四、東京：国書刊行会、二〇一一）。
成清弘和　二〇〇三『女性と穢れの歴史』東京：塙書房。
仁木　宏　二〇一一「日本中世における「山の寺」研究の意義と方法」『遺跡学研究』日本遺跡学会、第八号、五八～六三頁。
西口順子　一九八七『女の力――古代の女性と仏教――』東京：平凡社。
西山良平　一九九〇「王朝都市と〈女性の穢れ〉」『日本女性史』第一巻（原始・古代）、東京：東京大学出版会、一八一～二一六頁。
丹生谷哲一　一九八六『検非違使――中世のけがれと権力――』東京：平凡社。
萩原龍夫　一九八三『巫女と仏教史――熊野比丘尼の使命と展開――』東京：吉川弘文館。
長谷川賢二　一九九一「修験道史のみかた・考えかた」『歴史科学』第一二三号、大阪歴史科学協議会、一七～二七頁。
長谷川賢二　二〇一六『修験道組織の形成と地域社会』東京：岩田書院。
林　由紀子　一九六七「服忌書の成立と系統――江戸時代法源史の一斑――」『法制史研究』第一七号、法制史学会　七五～一二九頁。
服藤早苗・小嶋菜温子・増尾伸一郎・戸川点編　二〇〇五『ケガレの文化史――物語・ジェンダー・儀礼――』東京：森話社。
日野西眞定　一九八一「高野山の山岳伝承」五来重編『山岳宗教史研究叢書　一六　修験道の伝承文化』東京：名著出版、三三五～三六五頁。

日野西眞定　一九八九「高野山麓苅萱堂の発生と機能——特に千里御前の巫女的性格について——」大隅和雄・西口順子編『シリーズ女性と仏教　四　巫と女神』東京：平凡社、二四一～二九〇頁。
日野西眞定　二〇一六『高野山信仰史の研究』東京：岩田書院。
広瀬　誠　一九七一『立山と白山——その歴史・伝説・文学——』金沢：北国出版社。
廣渡正利　一九九四『英彦山信仰史の研究』東京：文献出版。
本庄良文　一九九一「初期仏教は女性をどう見たか」『季刊　仏教』第一五号（特集　差別）、京都：法藏館、七八～八四頁。
牧野和夫・高達奈緒美　一九九六「血盆経の受容と展開」岡野治子編『女と男の時空　日本女性史再考Ⅲ（女と男の乱　中世）』東京：藤原書店、八一～一一五頁。
松尾瑞穂　二〇一三『ジェンダーとリプロダクションの人類学——インド農村社会の不妊を生きる女性たち——』京都：昭和堂。
松尾瑞穂　二〇一六「信じること、あてにすること——インドにおける不妊女性の宗教実践の選択——」川橋範子・小松加代子編『宗教とジェンダーのポリティクス——フェミニスト人類学のまなざし——』京都：昭和堂、一五九～一九〇頁。
松岡　実　一九五六「女人禁制の山　宇曽山——大分県野津原村——」『あしなか』第五三号（特集：山の女人禁制）山村民俗の会、八～一〇頁。
松崎憲三　二〇一二『地蔵と閻魔・奪衣婆——現世・来世を見守る仏——』東京：慶友社。
三橋　正　一九八九「『延喜式』穢規定と穢意識」『延喜式研究』第二号、延喜式研究会、四〇～七五頁。
三橋　正　二〇一三「神仏関係の位相」ルチア・ドルチェ、三橋正編『「神仏習合」再考』東京：勉誠出版、二九～六一頁。
宮家　準　二〇〇一『修験道——その歴史と修行——』東京：講談社［講談社学術文庫］。
宮崎ふみ子　二〇一四「富士講・不二道の女性不浄観批判——妊娠と出産についての言説を中心に——」鈴

木則子編『歴史における周縁と共生――女性・穢れ・衛生――』京都：思文閣出版、三七～六四頁。
宮崎ふみ子　二〇一五「女人禁制――富士登拝をめぐって――」島薗進・高埜利彦・林淳・若尾政希編『シリーズ日本人と宗教　近世から近代へ　六　他者と境界』東京：春秋社、五一～八六頁。
宮崎ふみ子　二〇二〇「女人禁制を超えて――不二道の女性」高埜利彦編『近世史講義――女性の力を問いなおす――』東京：筑摩書房［ちくま新書］、二三九～二五五頁。
宮田　登　一九七九『神の民俗誌』東京：岩波書店［岩波新書］。
宮田　登　一九九六『ケガレの民俗誌――差別の文化的要因――』京都：人文書院。
宮本袈裟雄　一九八四『里修験の研究』東京：吉川弘文館。
村山修一　一九八一『日本陰陽道史総説』東京：塙書房。
森　弘子　二〇〇九『宝満山の環境歴史学的研究』太宰府：太宰府顕彰会（東京：岩田書院製作）。
森下恵介　二〇〇三「大峯山系の遺跡と遺物」山の考古学研究会編『山岳信仰と考古学』東京：同成社、二三～四二頁。
森下恵介　二〇二〇『吉野と大峰――山岳修験の考古学――』大阪：東方出版。
柳田國男　一九九八「妹の力」『柳田國男全集』第一一巻所収、東京：筑摩書房、二四三～四四七頁。（初版、東京：創元社　一九四〇）
矢野治世美　二〇二〇「『金剛峯寺日並記』にみる女人禁制」和歌山県人権研究所編『女人禁制　伝統と信仰』京都：阿吽社、六～二四頁。
山本幸司　一九九二『穢と大祓』東京：平凡社。
横地優子　二〇一六「生理は女性を清めるか」ＦＩＮＤＡＳ第一回研究会（四月二三日）資料。
吉田一彦　一九八九「龍女の成仏」大隅和雄・西口順子編『女性と仏教　二　救いと教え』東京：平凡社、四五～九一頁。

吉田一彦　二〇一二『仏教伝来の研究』東京：吉川弘文館。
吉田一彦　二〇二〇「日本古代の宗教史」吉田一彦・上島享編『日本宗教史　一　日本宗教史を問い直す』東京、吉川弘文館、二〇～七三頁。
脇田晴子　一九八二「中世における性別役割分担と女性観」『日本女性史』第二巻（中世）東京：東京大学出版会、六五～一〇二頁。
脇田晴子　一九九九『中世京都と祇園祭――疫神と都市の生活――』東京：中央公論新社。
脇田晴子　二〇〇二『日本中世被差別民の研究』東京：岩波書店。
脇田晴子　二〇〇五「女人禁制と触穢思想――ジェンダーと身体的性差――」『女性史学』第一五号、女性史学会、一～一四頁。
鷲尾順敬・神龜法壽　一九三三「女人結界の廃止顚末」松岡譲編『現代佛教』第一〇五号（十周年記念特輯號）、大雄閣書房　大雄閣　一二三〇～一二三六頁。

■第三章　山岳信仰とジェンダー

足立巻一　一九六〇「女山伏の出現した大峰山」『週刊コウロン』第二巻第二九号、東京：中央公論社、二八～三一頁。
阿部玲子　二〇一八『マダム、これが俺たちのメトロだ！――インドで地下鉄整備に挑む女性土木技術者の奮闘記――』東京：佐伯印刷（オリエンタルコンサルタンツグローバル）
天野正子　一九九五「「ジェンダーと政治」の未来図」『ジェンダーの社会学』（岩波講座　現代社会学一一）東京：岩波書店、一〇七～一二九頁。
天田顕徳　二〇一九『現代修験道の宗教社会学――山岳信仰の聖地「吉野・熊野」の観光化と文化資源化――』東京：岩田書院。
井桁　碧　一九九四「「血」の境界――身体としての共同体――」『列島の文化史』第九号、東京：日本エディタースクール出版部、一四三～一六四頁。
生駒あさみ　二〇一三『洞川帖』奈良：フルコト社。
生駒あさみ・橋田頼子　二〇一七『旅人と地元人の洞川の本』奈良：フルコト社。
磯前順一　二〇〇三『近代日本の宗教言説とその系譜――宗教・国家・神道――』東京：岩波書店。
伊東早苗　一九八八a「大峰山の女人禁制――攻防と存続――」『山岳修験』第四号、日本山岳修験学会、九六～一〇七頁。
伊東早苗　一九八八b『大峯山の女人禁制――洞川登り口を中心に――』慶應義塾大学大学院社会学研究科修士論文。
石川力山　一九九〇「道元の〈女身不成仏論〉について――十二巻本『正法眼蔵』の性格をめぐる覚書――」『駒澤大学禅研究所年報』第一号、八八～一一三頁。
岩科小一郎　一九六八『山の民俗』東京：岩崎美術社。
猪瀬優理　二〇一八「ジェンダーと宗教――そのかかわりを問う問いに着目して――」『現代宗教2018』東京：国際宗教研究所、二〇一～二二三頁。
上野千鶴子　一九八六『女は世界を救えるか』東京：勁草書房。
上野千鶴子　一九九〇『家父長制と資本制――マルクス主義フェミニズムの地平――』東京：岩波書店。
上野千鶴子　一九九八『ナショナリズムとジェンダー』東京：青土社。
上野千鶴子　二〇一一『不惑のフェミニズム』東京：岩波書店。
牛山佳幸　一九九〇『古代中世寺院組織の研究』東京：吉川弘文館。
牛山佳幸　一九九六「「女人禁制」再論」『山岳修験』第一七号、日本山岳修験学会、一～一一頁。
牛山佳幸　二〇〇五『「女人禁制」の成立事情と歴史的意義をめぐる再検討』科学研究費補助金研究成果報告書。
牛山佳幸　二〇一五「日本宗教史における「女人禁制」の位置」『第三六回日本山岳修験学会　高尾山大会予

稿集』（於：八王子文化会館）。
牛山佳幸　二〇一九「いわゆる「女人高野」の起源と諸類型」『第四〇回日本山岳修験学会　山寺立石寺大会予稿集』（於：山形大学）。
江嶋修作　一九九三「差別」森岡清美・塩原勉・本間康平編『新社会学辞典』東京：有斐閣、五一二頁。
江原由美子　一九九五「ジェンダーと社会理論」『ジェンダーの社会学（岩波講座　現代社会学　一一）』東京：岩波書店、二九～六〇頁（江原　二〇〇〇に再録）。
江原由美子・金井淑子編　一九九七『ワードマップ　フェミニズム』東京：新曜社。
江原由美子　二〇〇〇『フェミニズムのパラドックス――定着による拡散――』東京：勁草書房。
江原由美子　二〇〇一『ジェンダー秩序』東京：勁草書房。
役行者千三百年御遠忌記録編纂委員会編　二〇〇三『新時代に向けた修験三本山の軌跡』東京：国書刊行会。
「大峰山女人禁制」の開放を求める会編　二〇一一『現代の「女人禁制」――性差別の根源を探る――』大阪：解放出版社。
荻野美穂　二〇〇二『ジェンダー化される身体』東京：勁草書房。
川橋範子　二〇一二『妻帯仏教の民族誌――ジェンダー宗教学からのアプローチ――』京都：人文書院。
川橋範子　二〇一六「宗教研究とジェンダー研究の交差点」川橋範子・小松加代子編『宗教とジェンダーのポリティクス――フェミニスト人類学のまなざし――』京都：昭和堂、一～二二頁。
川橋範子・小松加代子編　二〇一六『宗教とジェンダーのポリティクス――フェミニスト人類学のまなざし――』京都：昭和堂。
川橋範子　二〇一九「越境する『仏教とジェンダー』研究」那須英勝・本多彩・碧海寿広編『現代日本の仏教と女性――文化の越境とジェンダー――』京都：法藏館、三～二一頁。
岸田定雄　一九七五「洞川地区――大峯修験とのゆかり――」文化財保存課編『天川村民俗資料緊急報告書』第一（奈良県文化財調査報告　第二一集）奈良：奈良県教育委員会、五～一三頁。

岸田定雄　一九七六「洞川地区――食・衣・生業・小祠・後鬼筋など――」文化財保存課編『天川村民俗資料緊急報告書』第二（奈良県文化財調査報告　第二四集）奈良：奈良県教育委員会、三一～一三頁。
岸田定雄　一九九三『大和修験道大峯山麓　洞川の民俗』奈良：豊住書店。
岸田日出雄　一九三三「大峯山脈女人登山　解禁問題について」『修験』第五九号、修験社、一一～一七頁。
木津　譲　一九九三『女人禁制――現代　穢れ・清め考――』大阪：解放出版社。
木津　譲　二〇〇二『奈良・大峰山「女人禁制」の解禁をめぐって』大阪：私家版。
工藤泰子　二〇〇八「明治初期京都の博覧会と観光」『京都光華女子大学研究紀要』第四六号、七七～一〇〇頁。
クラウタウ、オリオン　二〇一二『近代日本思想としての仏教史学』京都：法藏館。
高達奈緒美　一九九二「越中立山における血盆経信仰　I」『富山県立山博物館調査研究報告書　I』富山県［立山博物館］、一～二七頁。
五條覚澄　一九七一『人生には奇跡がある』吉野：金峯山寺。
小林奈央子　二〇一六「ロマン化されたイメージに抗う――日本における霊山と女性行者――」川橋範子・小松加代子編『宗教とジェンダーのポリティクス――フェミニスト人類学のまなざし――』京都：昭和堂、四三～六八頁。
小林奈央子　二〇一九「民俗宗教研究におけるジェンダー視点の必要性」『宗教研究』日本宗教学会、第九三巻第二輯、五七～七八頁。
斎藤希史　二〇一三「翻訳語事情［tradition→伝統］」『読売新聞』二〇一三年二月一八日付。
阪口親平　一九三六「大峯山問題に就ての経過報告書」『修験』第七八号、修験社、九～一三頁。
サムナー、W・G　二〇〇五『フォークウェイズ』（青柳清孝他訳）東京：青木書店（Sumner, William Graham. *Folkways: A Study of the Sociological Importance of Usages, Manners, Customs, Mores, and Morals*. Boston: Ginn and Co. 1906.）。

島津良子　二〇一七「女人禁制の解除過程――境内地から地域社会へ――」『比較家族史研究』第三一号、比較家族史学会、二六～四二頁。
島村恭則　二〇二〇a『民俗学を生きる――ヴァナキュラー研究への道――』京都：晃洋書房。
島村恭則　二〇二〇b『みんなの民俗学――ヴァナキュラーってなんだ？――』東京：平凡社。
スコット、ジョーン・W　一九九二『ジェンダーと歴史学』（荻野美穂訳）東京：平凡社（Scott, Joan Wallach, *Gender and the Politics of History*, New York: Columbia University Press. 1988.）。
鈴木正崇　一九九一『山と神と人――山岳信仰と修験道の世界――』京都：淡交社。
鈴木正崇　一九九六『スリランカの宗教と社会――文化人類学的考察――』東京：春秋社。
鈴木正崇　二〇〇二『女人禁制』東京：吉川弘文館。
鈴木正崇　二〇一八a「明治維新と修験道」『宗教研究』第三九二号、日本宗教学会、一三一～一五七頁。
鈴木正崇　二〇一八b「山岳信仰と仏教――開山の思想を中心に――」『現代思想』第四六巻第六号（総特集：仏教を考える）東京：青土社、三一一～三二二頁。
鈴木正崇　二〇一八c「神仏分離」大谷栄一・菊地暁・永岡崇編『日本宗教史のキーワード――近代主義を超えて――』東京：慶應義塾大学出版会、三三八～三四三頁。
鈴木正崇　二〇一九a「修験道の想像力とは何か」『日本佛教綜合研究』第一七号、日本佛教綜合研究学会、一～二七頁。
鈴木正崇　二〇一九b「自然と文化をつなぐ――聖なる景観をめぐって――」『地球環境』第二三号、国際環境研究協会、五三～六〇頁。
鈴木正崇　二〇二〇a「日本型ファシズムと学問の系譜――宇野圓空とその時代――」平藤喜久子編『ファシズムと聖なるもの／古代的なるもの』札幌：北海道大学出版会、二四～五〇頁。
鈴木正崇　二〇二〇b「疫病と民間信仰――祭礼・アマビエ・鼠塚――」玄武岩・藤野陽平編『ポストコロナ時代の東アジア――新しい世界の国家・宗教・日常――』東京：勉誠出版、二〇三～二二〇頁。

鈴木正崇　二〇二一「修験道の明治維新――在地修験と修験本山の行方――」『現代思想』第四九巻五号（総特集：陰陽道・修験道を考える）青土社、二二九～二四七頁。
瀬川清子　一九八〇『女の民俗誌――そのけがれと神秘――』東京：東京書籍。
関　一敏　二〇〇八「慣習論・覚書」関一敏編『慣習 Habitus』（共生社会学論叢 Ⅲ）九州大学文学部比較宗教学研究室、i～iii頁。
銭谷　修　一九五六「大峯山女人禁制について」『神変』第五六九号、醍醐寺、三～四頁。
銭谷　修　一九六一「大峯山とその宗教」『神変』第六一八号、醍醐寺、三八～四二頁。
銭谷　修　一九七〇「大峯山女人禁制問題追憶記」『神変』第七二四号、醍醐寺、三七～四四頁。
銭谷　修　一九九三「このままにしてほしい」木津譲『女人禁制――現代穢れ・清め考――』大阪：解放出版社、八六～一〇一頁（引用）。
銭谷武平　一九九七『大峯こぼれ話』大阪：東方出版（再刊、『大峯今昔』東方出版、二〇一二）。
瀬地山角　一九九六『東アジアの家父長制――ジェンダーの比較社会学――』東京：勁草書房。
平　雅行　一九九二『日本中世の社会と仏教』東京：塙書房。
竹谷靭負　二〇一一『富士山と女人禁制』東京：岩田書院。
竹村和子　二〇〇〇『フェミニズム』東京：岩波書店。
田中東子　二〇一二『メディア文化とジェンダーの政治学――第三波フェミニズムの視点から――』京都：世界思想社。
田中雅一・川橋範子編　二〇〇七『ジェンダーで学ぶ宗教学』京都：世界思想社。
圭室文雄　一九七七『神仏分離』（教育社歴史新書）東京：教育社。
辻　善之助・村上専精・鷲尾順敬編　一九二九『明治維新神仏分離史料』続編下巻、東京：東方書店。
天川村史編集委員会編　一九八一『天川村史』奈良：天川村役場。
天川村・天川を学ぶ会編　二〇〇七『天川村ガイドブック』奈良：天川村役場。

中山太郎　一九八四『日本巫女史』東京：パルトス社（初版、東京：大岡山書店、一九三〇）。
波平恵美子　一九九九『暮らしの中の文化人類学［平成版］』東京：出窓社（初版、東京：福武書店、一九八六）。
ナンダ、セレナ　一九九九『ヒジュラ――男でも女でもなく――』（蔦森樹、カマル・シン訳）東京：青土社（Nanda, Serena, *Neither Man Nor Woman: The Hijras of India*, California: Wadsworth Pub. 1990.）。
西口順子　一九八七『女の力――古代の女性と仏教――』東京：平凡社。
西川長夫　一九九二『国境の越え方――比較文化論序説――』東京：筑摩書房。
ファウラー、シェリー　一九九七「女人高野としての室生寺の問題」『日本宗教文化史研究』第一巻第二号、日本宗教文化史学会、四三～五八頁
畑　三千代　二〇二〇「土俵の女人禁制」源淳子編著『いつまで続く「女人禁制」――排除と差別の日本社会をたどる――』大阪：解放出版社、三～二〇頁。
林　淳　二〇〇一「明治五年修験宗廃止令をめぐる一考察」『禅研究所紀要』第三〇号、愛知学院大学禅研究所、一一七～一二七頁。
広瀬　誠　一九七一『立山と白山――その歴史・伝説・文学――』金沢：北国出版社。
福江　充　二〇〇六『立山信仰と布橋大灌頂法会――加賀藩芦峅寺衆徒の宗教儀礼と立山曼荼羅――』富山：桂書房。
藤井覚猛　一九二八「大峯山と女人の問題」『修験』第二八号、京都：修験社、四～一〇頁。
ブルデュー、ピエール　二〇〇一『実践感覚』一・二（今村仁司他訳）東京：みすず書房（Bourdieu, Pierre, *Le Sens Pratique*, Paris: Éditions de Minuit. 1980.）。
文化財保存課編　一九七五『天川村民俗資料緊急報告書』第一（奈良県文化財調査報告　第二一集）奈良：奈良県教育委員会。

文化財保存課編　一九七六『天川村民俗資料緊急報告書』第二（奈良県文化財調査報告　第二四集）奈良：奈良県教育委員会。
ホブズボウム、エリック＆テレンス・レンジャー編　一九九二『創られた伝統』（前川啓治・梶原景昭他訳）東京：紀伊國屋書店（Eric Hobsbawm and Terence Ranger, eds, *The invention of tradition*, Cambridge: Cambridge University Press. 1983.）。
牧田満政　一九五六「大峯に登った女性」『あしなか』第五三号（特集：山の女人禁制）、山村民俗の会、一二〜一四頁。
松村みち子　二〇〇三『女人禁制にサヨナラを――今どきのしごと事情――』東京：行研。
三橋　修　一九八八「差別」見田宗介・栗原彬・田中義久編『社会学事典』東京：弘文堂、三三七〜三三八頁。
三橋　修　一九九二「差別の定義をめぐって（序）」『年報差別問題研究』第一巻、東京：明石書店、一一〇〜一一三頁。
源　淳子　一九九六『フェミニズムが問う仏教――教権に収奪された自然と母性――』東京：三一書房。
源　淳子　二〇一一「「女人禁制」の思想」「大峰山女人禁制」の開放を求める会編『現代の「女人禁制」――性差別の根源を探る――』大阪：解放出版社、三〜一八頁。
源　淳子編著　二〇〇五『「女人禁制」Q＆A』大阪：解放出版社。
源　淳子編著　二〇二〇『いつまで続く「女人禁制」――排除と差別の日本社会をたどる――』大阪：解放出版社。
宮家　準　一九八八『大峰修験道の研究』東京：佼成出版社。
宮家　準　一九九九『修験道組織の研究』東京：春秋社。
宮城信雅　一九三二「国立公園の指定と大峰山の信仰」『修験』第五七号、修験社、一〜六頁。
宮城信雅　一九三三「信仰上より見たる大峰山女人登山解禁の問題」『修験』第五九号、修験社、一八〜二五頁。
宮城信雅　一九三六「大峰山関係者並に修験道信仰登山者に要望す」『修験』第七八号、修験社、二～五頁。
宗田好史　二〇〇一「アジア・太平洋地域の文化的景観、信仰の山への挑戦――ファシリテイターとして参加して――」『月刊文化財』第四五八号、東京：第一法規出版、七～八頁。
森崎和江　一九七七『まっくら』東京：三一書房（初版、東京：現代思潮社、一九七〇）。
森永雅世　二〇二〇「「大峰山」の女人禁制について」源淳子編　二〇二〇『いつまで続く「女人禁制」――排除と差別の日本社会をたどる――』大阪：解放出版社、四九～七〇頁。
文部省宗教局編　一九二一『宗教制度調査資料』第二輯、文部省宗教局（再刊、東京：原書房、一九七七）。
安丸良夫　一九七九『神々の明治維新――神仏分離と廃仏毀釈――』東京：岩波書店。
脇田晴子　二〇〇五「女人禁制と触穢思想――ジェンダーと身体的性差――」『女性史学』第一五号、女性史学会、一～一四頁。
鷲尾順敬・神亀法壽　一九三三「女人結界の廃止顛末」松岡譲編『現代佛教』第一〇年第一〇五号（十周年記念特集号）、二三〇～二三六頁。
nd.（無記名）　一九三六「大峯山開否問題と禁制維持決議の経過」『修験』第七八号、修験社、六～八頁。
nd.（無記名）　一九五六「大峯山の女人禁制開放について」『神変』第五六八号、醍醐寺、一～三頁。
Lantis, Margarret, 1960 "Vernacular culture", *American Anthropologist*, 62 (2), pp. 202–216.
DeWitt, Lindsey, 2015 *A Mountain Set Apart: Female Exclusion, Buddhism, and Tradition at Modern Ōminesan, Japan*, UCLA, Ph. D. dissertation, Los Angeles: University of California, Los Angeles.
DeWitt, Lindsey, 2016, "Envisioning and Observing Women's Exclusion from Sacred Mountains in Japan, *Journal of Asian Humanities at Kyushu University*, 1–19.
Sekar, Radhika, 1992, *The Sabarimalai Pilgrimage and Ayyappan cultus*, Delhi: Motilal Banarasidass.

写真クレジット

あとがき

　学問や研究はまさしく時代の産物である。前作『女人禁制』（吉川弘文館、二〇〇二）は、西暦二千年という区切りの年の役行者千三百年御遠忌に合わせて計画されていた山上ヶ岳の「女人結界の解禁」の方針が覆り、女人禁制が継続されることになった出来事に対応して書かれた。修験三本山は合同して「女人結界問題」に取り組み、周到に議論を重ねて「新しい伝統」を作る試みを行い、女人結界撤廃の声明文の原案（平成九〈一九九七〉年十月三日付）まで作成し、二十四回にわたる討議を積み重ねていた。しかし、女性による平成十一（一九九九）年の強行登山をきっかけに解禁論は急速に消滅し、女人結界は維持されることになった。この一連の出来事を通じて、女人禁制や女人結界はなぜ生まれ、どのような経緯を経て現在に至ったかを、私なりに考えて書いたのが前作であった。

　今回の執筆に当たっては、平成三十（二〇一八）年の大相撲の舞鶴での地方巡業で、土俵上にいた市長の発作を治療するために女人禁制の土俵に上がった女性に対して「土俵から下りて」という場内放送が流れたという報道があり、それ以後、女人禁制に関して、テレビ・新聞・インターネット・ラジオなどでの議論が巻き起こって、この問題に対応せざるを得ない状況が生じたことが出発点であった。『女人禁制』の著作がある私に対してマスコミからの取材が殺到し、対応を迫られたのである。結果的にその数は十七社に達し、各々の取材に対して、私も過去の文献に当たり、理論武装をし、質問に答えることで応じた。原則として面談して説明し、一社あたり最低二時間はかけたと思う。電話での取材に応じて記事にならなかったものもある。あくまでも私自身はインタビューの質問に答える側であり、発表された記事は、確認はとったものの加工が加えられている。

その後、一年以上たって冷静になってから、自分なりに「相撲と女人禁制」という論文に仕上げ、令和元（二〇一九）年八月にはほぼ出来上がっていた。それが本書の第一章の原型である。本論文は『日本民俗学』に投稿したが、査読者からあまりに見当違いな意見が出てきたので取り下げた。女人禁制に関しての新たな本をまとめようと思い立ったのは、査読結果が戻ってからで、令和元（二〇一九）年十二月二十四日であった。一書にまとめるには、関連する論文が最低でもあと二本は必要である。そこで、以前に発表した二本の論文を組み合わせて本書の第二章と第三章に編集し直して、女人禁制を中心に多角的に論じる体制を整えた。元の論文は次の二本である。いずれも今回の収録に当たって、大幅に加筆と書き直しを行っている。

「〈穢れ〉と女人禁制」『宗教民俗研究』第二七号、日本宗教民俗学会、一〇二〜一二八頁、二〇一八年一月。

「山岳信仰とジェンダー」『山岳修験』別冊　日本における山岳信仰と修験道［第一九回国際宗教学宗教史会議世界大会東京大会特集号］日本山岳修験学会、三九〜五四頁、二〇〇七年一一月。

その後、相撲に関しては、「相撲の女人禁制と伝統の再構築」『哲学』第一四七集、三田哲学会（慶應義塾大学）、一〇三〜一三三頁、二〇二一年三月、として一部を掲載した。

本書の執筆の大半は、令和元年十二月に開始して令和二（二〇二〇）年三月までの約二ケ月半であったが、途中、一月十日から二十三日までは北東インドのアルナーチャル・プラデーシュ州にいたので中断している。この間に世界は大激変した。いわずと知れた新型コロナウイルス（COVID―19）の蔓延である。帰国日の一月二十三日は武漢封鎖の日であった。一月三十日には、WHOから「緊急事態宣言」が出された。二月十七日から三月三日までは南インドのケーララ州に行く予定であったが、現地の人から、三名の感染者が見つかったので来ない方がよいという強い警告メールが来てキャンセルした。

この間、世界中にウイルスが広がり、感染者は差別・排除され、黴菌扱いされ、黄禍論を再現するようなアジア人蔑視が巻き起こり、人権侵害も生じた。スケープゴート（贖罪の羊）も各地で発生した。誰も明確には口にしないが、感染者は「穢れ」扱いされて排除された。分類による秩序の構築を脅かすものとしての「穢れ」が浮かび上がったのである。横浜港に停泊させられ沢山の感染者を出したクルーズ船「ダイヤモンド・プリンセス」の内部通路には、区分のために「清潔」と「不潔」の注意書きが出された。「不潔」は不適切な表現であったが、まさしく「穢れ」が現実のものとなった。疫病で顕在化する「一時的で集団的」な穢れの出現であり、本書のテーマが現代社会の中でリアリティを帯びて迫ってきたのである。そして、三月十三日にWHOのパンデミック宣言が出た。世界中に疫病が広まり収束のめどは立たず、中国は情報統制と証拠隠蔽、責任転嫁に躍起になった。まさに第二次世界大戦以来の最大の危機である。我々は、そして世界は一体、どうなっていくのだろう。都市を基盤に経済一辺倒でひたすら成長に向けて突っ走ってきた現代世界に、深刻な反省の時期が到来しようとしている。人類は一体なにをやってきたのか。ウイルス感染病の終息後の世界は、以前とは全く異なった様相になっているであろう。「穢れ」は、身近にある普遍的な認識として蘇りつつある。

女人禁制の言説の流通にはメディアの果たす役割が大きい。特にコロナ禍以降のインターネットの急速な展開が拍車をかけている。女人禁制に関する問い合わせはよくあるが、聖火リレーで問題視されるという想いもかけない出来事が起こった。令和三（二〇二一）年四月一日の夜、毎日新聞の名古屋支局の記者から電話があり、「船は女人禁制ですか」という質問があった。事情を聴いてみると、半田市は聖火リレーにあたって地元の祭りの宣伝のために「ちんとろ舟」を使うことにしたが、伝統的に「女人禁制」なので「男性限定」とし、ランナーや警察官を含めて関係者約三十人を全て男性にしたという。これに対して「男女平等をうたう五輪憲章を理解していないのではないか」という批判が出たが、どのように考えるかという問い合わせであった。

話の内容から判断して、神事船と気づいたので、「祭りに使う船は神様を迎え祭るためのもので、女性を乗せることは禁忌とされてきた」「そもそも神事船をなぜ聖火リレーで使うのか疑問。祭りとイベントを分けて考えるべきだ」とコメントして、聖火リレーに神事船を使うのは好ましくないと答えた。女人禁制ではなく禁忌の問題だと思ったのである。毎日新聞は午後八時四〇分にインターネットで「愛知の聖火リレーで男性限定区間　舟「女人禁制」理由も批判の声」と題して配信し、筆者のコメントと、市の担当者の「五輪精神にそぐわないところもあるかもしれないが、祭りとか伝統文化か、最新の常識かの問題だ」という説明や、県実行委員会の担当者の「地元の魅力を発信したいという市の意見を尊重した。相撲などと同じ」という見解を紹介した。來田亨子中京大学教授は、「誰も疑問に感じずに決められてしまったこと自体にジェンダーの視点が入っていないという問題がある」とコメントした。東京オリンピック・パラリンピック競技大会組織委員会は取材に対して「愛知県実行委員会に確認して回答したい」と答えたという。記事には聖火リレーが船で通る半田運河の二百メートルが地図で示され、「男性限定区間」(船上)と明記された。

『毎日新聞』の四月二日付記事はインターネットと同様の内容であったが、女人禁制が正面に出て、大見出しは「聖火リレー船「女人禁制」」と題され、「相撲と同じ問題なし」「識者「ジェンダー視点なし」」という小見出しがつき、運行区間の地図には「半田の区間　伝統尊重」と明記されていた。「女人禁制・相撲・ジェンダー」という文言は、新聞というモノに固定化された表象として、強い印象を与える言説となった。情報はSNSや新聞で瞬く間に拡散し、市当局は即刻の対応を迫られて、聖火リレーは「祭り」ではなく、「イベント」であるとして女性の乗船を認め、「男女同権」「ジェンダー平等」を装うことで決着を図ることにした。

四月六日、「ちんとろ舟」には聖火ランナーをはじめ三十人が乗り、その中には六歳の少女や保護者など三人の女性が含まれていた(「「女人禁制」に女性三人」『毎日新聞』四月七日付)。地元の午前十時のテレビ・ニュースでは、「女人禁制の舟に女性」と題して報道された。神事船の「男子限定」という禁忌は、「文脈」を変えて「イベント」に組み込まれ、「女人禁制」に読み替えられて、マスコミ用語として増殖し拡大解釈されていったのである。海外にもニュースは伝わり、台湾の中央通訊社は「東京奥運聖火傳遞出現女性禁令　日本愛知半田市惹議後修正」（二〇二一年四月二日）と題して報道し、併せて「相撲の女人禁制」を解説して、一九九〇年の森山真弓内閣官房長官と二〇〇〇年の太田房江大阪府知事の「相撲の女人禁制」への抗議や、二〇一八年の舞鶴巡業で土俵上の急患の救急のために土俵に上がった女性への「土俵を下りて」の問題も言及された。「女人禁制」の言説が一人歩きして拡散していったのである。

「ちんとろ舟」は、上半田の住吉区で毎年四月中旬に行われる住吉神社の祭りの奉納に使われる神事船である。祭りの始まりは寛政年間（一七八九～一八〇一）で、尾張津島神社の牛頭天王祭の巻藁船を模して船祭りを始めたとされる（『半田町史』半田町、一九二六年）。現在は、南組と北組から「ちんとろ舟」が一艘ずつ出て、社前の南の宮池に浮かばせて、前部の舞台で三歳から五歳の男の子が三番叟を奉納する（現在は小学校一年生に上がる前後の二年間）。お囃子も全て男性のみが参加する決まりである。日程は二日間で夜間の試楽と昼間の本楽からなる。名称は船上の提灯の「珍灯籠」に由来するとか、お囃子が「チントロ、チントロ」と聞こえることに因むといわれている。行事の内容は『愛知県の民俗芸能――愛知県民俗芸能緊急調査報告書――』（愛知県教育委員会、二〇一四年、七八～八四頁）や『半田市誌　祭礼民俗篇』（半田市、一九八四年、三〇九～三一五、五四六～五五二頁）に詳細に記されている。三番叟の演者についての説明では、「神様のよりましである「神の子」とされ、三番叟を舞う時以外は船の階段や椅子に腰掛け、移動する時は担がれて進み、地面に足をつけないようにする」(『愛知県の民俗芸能』八一頁)とある。「ちんとろ舟」は、「社前」の「宮池」に浮かべる神事船であり、御稚児さんが神事芸能の「三番叟」を船上から神に奉納する行事である。神事には常に何らかの禁忌が伴う。ジェンダーに関わること以外にも様々の禁忌や規則が神事にはあり、仏教儀礼でも同様である。細かく見ていけば同様の禁忌の事例は日本各地の祭りに見出すことができる。半田の事例に限らないのである。ただし、最近は半田では山車(やまぐるま)に女性が乗ることを検討したり、お囃子には女子が加わるなど、女性参加の動きも起こってきているという。しかし、山車は神事船の後に入ったもので、山車と船は同じ扱いにはできない。神事船にはいわゆる伝統文化のエッセンスが詰まっている。

今回の出来事は、「文脈」と「歴史」を無視して、安易に神事の習俗や禁忌を「イベント」に持ち込んだことが問題であり、結果的には半田の人々の価値観に大きな亀裂を生み出した。文化庁が二〇一八年に、有形も無形も含めて、文化財を保護から活用へ転換する方針を打ち出して以降、強引なイベントへの利用が目立つようになっている。地元の祭りを宣伝したい、コロナ禍のために二年連続で「ちんとろ舟」を見られないのは残念だという気持ちもよくわかる。しかし、伝統を安易に変えれば元には戻れない。もし、現代の情勢に合わせて伝統を変えるのならば、多様な意見を聞いた上で慎重に考えるべきである。決定権はあくまでも当事者にある。外部の意見を尊重しつつ、伝統文化の未来について、当事者の立場から議論を尽くすべきなのである。

本書の究極的な狙いは、女人禁制という女性差別として糾弾されかねない論題をあえて正面に据えることで、人間の感情・身体・認識・思想などに関わる根源的な問題提起を行って、今後の人間の生き方を考え直すことであった。

本書刊行にあたっては、法藏館の戸城三千代編集長にご高配を賜り、光成三生さんには緻密な編集・校正作業をして頂いた。両者に厚く御礼申し上げる。

令和三年四月十五日

鈴木正崇

索　　引

地名・寺社名

人名

書名・作品

事項

あ行

か行

さ行

た行

な行

は行

ま行

や行

ら行

わ行

鈴木正崇（すずき　まさたか）

1949年、東京都生まれ。慶應義塾大学大学院文学研究科博士課程修了。文学博士。慶應義塾大学名誉教授。日本山岳修験学会会長。
主な著書に、『中国南部少数民族誌』（三和書房、1985年）、『山と神と人』（淡交社、1991年）、『スリランカの宗教と社会』（春秋社、1996年）、『神と仏の民俗』（吉川弘文館、2001年）、『女人禁制』（吉川弘文館、2002年）、『祭祀と空間のコスモロジー』（春秋社、2004年）、『ミャオ族の歴史と文化の動態』（風響社、2012年）、『山岳信仰』（中央公論新社、2015年）、『東アジアの民族と文化の変貌』（風響社、2017年）、『熊野と神楽』（平凡社、2018年）。主な編著に『大地と神々との共生』（昭和堂、1999年）、『東アジアの近代と日本』（慶應義塾大学出版会、2007年）、『神話と芸能のインド』（山川出版社、2008年）、『東アジアの民衆文化と祝祭空間』（慶應義塾大学出版会、2009年）、『東アジアにおける宗教文化の再構築』（風響社、2010年）、『南アジアの文化と社会を読み解く』（慶應義塾大学出版会、2011年）、『森羅万象のささやき』（風響社、2015年）、『アジアの文化遺産』（慶應義塾大学出版会、2015年）。主な共編著に『東アジアのシャーマニズムと民俗』（勁草書房、1994年）、『民族で読む中国』（朝日新聞社、1998年）、『ラーマーヤナの宇宙』（春秋社、1998年）、『仮面と巫俗の研究』（第一書房、1999年）、『〈血縁〉の再構築』（風響社、2000年）、『拡大する中国世界と文化創造』（弘文堂、2002年）。受賞歴として、1997年に義塾賞、2014年に第11回木村重信民族藝術学会賞、2016年に第18回秩父宮記念山岳賞（日本山岳会）を受賞。

女人禁制《にょにんきんぜい》の人類学《じんるいがく》
――相撲・穢れ・ジェンダー――

二〇二一年八月二五日　初版第一刷発行

著　者　鈴木正崇
発行者　西村明高
発行所　株式会社　法藏館
京都市下京区正面通烏丸東入
郵便番号　六〇〇-八一五三
電話　〇七五-三四三-〇〇三〇（編集）
〇七五-三四三-五六五六（営業）

装幀　上野かおる
印刷・製本　亜細亜印刷株式会社

ISBN 978-4-8318-5650-0 C1036